网络环境下的知识
组织规范和应用指南

王　军　卜书庆　主编

國家圖書館出版社

图书在版编目（CIP）数据

网络环境下的知识组织规范和应用指南/王军，卜书庆主编. —北京：国家图书馆出版社，2012.9

（国家数字图书馆工程标准规范成果）

ISBN 978 - 7 - 5013 - 4848 - 0

I. ①网… II. ①王… ②卜… III. ①数字图书馆—知识管理—规范—指南 IV. ①G250.76 - 65

中国版本图书馆 CIP 数据核字（2012）第 189285 号

责任编辑：高爽

书名	网络环境下的知识组织规范和应用指南
著者	王　军　卜书庆　主编

出版　国家图书馆出版社（100034 北京市西城区文津街 7 号）

　　　　（原北京图书馆出版社）

发行　010 - 66114536　66126153　66151313　66175620

　　　　66121706（传真）　66126156（门市部）

E - mail　btsfxb@ nlc. gov. cn（邮购）

Website　www. nlcpress. com→投稿中心

经销　新华书店

印刷　北京佳顺印务有限公司

开本　787 × 1092（毫米）　1/16

印张　16.75

版次　2012 年 9 月第 1 版　2012 年 9 月第 1 次印刷

字数　300（千字）

书号　ISBN 978 - 7 - 5013 - 4848 - 0

定价　58.00 元

丛书编委会

主　编：国家图书馆

编委会：

　　主　任：周和平

　　执行副主任：詹福瑞

　　副主任：陈　力　魏大威

　　成　员（按姓氏拼音排名）：卜书庆　贺　燕　蒋宇弘

　　　　　　梁蕙玮　龙　伟　吕淑萍　申晓娟　苏品红

　　　　　　汪东波　王文玲　王　洋　杨东波　翟喜奎

　　　　　　赵　悦　周　晨

本书编委会

主　编：王　军　卜书庆

副主编：欧石燕　曾新红

编　委：喻　菲　刘华梅　郝嘉树　廖永霞　赵　悦　王广平

总　序

　　数字图书馆涵盖多个分布式、超大规模、可互操作的异构多媒体资源库群,面向社会公众提供全方位的知识服务。它既是知识网络,又是知识中心,同时也是一套完整的知识定位系统,并将成为未来社会公共信息的中心和枢纽。数字图书馆建设的最终目标是实现对人类知识的普遍存取,使任何群体、任何个人都能与人类知识宝库近在咫尺,随时随地从中受益,从而最终消除人们在信息获取方面的不平等。"国家图书馆二期工程暨国家数字图书馆工程"是国家"十五"重点文化建设项目,由国家图书馆主持建设,其中国家数字图书馆工程的建设内容主要包括硬件基础平台、数字图书馆应用系统和数字图书馆标准规范体系。

　　标准规范作为数字图书馆建设的基础,是开发利用与共建共享资源的基本保障,是保证数字图书馆的资源和服务在整个数字信息环境中可利用、可互操作和可持续发展的基础。因此,在数字图书馆建设中,应坚持标准规范建设先行的原则。国家数字图书馆标准规范体系建设围绕数字资源生命周期为主线进行构建,涉及数字图书馆建设过程中所需要的主要标准,涵盖数字内容创建、数字对象描述、数字资源组织管理、数字资源服务、数字资源长期保存五个环节,共计三十余项标准。

　　在国家数字图书馆标准规范建设中,国家图书馆本着合作、开放、共建的原则,引入有相关标准研制及实施经验的文献信息机构、科研机构以及企业单位承担标准规范的研制工作,这就使得国家数字图书馆标准规范的研制能够充分依托国家图书馆及各研制单位数字图书馆建设的实践与研究,使国家数字图书馆的标准规范成果具有广泛的开放性与适用性。本次出版的系列成果均经过国家图书馆验收、网上公开质询以及业界专家验收等多个验收环节,确保了标准规范成果的科学性及实用性。

　　目前,国内数字图书馆标准规范尚处于研究与探索性应用阶段,国家图书馆担负的职责与任务决定了我们在数字图书馆标准规范建设方面具有的责任。此次将国家数字图书馆工程标准规范研制成果付梓出版,将为其他图书馆、数字图书馆建设及相关行业数字资源建设与服务提供建设规范依据,对于推广国家数字图书馆建设成果,提高我国数字图书馆建设标准化水平,促进数字资源与服务的共建共享具有重要意义。

国家图书馆馆长　周和平
2010 年 8 月

2

目　　录

前　言

1　项目缘起

"国家图书馆知识组织标准规范"是中国国家图书馆于 2009 年启动的一项规范建设项目，它属于国家数字图书馆工程标准规范建设的主导项目之一（项目编号 D009）。国家图书馆的项目组经过一年多的调研、策划分析，于 2009 年 8 月制定了项目需求书，提出项目总体目标：基于国内知识组织工具的特点和发展需要，参考国际上网络知识组织系统的现有成果和发展趋势，研制国家图书馆网络知识组织系统的构建和应用相关规范，以提升国家图书馆数字资源的组织与整合能力，并为国内相关团体和个人构建各类网络化的知识组织工具提供参考。进一步，为国内网络知识组织系统提供一个共建共享平台，推动网络环境下国内知识组织系统的发展和应用水平。

知识组织是在传统文献信息环境下发展起来的信息组织与利用手段，在百余年的应用过程中，形成和完善了分类法、主题词表等知识组织工具。在今天的网络信息环境下，知识组织工具需要进一步的发展和创新，以适应网络化的信息获取手段，满足数字化信息资源组织的要求。随着数字图书馆的建设和发展，网络知识组织系统（NKOS）已成为图书馆和信息科学领域最重要的研究课题之一。网络知识组织系统是指在网络环境下可应用的，能够用于表示和组织数字信息资源的，不仅可以为人所利用而且还能为机器提供服务的知识组织工具。NKOS 可以分为两类：一类是从传统的知识组织工具发展演变而来但需要网络化，例如语义化描述的分类表、叙词表、主题词表、地名辞典等；另一类是在网络环境下产生和发展起来的，如本体、分众分类法等。前者在国际图书情报界已经有较多的研究和实践，如美国国会图书馆已发布了《国会图书馆主题词表》的 SKOS 语义化描述版本，OCLC 建立了术语服务平台向各类应用程序提供基于多种词表的词汇服务，美国自然科学数字图书馆（NSDL）开发了元数据注册平台来支持各类词表的发现和重用，联合国粮农组织将其管理的词表 AGROVOC 向本体的形式转换，欧盟在多语言词表和词表的互操作方面进行了多年的实践。后者，即本体和分众分类法，是信息科学和计算机科学共同关注的研究领域。本体方面，最新的研究和应用热点是关联数据，W3C 已经发布了《图书馆关联数据应用指南》（Library Linked Data Incubator Group Final Report）；分众分类法方面，国外一些大学图书馆已在 OPAC 系统中嵌入了标签工具（如滨州大学、密歇根大学等），一些图书馆集成系统厂商提供了分众分类法的扩展模块（如 Aleph、Voyager、Millenium 等）。

与国际 NKOS 领域发展相呼应，国内 NKOS 的研究与应用渐成热潮。此时，国家图书馆启动 NKOS 构建规范的项目适时适机。本项目在汇总国际上 NKOS 构建方法、技术和经验的基础上,结合国内知识组织工具的特点和国内数字图书馆的应用环境的要求,开发制定了构建我国 NKOS 的参考规范和应用指南。一方面,为国家图书馆实施相关项目提供指导;另一方面,为国内相关机构研究和开发 NKOS 提供参考依据。

2 项目的目标和要求

随着数字资源的增长,对数字资源进行有效表示和管理的需要越来越强烈。作为实施数字资源表示、组织和管理的基础,急需加快国内 NKOS 的建设步伐。为此,国家图书馆启动了网络环境下的知识组织标准规范项目。

项目目标:

(1)传统的知识组织工具是提供给人使用,而 NKOS 不仅要便于专业人员描述与组织数字资源,而且要为网络应用程序(如 OPAC 系统、搜索引擎等)提供术语服务,以实现基于内容的智能信息服务,如概念检索、自动分类、学科导航等。

(2)使得国家图书馆具备和国外相关机构进行知识组织工具互操作的能力,具备发布关联数据、进行语义数据整合的能力。

(3)为传统知识组织工具在网络环境下的改造、发展和完善提供建议和参考,推动 NKOS 的创新和发展。

(4)NKOS 是网络信息资源利用的重要手段。目前的网络信息利用主要依赖搜索引擎。为了更充分地发现与利用网络信息资源,需要知识组织手段的有力补充。将图书馆的知识组织工具转化为 Web 环境下普遍可获取的知识资源,是本项目的最终目标。

项目的设计要求:

(1)参考国际上相关的研究成果,与国际上重要的网络知识组织系统保持兼容性和互操作性,符合数字图书馆未来的发展趋势

NKOS 是图书馆学和信息科学目前的重点和热点研究领域,已有一些成果可以借鉴。如 W3C 公布了基于 RDF 的简单知识组织系统描述语言(SKOS),美国国会图书馆提供了 LCSH(美国国会图书馆主题词表)SKOS 版本的开放下载,OCLC 尝试建立术语服务平台。本项目应当充分借鉴已有的研究成果和实践应用,应和相关的国际规范保持一致,应与国际上主要 NKOS 兼容或互操作,在未来的发展中保持稳定性与可持续性。

(2)满足国家数字图书馆工程建设的需要,具有实用性和可操作性,为国内 NKOS 的建设提供参考和借鉴

本项目所研制的各种规范,一方面要靠拢国际上 NKOS 的构建规范,另一方面,要符合中文数字资源的特点,适应国内数字图书馆的环境。应具备实用性和可操作性,切实服务于国家图书馆组织整合各类数字资源、展开各种智能应用的需要。应覆盖主要的 NKOS 种类,为国内 NKOS 的建设起到指导作用。

(3)具有灵活性、可扩展性和前瞻性,为未来的发展和完善预留空间

NKOS 是一个尚处于发展阶段的研究领域,相关的标准和技术解决方案还没有进入大规模应用的阶段。在此情况下制定的中国 NKOS 构建规范,有些内容还属于探索研究范畴,具有一定的前瞻性,应根据现实的应用情况修改和完善。另外,知识组织工具现实的应用情况也十分复杂,目前这套规范主要是针对通用型、综合性的知识组织工具而制定的,未必完全适用于特定领域和特定环境下的知识组织要求。这就要求本项目所提出的规范和解决方案,具有灵活性和可扩充性,为未来的扩展和定制预留空间。

3 项目规划

1. 设计思想

NKOS 包括的类型很广泛,从术语表、分类表、词表到语义网络和本体。考虑到:①国家图书馆目前建设需要,②现有知识组织工具的基础,③目前国内外 NKOS 的发展水平、特别是 NKOS 的应用水平。本项目选择了受控表(包括分类法和主题词表)、本体和大众分类法这三种知识组织系统作为规范制定的重点,这些工具都是目前相对较成熟的、在数字图书馆中有较大应用潜力的 NKOS 类型。这些 NKOS 类型,代表了当前 NKOS 的研究和应用要解决的三大核心问题。

(1)如何基于传统 KOS 构建 NKOS:NKOS 是知识组织传统在网络环境下的延续和发展。NKOS 构建的一个重要途径是对传统 KOS 进行改造和语义化转换,尤其是对于规范档、分类表、词表这类受控表。在本项目中,以《中国分类主题词表》为主要应用对象,制定了"受控表语义描述规范"。

(2)如何基于 NKOS 向机器和各类智能应用提供服务:构建 NKOS 的主要目标是为搜索引擎、学科门户、内容导航、自动分类等应用程序提供知识查询服务。途径是提供开放的、统一的查询接口和访问协议,例如,SKOS API[①]、ADL 词表查询协议[②]等。参考已有的 NKOS 术语服务机制,本项目设计三类 SKOS 的术语服务包括基于 NKOS 元数据模型的术语服务、基于 SKOS 模型的术语服务和基于 RDFS/OWL 的术语服务。

(3)如何基于 NKOS 向最终用户提供服务:NKOS 要解决的另一个关键问题是如何跨越"用户鸿沟"。长久以来,各类 KOS 都是图书馆馆员等专业人员在后台使用的工具。如何让普通用户方便、有效地利用 NKOS 是 NKOS 应用和发展的生命力所在。本项目创造性地提出将大众分类法实现为 NKOS 的词汇服务渠道,在用户检索、标注等过程得以直接访问 NKOS。

---

① Simon Jupp, Sean Bechhofer, Robert Stevens. A Flexible API and Editor for SKOS. 6th Annual European Semantic Web Conference(ESWC2009), 2009:506-520

② Greg Janee. ADL Thesaurus Protocol. http://www.alexandria.ucsb.edu/thesaurus/

项目的整体设计思想如图 1 所示。

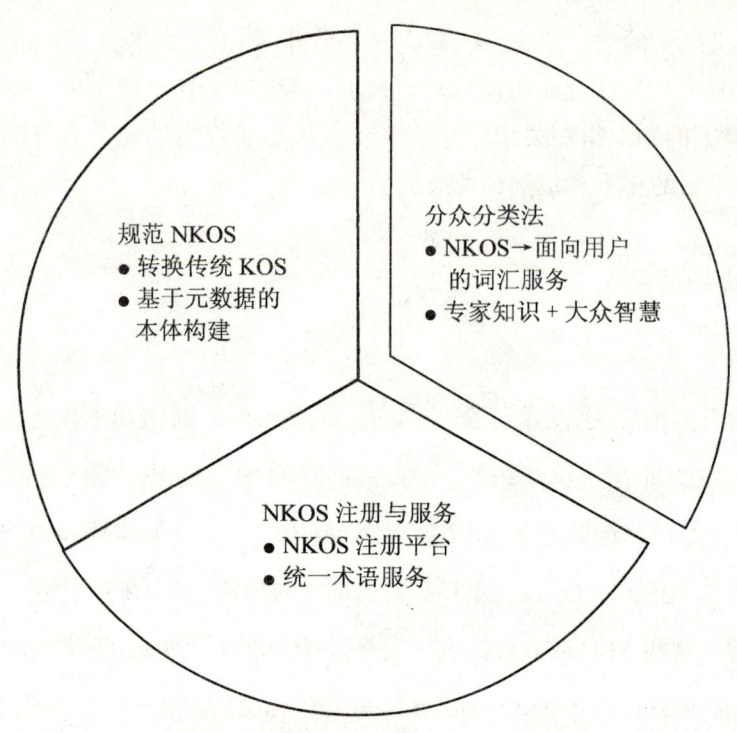

图 1　知识组织规范项目设计思想

首先是受控表、本体这一类规范 NKOS 的构建。其中包括两个子项：一是用 SKOS 来语义化描述分类法、词表等受控表系统，对于这些在文献信息环境下发展起来的传统知识组织工具，要全面描述它们的复杂结构和内容，就需要对 SKOS 进行本地扩展（例如分类表中的附表结构、交替类目、组配关系等），同时，要对其不适应网络环境和数字资源的方面加以变通调整。二是基于元数据来构建面向数字馆藏的元数据本体。其目的是基于所建的本体，将数字图书馆内各种不同格式、不同类型的元数据统一转换为 RDF 语义元数据，为关联数据发布奠定基础。

其次，是面向数字图书馆的分众分类法的设计。分众分类法是 Web 环境下发展起来的社会化自由标注工具，它具有社会化、自由化、扁平化（即没有等级结构控制）的特点。数字图书馆的应用环境提出了以下两点要求：①不仅要符合普通网民自由标注的习惯，同时要满足图书馆专业人员组织数字图书馆正规资源的要求；②作为数字图书馆的知识组织工具，要能够和已有的规范 NKOS 无缝整合。为了满足这样的要求，本项目提出了以下解决方案：①用户标注网络信息资源时，基于后台的规范 NKOS（如词表）向用户推荐合适的受控词汇。②上述的词汇推荐服务,不仅推荐合适的标引词,而且推荐词间关系,辅助用户建立等级结构。这样就在大众分类法中引入等级结构以克服分众分类法结构扁平的缺陷。③在后台从分众分类法中提取新鲜词汇用来丰富后台的规范词汇,实现专家知识和大众智慧的双向融合。这样,一方面,将NKOS转化为了方便用户的词汇服务,解决了"用户鸿沟"的问题;另一方面,实现了专家知识和大众智慧的双向融合,解决NKOS词汇更新瓶颈。

最后,本项目提出了一个中文NKOS的注册和管理平台的设计方案,实现网络环境下类表、词表、规范文档、本体等各类NKOS的集中存储、发布、管理和发现,以促进不同机构间的NKOS的统一管理、共享和共建。这部分有三个重点:①定义描述各类NKOS的元数据标准;②描述NKOS平台的三大功能:注册、发现和服务;③定义统一术语服务及访问协议。目标是将各类网络知识组织系统统一在NKOS注册平台之下,通过术语服务机制向各类应用提供统一服务。

这三部分形成一个有机的整体。规范NKOS与分众分类法双向集成,融合专家知识和大众智慧,通过NKOS注册和术语服务将知识组织系统——图书馆积累了上百年的知识资源——转化为用户触手可及的服务和网络应用实现知识服务的可以依赖的知识源。

2. 规范构成

根据以上设计思想,本项目共规划以下六份规范和设计报告书。

(1)网络知识组织系统注册与术语服务规范

本规范的目的是为国家图书馆建设网络知识组织系统注册平台提供设计参考。NKOS注册平台是一个集中登记和管理NKOS的系统,它为用户提供了一个发现NKOS的场所,为开发者提供了一个共建、共享和发布NKOS的平台。术语服务定义了应用软件访问NKOS平台中的任意知识组织系统的标准接口、通信协议和操作原语。

(2)受控表语义描述规范

应用W3C提出的基于RDF的简单知识组织系统描述语言SKOS来表示图书分类法、主题词表等受控词表。要求该规范具备描述国内常见受控词表的能力,并针对国内受控词表的特点可对SKOS进行适当扩展。

(3)"中国分类主题词表"语义描述规范与应用指南

《中国分类主题词表》(CCT)是目前国内影响最大、使用最广泛、最权威的分类法主题法一体化的知识组织工具。该规范要制定采用 SKOS 对 CCT 进行语义描述的方法和规则。可根据需要对 SKOS 进行扩展,并对 CCT 未来的发展提出调整或改造的建议。

(4)基于元数据的本体构建与应用规范

根据国家图书馆的核心元数据方案,来设计和构造面向数字馆藏的元数据本体。其目的是基于构建的元数据本体,将数字图书馆内各种不同格式、不同类型的元数据统一转换为 RDF 语义元数据,为关联数据发布奠定基础。

(5)面向数字图书馆环境的分众分类法需求分析和功能设计书

分众分类法是在 Web2.0 环境下出现的一种大众化、社会化的简单信息组织工具。在数字图书馆的环境下应用分众分类法,要考虑到数字馆藏不同于网页资源的特点和图书馆环境的特殊需求,这就要求对根植于 Web 环境的分众分类法系统进行改造。考虑到分众分类法系统和应用环境紧密结合的特点,本报告针对国家图书馆的特定需求而起草了一个社会书签系统的需求分析和功能设计书。

为了更好地服务国家图书馆的建设,在规范报告之外还撰写了在数字图书馆内部署这些知识组织系统的应用指南,并对国内外相关研究和应用现状进行了调研,撰写了综述报告。最终项目成果共包含 11 份文本:

D009—0 "国家图书馆知识组织规范"总体设计

D009—1 网络知识组织系统注册与术语服务规范

D009—2 网络知识组织系统注册与术语服务规范应用指南

D009—3 受控表语义描述规范

D009—4 "中国分类主题词表"语义描述规范及应用指南

D009—5 基于元数据的本体构建规范

D009—6 基于元数据的本体构建规范应用指南

D009—7 面向数字图书馆环境的分众分类法需求分析与功能设计

D009—8 受控表语义描述规范之调研报告

D009—9 术语注册和术语服务系统调研报告

D009—10 本体和关联数据在数字图书馆中的应用调研报告

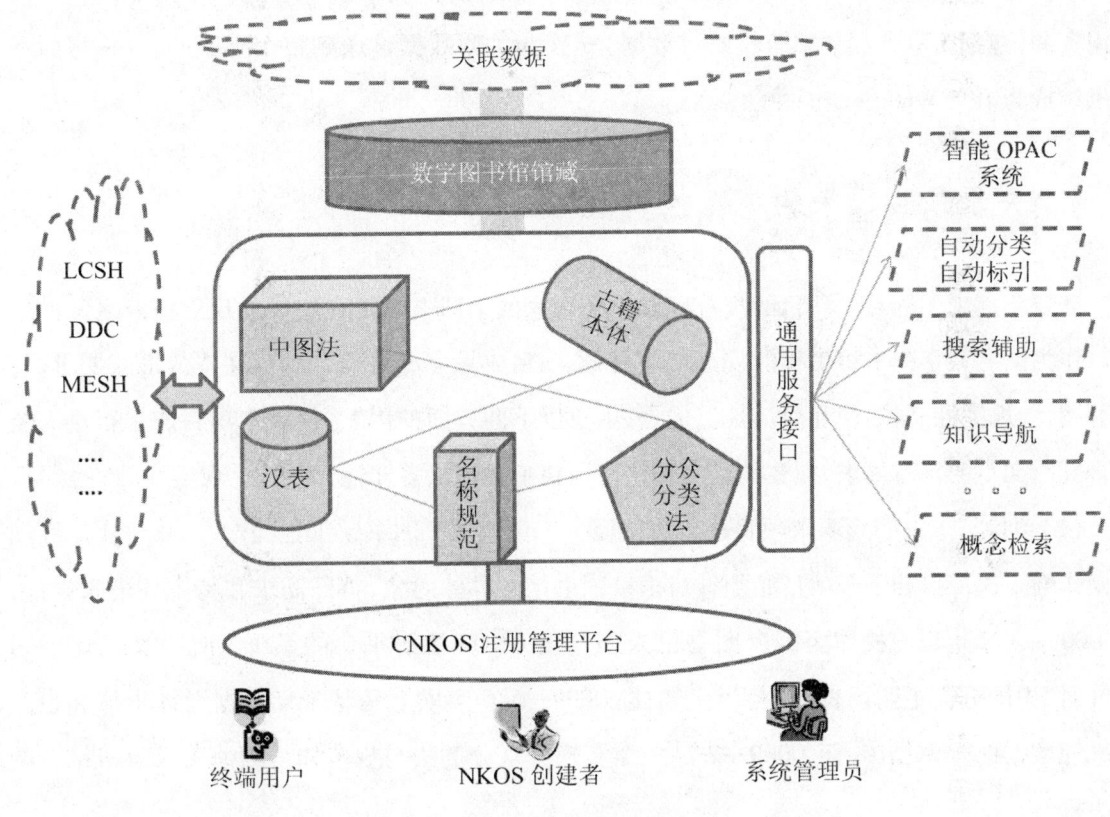

图 2　数字图书馆体系结构中的 NKOS

图2展示了本项目所设计的 NKOS 在数字图书馆体系结构中的位置和作用。各类知识组织工具(包括分类法、词表、名称规范、本体、分众分类法等)在 NKOS 规范的作用下具备了互操作的能力,例如,"受控表语义描述规范"采用统一的方式来描述分类法、主题词表和名称规范。NKOS 的创建者在 NKOS 注册平台上注册、描述、管理自己创建的 NKOS;系统管理员对平台中的注册的 NKOS 执行系统管理和维护任务;而用户可以在该平台中发现、浏览和查询所需要的工具。除了向用户提供管理和查询界面,NKOS 注册管理平台通过通用服务接口和查询协议向各类网络应用提供服务,包括:OPAC 系统、搜索引擎、门户导航、自动分类与标引等。平台中管理的 NKOS 都是符合规范的,这样,它们就具备与其他采用 SKOS 描述的知识组织工具互操作的能力,如 LCSH、DDC、MeSH 等。在互操作的框架下,基于各类 NKOS 可以将数字图书馆的数字馆藏转化为关联数据发布到 Web 上。

总之,本项目的所有规范作为一个整体,其长远目标是:①将各类知识组织工具转化为机器可理解的语义化的知识库,使它们具备和其他知识组织系统广泛互操作与关联的能力;②以

NKOS 注册中心为平台,向数字图书馆内外的各类智能应用提供知识服务;③将数字图书馆的知识资源(包括 NKOS 和数字馆藏的元数据)转换为关联数据输送到整个互联网上,使得数字图书馆成为语义 Web 的知识关联枢纽。

4　关于项目成果的规范性说明

需要特别说明的是本项目的规范性要求和国家数字图书馆工程建设的现实需求之间的矛盾。作为国家数字图书馆工程的规范类项目,本项目成果应尽量符合规范文本的形式要求,具备通用性、规范性、概括性和简洁性。但是,由于以下两方面的因素,使得本项目成果很难完全符合规范文本的撰写要求,在文本结构和撰写风格上呈现出多样性、综合性、现实性的特点。

(1)项目需求书明确要求项目成果直接服务于国家数字图书馆工程的建设,具备实用性和可操作性。这使得若干子项目必须针对国家图书馆的具体对象、特殊需求和特定环境来设计,如 D009—1/2 可以直接作为国家图书馆未来建设 NKOS 注册平台的系统设计方案,D009—4 要针对"中国分类主题词表"进行语义描述,D009—5/6 实质上是基于元数据设计本体和生产语义元数据的操作指南,而 D009—7 是一个实现分众分类法与规范知识组织工具有机结合的解决框架。

(2)本项目中的不少内容尚属于学术界的前沿研究课题。一般地,应该在方案得到广泛检验、行业已有普遍应用之后,再将在实践中普遍遵循的惯例、准则等固定为规范。但是,国家数字图书馆工程建设的现实需求是:基于现有的研究成果和尝试性应用,在工程项目实施之前提供有关的设计参考、开发指南和应用范例。因此,本项目所产生的规范需要在实践应用中不断修正、补充与完善。

(3)本项目的研究内容和研究对象大多是网络信息环境下新出现的事物,如语义描述、互联数据、术语服务等,这些内容和应用背景已经超出了图书馆界传统的标准规范所覆盖的范围。为这些内容和对象撰写规范,所遵循的是相关的国际标准和规范。例如,本项目的 D009—3/4 在文本结构和撰写风格上沿用了 W3C 的语义描述规范 SKOS 的结构和风格,与国内标准规范文本在章节结构和撰写风格上有所不同。

5　出版说明

本项目共产生了 11 份文本,其中 D009—8/9/10 是项目调研报告,不作为规范文本发布。

考虑到分众分类法和应用环境紧密结合的特性,D009—7 以需求分析和功能设计书的方式向国家图书馆提交。为了出版和阅读的方便,在本书中,将 D009—1/2 合并为"网络知识组织系统注册与术语服务规范及应用指南",将 D009—5/6 合并为"基于元数据的本体构建规范及应用指南"。由于 D009—4"中国分类主题词表"语义描述规范及应用指南与 D009—3 受控表语义描述规范的主体内容基本一致,故而略去。这样,本书由以下四篇构成:第一篇 网络知识组织系统注册与术语服务规范及应用指南;第二篇 受控表语义描述规范;第三篇 基于元数据的本体构建规范及应用指南;第四篇 面向数字图书馆环境的分众分类法需求分析和功能设计。

王 军 卜书庆
2011 年 12 月

第一篇　网络知识组织系统注册与术语服务规范及应用指南

引　言

术语表、分类表、叙词表、本体等各种知识组织系统在信息资源描述、组织、管理、发现等方面的强大功能已经得到图书情报界和相关领域的广泛认可。为了促进对这些知识组织工具的有效利用,需要对它们进行组织和管理。早期的做法是在机构内部创建和维护各种印刷版本的词表列表以供用户使用,自 1996 年起国外陆续出现了一些以电子格式发布的在线词表列表,但遗憾的是这些列表中的大多数并没有得到持久的扩展和维护。20 世纪 90 年代末网络知识组织系统社区开始对术语注册的研制,使得对知识组织资源的存储、组织、管理和使用开始朝着有序化、规范化和网络化的方向发展。

术语注册与术语服务(Terminology Registry and Terminology Services)是各种知识组织系统共建共享的重要平台,是网络知识组织系统(Networked Knowledge Organization Systems,NKOS)由理论走向实际应用的关键环节,也是一个国家或领域内重要的信息基础设施。目前国外已经构建了不少术语注册与服务系统或者开展了相关项目的研究,如 Open Metadata Registry、OCLC 术语服务、FAO VEST Registry 等,但是我国在这方面的进展还比较滞后,因此制定相关的规范和指南,对促进我国术语注册与术语服务的建设具有重要的意义。《网络知识组织系统注册、术语服务规范及应用指南》的主要目的是对我国网络知识组织系统注册平台与术语服务的建设提供统一的构建规范和实施准则,从而为各种 NKOS 资源提供集中控制和管理机制,并在网络环境下直接为各种应用提供强大的术语支持。

术语注册与服务系统的架构和实施可以多种多样,提供的功能也可不尽相同。但是无论怎样的架构与实现,都应该提供基本的术语注册与术语服务功能,满足必要的功能需求,因此对系统的功能需求制定统一的规范,使系统的设计和实施有依据可以遵循是十分必要的。在功能需求规范的基础上,本规范还提供了系统架构设计指南,说明如何根据 NKOS 注册功能需求规范设计符合要求的 NKOS 注册平台与术语服务;如何利用现有的软件和技术解决系统构建过程中的关键问题。实现术语注册与术语服务的架构方式可以多种多样,本文以面向服务的架构(Service Oriented Architecture,SOA)为例说明如何构建 NKOS 注册平台与术语服务并介绍相关的实施技术与工具。此外,本规范还对各种格式(即 SKOS、RDFS、OWL)的知识组织系统能够支持的术语服务进行了规范,描述了每个术语服务的输入输出参数及其功能。

为了便于对所注册的 NKOS 进行管理和查找,需要注册者提供注册 NKOS 的元数据,这些元数据必须遵循统一的规范,以便于以后的数据检索、交换和共享。最后,本规范列举了术语注册、术语服务的一些应用案例,这些案例能够帮助用户进一步了解术语注册与术语服务系统的功能,为将来的应用提供参考和指南。

1 范围

《网络知识组织系统注册与术语服务规范及应用指南》是"国家图书馆知识组织标准规范"的重要组成部分,是为构建面向我国网络知识组织系统(Networked Knowledge Organization System,NKOS)的术语注册与术语服务而制定的一部构建规范和实施准则。该规范主要对构建 NKOS 注册平台时需满足的功能需求、注册 NKOS 时需遵循的 NKOS 元数据规范,构建术语服务时需遵循的术语服务规范进行了描述。该规范既适用于采用网络知识组织系统表示语言 SKOS(Simple Knowledge Organization System)描述的各种传统知识组织系统(Knowledge Organization Systems,KOS),如名称规范档、地名词表、术语表、标题表、分类法、知识分类表、叙词表等,也适用于在网络环境下直接以本体描述语言 RDFS(Resource Description Framework Schema)或者 OWL(Web Ontology Language)创建的各种知识体系和知识本体。

2 引用的规范性文件

(1)W3C Working Draft:SKOS Simple Knowledge Organization System Primer. http://www.w3.org/TR/skos-primer/

(2)W3C Recommendation:SKOS Simple Knowledge Organization System Reference. http://www.w3.org/TR/skos-reference/

(3)W3C Interest Group Note:Cool URIs for the Semantic Web. http://www.w3.org/TR/cooluris/

(4)W3C Note:URIs,URLs,and URNs:Clarifications and Recommendations 1.0. http://www.w3.org/TR/uri-clarification/

(5)ISO/IEC 11179:Information Technology—Metadata Registries(MDR). http://metadata-stds.org/11179/

(6)ANSI/NISO Z39.19—2005:Guidelines for the Construction,Format and Management of Monolingual Controlled Vocabularies. http://www.niso.org/kst/reports/standards? step = 2&gid = &project_key = 7cc9b583cb5a62e8c15d3099e0bb46bbae9cf38a

(7)OMV-Ontology Metadata Vocabulary for the Semantic Web(version 2.4). http://sourceforge.net/projects/omv2/files/

3 术语和定义

3.1 受控词表(Controlled Vocabularies)

受控词表,又称控制词汇表、受控词汇表或者控制词表,是由词表设计者从自然语言中精心选择出来的词和词组构成,是以检索为目的的一种对知识加以组织和整理的手段[1]。在受控词表中,每个概念往往都只采用一个权威术语来描述,每个权威术语只代表一个概念,从而通过这种词汇控制方式解决有关同形异义词、同义词和多义词的问题,其目的是在信息检索中描述和检索信息项时减少自然语言的歧义,从而保证一致性。本规范中的"受控词表"一词是术语表、地名词表、名称规范档、字典、分类法、知识分类表(Taxonomy)、主题标题表、叙词表等各种受控词汇表的统称,在本规范中常简称为"词表",非特指某种受控词表(如叙词表)。

3.2 知识组织系统(Knowledge Organization Systems)

从广义的角度讲,知识组织系统是一个宽泛的概念,试图涵盖用于组织信息和促进知识管理的各种类型的方案和体系[2]。资深信息专家 Gail Hodge 将知识组织系统大致分为三种类型[2]:①术语列表(Term Lists),主要包括规范档、术语表、字典、地名表;②分类和归类(Classifications and Categories),主要包括标题表、分类法、知识分类表、归类类表;③词汇关系网(Relationship Lists),主要包括叙词表、语义网络、本体。丹麦皇家图书情报学院的 Birger Hjorland 教授认为除了上述类别的知识组织系统外,狭义知识组织系统还应包括知识地图、同义词环、主题地图、分众分类法等[3]。本规范中采用 Gail Hodge 对知识组织系统的定义,所指的知识组织系统既包括那些在传统纸质和普通电子环境下产生和应用的传统受控词表,如规范档、术语表、字典、地名表、标题表、分类法等,也包括网络环境下新出现的本体和语义网络。

3.3 网络知识组织系统(Networked Knowledge Organization Systems)

网络知识组织系统是网络环境下知识组织系统的数字化和语义化描述,是在网络环境下对知识结构进行系统化描述和说明,用于支持网络信息的表示与检索等活动的知识组织系统[4]。网络知识组织系统主要有两种类型:一种是传统的知识组织系统(即受控词表)在网络环境下的延伸和发展,如将传统受控词表转换为采用网络知识组织语言描述的语义化词表;另一种是那些在网络环境下产生和成熟起来的语义工具,如本体、语义网络等[5]。在本规范中,"网络知识组织系统"是指语义化表示的各种受控词表和本体的统称,可用缩略语"NKOS"表示。

3.4 简单知识组织系统(Simple Knowledge Organization System)

简单知识组织系统,简称SKOS,是由 W3C 制定的一种简单知识组织描述语言,用于在网络环境下描述分类法、叙词表、主题词表、术语表等各类结构化受控词表的结构和内容[6]。SKOS 的实质是一套由 RDFS/OWL 定义的词汇集,采用该词汇集能够以一种机器可理解的方式表达词汇的结构与概念,以便共享和重用。

3.5 术语注册(Terminology Registry)

术语注册是指对各种词表提供权威的、集中控制的存储,从而促进词表的发现、重用、管理、标准化和互操作。一个术语注册系统能够列出、描述、识别并且指明在信息系统和信息服务中可用的词表的集合[1]。这些词表包括免费和公开的词表、收费和受限的词表，或者机构内部的词表。注册系统通过提供可供浏览和检索的丰富的词表元数据，能够帮助用户发现合适的词表或者其潜在的应用。一个术语注册系统可以仅仅持有词表层面的信息，也可以另外包含词表成员术语、概念和关系的信息，并且列出或提供基于术语的服务，譬如搜索、浏览、歧义消解、查询扩展和重构、自动分类、标引和社会标签支持等[1]。

3.6 术语服务(Terminology Services)

术语服务指对词表元数据和词表内容进行浏览、查询、应用的各种 Web 服务的统称[7]。术语服务通过 Web 应用程序接口(Application Programming Interface, API)接口支持机器对词表及其内容的访问和调用，是在网络环境下对词表进行应用的重要途径。

4 总则

4.1 目标

网络知识组织系统注册与术语服务是我国图书馆领域和相关信息领域在网络环境下重要的信息基础设施之一，目的是为我国的 NKOS 提供权威的、集中控制的存储和统一的术语服务机制，使得各种 NKOS 的创建者或拥有者能够有效地注册、维护和管理各自的 NKOS，供遍布各地的广大用户通过网络在线共享和使用。一方面 NKOS 注册平台能够提供可视化的图形用户界面，供用户浏览、检索和下载注册的 NKOS；另一方面 NKOS 注册平台支持机器对机器的访问，提供应用程序接口(API)供各类计算机程序通过网络访问和调用，从而可以在各种信息系统(如信息检索系统、编目系统)中集成 NKOS 注册平台提供的术语服务。通过建立面向我国 NKOS 的注册平台，可以加强对增长迅速、类型多样、内容复杂、来源不同的各种 NKOS 的维护和管理，并通过术语服务机制在元数据创建、信息检索、知识组织等各种应用中对 NKOS 的使用提供有效的支持，使国家图书馆成为我国 NKOS 共建共享的平台。本规范的主要目的是对我国 NKOS 注册平台和术语服务的建设提供统一的构建规范和实施准则。

4.2 可扩展性

NKOS 注册平台与术语服务的设计应该允许系统在功能和服务上可以进行扩展，使其能满足 NKOS 不断增多、对术语服务的要求不断扩展的需求，同时不损害已有的功能和服务。

4.3 稳定性

NKOS 注册平台与术语服务应具有良好的稳定性，能够平稳地运行并提供服务，同时对数据资源具有保护作用，防止数据丢失和损害。

4.4 互操作性

NKOS 注册平台与术语服务可以基于不同软硬件平台和操作系统,也可与其他不同类型的信息系统进行交互与通信。

4.5 可用性

NKOS 注册平台应界面友好,方便用户使用。

4.6 灵活性

通过 NKOS 注册平台,NKOS 的所有者或管理者可以灵活地分配用户权限,灵活地对已注册的 NKOS 进行修改和更新,用户可以灵活地选择所需的 NKOS 及绑定的术语服务。

4.7 本地化

NKOS 注册平台与术语服务不仅要符合国际通用的标准和惯例,而且要能够支持中文 NKOS 特有的结构和语义。

5 结构

本篇的以下部分按如下结构进行组织:
- 第 6 章是 NKOS 注册功能需求规范,这些功能需求是作为一个术语注册与服务系统必须提供的基本功能;
- 第 7 章是 NKOS 元数据规范,这些元数据规范是在注册 NKOS 时需提交的信息,也是对 NKOS 进行管理和查询的基础;
- 第 8 章是术语服务规范,列出了 NKOS 注册平台能够提供的各种术语服务及其功能;
- 第 9 章是 NKOS 注册体系架构设计指南,提供了 NKOS 注册平台与术语服务的体系架构设计指南以及在系统实施过程中推荐使用的具体协议和技术。
- 第 10 章是 NKOS 注册与术语服务应用案例,为系统今后的应用提供参考和指南。

6 NKOS 注册功能需求规范

NKOS 注册平台的体系架构和实施方案可以多种多样,提供的功能也可不尽相同。但无论怎样的架构和实现,作为一种术语注册与术语服务系统,应该提供基本的术语注册和术语服务功能,最低限度地满足必要的功能需求。因此本章制定了 NKOS 注册的功能需求规范,既包括系统需满足的总的功能需求,也包括针对不同类别用户需满足的具体功能需求。

6.1 系统总的功能需求

NKOS注册的设计与架构应遵循以下两个基本原则：

- 系统不仅要能够支持人类用户的访问，而且要能够支持机器对机器的访问；
- 系统不仅要能够提供对NKOS元数据的访问，而且要能够提供对NKOS内容的访问。

有鉴于此，NKOS注册需满足以下三个基本功能：

- 系统应该能够提供所有注册的NKOS的元数据；
- 系统应该能够提供所支持的术语服务的元数据；
- 系统应该能够提供对注册的NKOS内容的访问，譬如检索NKOS中的概念、术语及其相互间关系。

注：在NKOS注册中，既允许只注册NKOS元数据而不上载NKOS文档，也允许同时注册NKOS元数据并上载NKOS文档。但是对NKOS内容的访问仅针对那些已经上载文档的NKOS。

NKOS注册平台的用户分为人类用户和机器用户两大类，因此既要求系统提供基于Web的图形化界面，供人类用户直接通过Web界面操作和使用，也要求系统提供应用程序接口（API），支持机器（即计算机程序）对术语服务的访问。系统的人类用户可分为注册用户和非注册用户两类，注册用户又可进一步分为普通注册用户、NKOS主人和系统管理员。不同种类的用户对系统拥有不同的使用权限，能够使用不同的功能，具体描述见表1-6-1所示。接下来的内容将对上述不同种类用户的功能需求进行详细描述和分析。

表1-6-1 NKOS注册平台不同用户的功能需求

系统功能		人类用户				机器用户
		非注册用户	注册用户			
			普通注册用户	词表主人	系统管理员	
浏览和检索	图形界面	√	√	√	√	
	术语服务					√
用户注册		√				
用户登录和注册信息维护			√	√	√	
NKOS注册和文档上载			√	√	√	
浏览和下载NKOS文档			√	√	√	
NKOS维护				√		
用户评论		√	√	√		
系统管理	用户管理				√	
	NKOS管理					
	用户评论管理					

6.2 非注册用户的功能需求

针对非注册用户,系统应提供最基本的浏览和检索功能,可以浏览和检索 NKOS 元数据以及 NKOS 内容(即 NKOS 成员概念、术语及其关系),但是不能上传和下载 NKOS 文档,此外系统还应提供注册功能,使非注册用户能够通过注册升级为注册用户。针对非注册用户需提供的具体功能描述如下。

(1)NKOS 元数据浏览和检索功能(针对所有注册的 NKOS)

● 浏览所有注册 NKOS 的全部元数据信息。

● 浏览具有特定元数据元素值的 NKOS,譬如:

- 浏览特定类型的 NKOS,如名称规范档、分类法、叙词表等;
- 浏览特定格式的 NKOS,如 SKOS、OWL 格式等;
- 浏览特定主题和次主题的 NKOS,如浏览主题为"动物"的所有 NKOS;
- 浏览特定应用目的的 NKOS,如浏览主要用于文献分类的 NKOS;
- 浏览特定语言的 NKOS,如中文 NKOS、英文 NKOS 等;
- 浏览特定创建者的 NKOS,如浏览国家图书馆创建的所有 NKOS;
- 浏览特定日期的 NKOS,如浏览 2010 年创建的所有 NKOS;
- 浏览与某个 NKOS 相关的所有 NKOS,如浏览与"汉语主题词表"相关的所有 NKOS;
- 浏览与某个 NKOS 相映射的所有 NKOS,如浏览与"中国图书馆分类法"相映射的所有 NKOS;
- 浏览特定获取信息的 NKOS,如浏览所有可免费获得的 NKOS;
- 浏览支持某个特定术语服务的 NKOS,譬如支持名称规范化服务的 NKOS。

● 检索具有特定元数据元素值的 NKOS:

- 检索某个检索字段(即元数据元素),如 title(题名)、alternative(其他题名)、creator(NKOS 创建者)、publisher(NKOS 发布者)、date(NKOS 日期)、format(NKOS 格式),等于某个特定值的 NKOS;
- 支持多个检索字段的逻辑组配;
- 所有的检索都应该能支持精确匹配和模糊匹配(即前方一致、后方一致、包含)。

(2)NKOS 内容浏览和检索功能(针对已经上载文档的 NKOS)

● 浏览某个 NKOS 中的所有术语或概念;

● 浏览某个 NKOS 中最高层级的术语或概念;

● 浏览某个 NKOS 中的所有属性(主要针对 OWL 本体);

● 浏览某个 NKOS 中的某种类型的属性(主要针对 OWL 本体);

● 检索某个术语或概念的所有相关信息,如标签、标记、定义、范围注释、上下位概念、相关概念、相匹配的概念等;

- 检索与某个术语或概念具有特定语义关系的术语或概念,如上位概念、下位概念、相关概念,以及其他 NKOS 中与之相匹配的术语或概念(匹配的形式可细分为精确匹配、上位匹配、下位匹配、相关匹配);
- 检索某个术语或概念的同义词或语义相近的词;
- 检索可以是针对某个单独的 NKOS,也可以是同时检索多个 NKOS(即跨词表或跨本体检索);
- 支持对 NKOS 内容的可视化显示,如以图形化显示术语或概念间的相互关系(此为扩展功能 [①]);
- 支持对浏览和检索界面的个性化定制(此为扩展功能)。

(3)用户注册功能

- 通过注册个人信息,使非注册用户能够升级成为注册用户,从而拥有更多的权限和使用系统更多的功能。

6.3　普通注册用户的功能需求

针对普通注册用户,系统除提供非注册用户享有的一切功能和权限外,还需要提供以下额外的功能。

(1)用户登录和注册信息维护功能

- 已注册用户能够对系统进行登录,从而可以享有注册用户的权限和功能;
- 已注册用户能够对自己的注册信息进行维护和更新,如修改密码、更新联系信息等。

(2)NKOS 注册和文档上载功能

- 按照预定义的 NKOS 元数据标准,提交需注册的 NKOS 的元数据信息,其中必备元数据元素的值在注册时必须提交;
- 对提交的 NKOS 元数据信息进行验证;
- 如果用户上载了 NKOS 文档,对上载文档的格式和句法进行自动验证;
- 默认支持以 RDF/XML 序列化格式上载 NKOS 文档;
- 支持以其他序列化格式上载 NKOS 文档,如 N3 格式(此为扩展功能);
- 对 NKOS 的内容进行专家审核和评估(此为扩展功能);
- 正式存储已经通过所有验证和审核的 NKOS 文档;
- 从上载的 NKOS 文档中自动提取元数据(作为对用户注册的 NKOS 元数据的补充)。

(3)NKOS 文档浏览功能

- 如果 NKOS 文档已经被上载并且是允许免费获得的,允许注册用户浏览整个 NKOS 文档,默认以 RDF/XML 序列化格式显示 NKOS 文档;
- 允许以其他序列化格式显示 NKOS 文档,如 N3 格式(此为扩展功能)。

---

① 扩展功能不要求必须实现。

注:①在 NKOS 元数据标准中需定义一个元素表示 NKOS 是否免费可得;②虽然非免费可得的 NKOS 的文档无法被整个显示,但是不妨碍仍旧支持本部分 6.2 小节中的"NKOS 内容浏览和检索功能"。

(4)NKOS 文档下载功能(针对已经上载文档并且是免费可得的 NKOS)

- 从 NKOS 注册平台中输出或下载整个 NKOS 文档到用户的本地机器;
- 默认支持以 RDF/XML 格式下载 NKOS 文档;
- 支持以其他序列化格式下载 NKOS 文档,如 HTML 和 N3 格式(此为扩展功能)。

注:① 如果 NKOS 的主人只是注册 NKOS 的元数据而没有上载 NKOS 文档,或者 NKOS 的主人虽然上载了 NKOS 文档但标明 NKOS 是收费的,NKOS 文档下载功能不可用;②不要求 NKOS 注册与服务系统支持在线交易,如果用户需要获得收费的 NKOS,需自己同 NKOS 发布者联系。

(5)用户评论功能

普通注册用户能够通过 NKOS 注册平台提交自己对某个 NKOS 的评论、意见和建议。其他注册用户(包括 NKOS 主人和系统管理员)可以浏览并回复这些评论,从而对某个 NKOS 展开讨论。

6.4　NKOS 主人的功能需求

注册用户注册了某个 NKOS 后(或者还上载了相应的 NKOS 文档),就自动成为该 NKOS 的维护者,因此系统需针对 NKOS 主人提供以下 NKOS 维护功能:

- 对注册 NKOS 的元数据信息进行修改和更新;
- 更新注册 NKOS 的版本,提交新版本的元数据和文档(如果有 NKOS 文档上载);
- 对注册 NKOS 的不同版本进行版本控制;
- 删除注册的 NKOS,包括删除 NKOS 元数据和 NKOS 文档;
- 锁定 NKOS 的某个版本,可以有不同级别的锁定,如部分锁定(即不允许被检索但可供查看和下载)或全部锁定(即不允许被检索、查看和下载);
- 解锁被锁定的 NKOS 版本;
- 对注册 NKOS 的内容进行在线编辑和修改,如增加、修改、删除术语,添加注释等(此为扩展功能);
- 对 NKOS 内容的修改和更新进行跟踪,自动生成更新列表(此为扩展功能,与上一功能结合使用);
- 对注册 NKOS 进行在线集成,如建立映射、合并等(此为扩展功能)。

注:(1)同一 NKOS 的不同版本需具有不同的 URI 标识符,但需命名空间相同而只是本地标识符的版本号不同,如 CCT_CT_v1.0 表示第一版,CCT_CT_v2.0 表示第二版;(2)同一 NKOS 的不同版本应具有相同的题名,以表明属于同一 NKOS;(3)在 NKOS 元数据规范中需定义一个元素表示 NKOS 版本号;(4)NKOS 的不同版本需对应各自

的元数据;(5)支持 NKOS 内容的在线添加、修改、注释、集成等,将使 NKOS 注册和服务系统变得非常复杂。默认情况下,系统对 NKOS 内容的维护是离线进行的,上载的 NKOS 文档需为正式发布的版本。如果需要,可以将 NKOS 内容的在线维护作为扩展功能予以实现。

6.5 系统管理员的功能需求

系统管理员身份是系统自身所带的一个超级用户,不能通过用户注册和升级获得。系统管理员除具有普通注册用户的所有功能和权限外,系统还需对其提供系统管理功能。

(1)用户管理功能(针对所有注册用户)
- 删除某个注册用户;
- 禁止某个注册用户,即不删除用户账户,但禁止用户的权限和功能;
- 重新激活某个被禁止的注册用户。

(2)NKOS 管理功能(针对所有注册 NKOS)
- 删除某个已注册的 NKOS;
- 锁定某个已注册的 NKOS,不允许其被检索、查看或下载;
- 解锁某个被锁定的 NKOS。

(3)用户评论管理功能
- 删除某条发表的评论;
- 对用户发表的评论进行组织和整理,如排序、归类等;
- 把有价值的评论进行"加精"处理。

6.6 机器用户的功能需求

广义地说,提供给人类用户的所有功都能够通过应用程序接口(API)提供给机器用户使用。但这里所说的面向机器用户的功能是特指那些必须通过 Web API 进行访问从而能够在某个客户端应用程序中进行调用的术语服务。譬如在编目系统中通过调用术语服务对人名和地名进行规范;在信息检索系统中通过调用术语服务获取检索词的同义词或上位词从而对查询进行扩展等。术语服务主要是针对 NKOS 元数据和内容的浏览与检索,主要功能列举如下。

- NKOS 查询功能:查询 NKOS 元数据发现符合某个(些)特定条件的 NKOS,这个(些)特定条件是 NKOS 某个(些)元数据元素的值,如 NKOS 的主题、类型、格式、创建者等;
- 术语查找功能:查询与输入字符串以某种方式相匹配的所有术语,如精确匹配、前向匹配、后向匹配、任意匹配;
- 术语规范功能:查询输入术语的首选标签,可用于名称规范等;
- 术语解释功能:查询输入术语的定义、范围注释、应用举例等注释信息以帮助用户明确术语的含义和使用范围;
- 相关术语查找功能:查询和输入术语相关的所有术语或概念;

- 同义词查找功能：查询输入术语的所有同义词；
- 检索词扩展功能：查询输入术语的所有同义词、上位词、相关词；
- 检索词精炼功能：查询输入术语的所有下位词；
- 辅助分类功能：查询与输入术语相匹配的类号，主要针对相互映射的分类法和叙词表，如"中国图书馆分类法"和"汉语主题词表"；
- 辅助翻译功能：查询与输入术语相匹配的其他语言（如英文）的术语。

对于实现上述功能的术语服务将在本篇第 8 章中进行详细定义和描述。

7 NKOS 元数据规范

NKOS 是一种 Web 资源,采用元数据对其外部特征和内容特征进行描述,可以方便对 NKOS 的识别和检索,此外元数据还描述了 NKOS 的创建、修改、更新等信息,有利于 NKOS 的共享和重用。在 NKOS 注册平台中注册的 NKOS 往往不止一个,为了对这些 NKOS 进行统一的描述,需要首先制定 NKOS 的元数据规范,然后依据元数据规范提交每个注册 NKOS 的元数据。

国家数字图书馆 NKOS 注册平台不仅要支持以 SKOS 语言描述的传统受控词表(简称 SKOS 受控词表①),还要支持以 RDFS/OWL 语言描述的新兴知识组织系统,即知识本体(简称 RDFS/OWL 本体),其中 SKOS 语言不仅包括 SKOS 核心模型中定义的标准词汇,也包括用户定制的 SKOS 扩展模型②(如 CKOS 模型)中定义的新的词汇。SKOS 受控词表和 RDFS/OWL 本体可采用不同的序列化格式表示,如 RDF/XML(默认)、N-Triple 和 Turtle。针对所有的注册 NKOS,制定了 NKOS 核心元数据规范(见本章 7.2 节)。此外,针对 SKOS 受控词表,另外制定了 SKOS 受控词表的扩展元数据标准(见本章 7.3 节);针对 OWL/RDFS 本体,另外制定了 RDFS/OWL 本体扩展元数据规范(见本章 7.4 节)。因此,注册的 SKOS 受控词表,其元数据需遵循 NKOS 核心元数据规范和 SKOS 受控词表扩展元数据规范;注册的 RDFS/OWL 本体,其元数据需遵循 NKOS 核心元数据规范和 RDFS/OWL 本体扩展元数据规范。

7.1 元数据元素的命名和描述规范

NKOS 元数据标准(即元数据元素集)均采用 URI 标识符唯一命名,命名形式为：

http://www.nlc.gov.cn/metadata/[metadata_scheme]/[version]/

元数据标准中新定义的元素,均基于元数据标准的 URI 标识符进行命名,命名形式为：

http://www.nlc.gov.cn/metadata/[metadata_scheme]/[version]/[element_local_identifier]

---

① SKOS 受控词表指采用 SKOS 语言描述的各种受控词表,如术语表、地名词表、规范档、分类法、知识分类表、标题表、叙词表等,不单指叙词表。

② SKOS 扩展模型是指扩展 SKOS 核心模型中定义的类和关系而生成的模型,如 CKOS(中国知识组织系统)模型(详情请参见本书"第二篇 受控表语义描述规范")。

其中:

- www. nlc. gov. cn:常量,表示国家图书馆域名。
- metadata:常量,表示是元数据标准。
- [metadata_scheme]:变量,代表元数据标准的名称,如 core、skos_extent。
- [version]:变量,代表元数据标准的版本号,如当前版本是 1.0。
- [element_local_identifier]:变量,代表元数据元素的本地标识符。

如果元数据标准中的元数据元素是直接复用其他元数据标准(如 DC Metadata Element Set 1.1,简称 DC 元数据)中的元素,这些元素则仍采用原有的 URI 标识符。

为了规范元数据元素的定义,NKOS 元数据标准中的元素均采用 ISO/IEC 11179 标准[8]中定义的 10 个属性进行描述。

(1)元素标识符(Identifier):元素的唯一 URI 标识符。

(2)元素名称(Name)。

(3)元素版本(Version)。

(4)注册机构(Registry Authority):批准和注册元素的实体。

(5)元素语言(Language):元素被描述和说明的语言,如中文、英文。

(6)元素定义(Definition)。

(7)元素强制性(Obligation):元素是否必须被使用或者可选。

(8)元素数据类型(Datatype):元素值的数据类型。

(9)元素最大出现频次(Maximum Occurrence):元素能够被重复使用的最大次数。

(10)元素注释(Comment):对元素使用的说明。

7.2 NKOS 核心元数据元素集

NKOS 核心元数据元素集是指在 NKOS 注册平台中进行注册的所有 NKOS(包括 SKOS 受控词表和 RDFS/OWL 本体)都必须遵循的元数据规范,它的 URI 标识符为:< http://www. nlc. gov. cn/metadata/core/1.0/ > 。该元数据规范中的所有元数据元素均共享以下五个属性。

- 元素版本(Version):1.0。
- 元素语言(Language):中文/英文。
- 元素数据类型(Datatype):除了"Availability"元素的值为布尔值外,其他元素的元素值均为字符串;
- 注册机构(Registration Authority):国家图书馆;
- 元素最大出现频次(Maximum Occurrence):一般不限,有特殊说明的除外。

NKOS 核心元数据元素集中所包含的核心元素见表 7 - 1 所示,共 30 个元素,其中 9 个是在 NKOS 注册与服务系统中注册 NKOS 时必须填写的元数据元素。NKOS 核心元数据元素集的制定主要参考 NKOS Registry[9]中的元数据元素集和《Terminology Registry Scoping Study》[1]报告中对 12 个术语注册系统所用的元数据方案的调研结果。

表 1－7－1　NKOS 核心元数据元素集（核心元数据标准）

序号	元素标识符	元素标签（英）	元素标签（中）	强制性	最大发生次数	出处
1	dc:identifier	Identifier	NKOS 标识符	必备	唯一	DC
2	dc:title	Title	NKOS 名称	必备	唯一	DC
3	dcterms:alternative	Alternative Title	NKOS 其他名称	可选	可重复	DC Terms
4	nlmc:version	Version	NKOS 版本	可选	唯一	新定义
5	dc:type	Type	NKOS 类型	必备	可重复	DC
6	dc:creator	Creator	NKOS 创建者	必备	可重复	DC
7	nlmc:orginalCreator	Original Creator	原 NKOS 创建者	可选	可重复	新定义
8	dc:contributor	Contributor	NKOS 贡献者	可选	可重复	DC
9	dc:publisher	Publisher	NKOS 发布者	可选	可重复	DC
10	nlmc:publisherContact	Publisher Contact	NKOS 发布者联系方式	可选	可重复	新定义
11	dc:date	Date	NKOS 日期	必备	唯一	DC
12	nlmc:updateFreq	Update Frequency	NKOS 更新频率	可选	唯一	新定义
13	dc:format	Format	NKOS 格式	必备	唯一	DC
14	dc:description	Description	NKOS 描述	可选	可重复	DC
15	dc:language	Language	NKOS 语言	必备	可重复	DC
16	dc:subject	Subject	NKOS 主题	必备	可重复	DC
17	nlmc:minorSubject	Minor Subject	NKOS 次主题	可选	可重复	新定义
18	nlmc:application	Application	NKOS 应用	可选	可重复	新定义
19	dc:rights	Rights	权限信息	可选	可重复	DC
20	nlmc:availability	Availability	NKOS 可获得性	必备	可重复	新定义
21	dc:relation	Relation	相关 NKOS	可选	可重复	DC
22	nlmc:relationNotes	Relation Notes	相关 NKOS 注释	可选	可重复	新定义
23	nlmc:mapping	Mapping	映射 NKOS	可选	可重复	新定义
24	nlmc:mappingNotes	Mapping Notes	映射 NKOS 注释	可选	可重复	新定义
25	dc:source	Source	NKOS 来源	可选	可重复	DC
26	nlmc:sourceNotes	Source Notes	NKOS 来源注释	可选	可重复	新定义
27	nlmc:changeNotes	Change Notes	NKOS 更改说明	可选	可重复	新定义
28	nlmc:otherNotes	Other Notes	NKOS 注释	可选	可重复	新定义
29	nlmc:status	Statuse	NKOS 状态	可选	唯一	新定义
30	nlmc:availableTS	Available Terminology Service	NKOS 可获得的术语服务	可选	可重复	新定义

注:①"必备"是指在国家数字图书馆 NKOS 注册与服务系统中注册 NKOS 时必须提供的元数据元素;

②新定义元数据元素的命名空间为 xmlns:nlmc = "http://www.nlc.gov.cn/metadata/core/1.0/"。

下面是对表 7－1 中元数据元素的详细注释和使用说明:

(1)dc:identifier:采用 URI 地址作为 NKOS 的唯一标识符,标识符最好能够反映 NKOS 的类型、名称和版本等重要信息。譬如"中国分类主题词表"中的"主题词—分类号对照表"可以命名为 < http://www.nlc.gov.cn/vocab/CCT_CT_v2.0 >，其中 < http://www.nlc.gov.cn > 表示国家图书馆域名，vocab 表示是词表，CCT_CT_v2.0 表示 2.0 版本的"主题词—分类号对照表"。

（2）dc:title：NKOS 的正式名称，如"汉语主题词表"。

（3）dcterms:alternative：NKOS 的其他可替代名称或缩写名称，如"CCT_CT"。

（4）nlmc:version：NKOS 的版本，如 1.0,2.0,2.5 版等。

（5）dc:type：NKOS 的类型，建议取自如下受控列表中的规范术语，并尽可能采用具体的小类。该受控列表是综合 ANSI/NISO Z39.19[10]、Hodge[2] 和 Hill 等人[11] 对 NKOS 的分类而获得的关于 NKOS 类别的一个详细列表。

①术语列表（Term List），指简单线性结构的列表，包括：

- 可选词单（Pick List），根据顺序排列的有限词汇的集合；
- 规范档（Authority File），是指用于控制同一实体的不同名称或某一特定领域的域值的术语列表；
- 术语表（Glossary），是指特定学科领域内的专门词汇的列表，术语表中的术语常带有定义；
- 字典（Dictionary），是指按字母顺序排列的一组词及其定义；
- 地名词表（Gazetteer），是指地名的列表；
- 同义词环（Synonym Rings），在检索时被认为是相等的一组术语。

②分类和归类（Classification and Category），主要揭示术语之间的等级关系，一般是树状结构，包括：

- 标题表（Subject Heading），一组表示文档主题的受控词汇，具有等级结构；
- 分类法（Classification Scheme），指图书分类法，是带有唯一概念代码标识的分类体系，如 LCC、DDC、中国图书馆分类法等；
- 知识分类表（Taxonomy），组织成为层次化结构的一组受控词汇，往往是对某一特定领域的信息、知识的分类组织；
- 大致归类类表（Categorization Scheme），十分松散的结构，可以是任何分组归类用的大纲。

③词汇关系网（Relationship List），主要揭示术语间各种复杂的关系，一般是网状结构，包括：

- 叙词表（Thesaurus），又称为主题词表，是以某种顺序和结构进行组织的受控词汇，使得术语之间的关系可以被清楚地展示并通过关系指示词进行识别；
- 概念地图（Concept Map），术语以及术语表示的概念之间关系的两维表示图；
- 语义网络（Semantic Network），知识表示的一种形式，主要通过有向图的形式表示概念与概念之间的语义关系；

- 本体(Ontology),对于某个领域内的共享概念以及概念之间的复杂关系明确而又详细的形式化说明。

④其他自定义类型(Other),如果无法在上述列表中发现匹配的词表类型,可自行加入,并给予一定的解释。

(6)dc:creator,这里指进行 NKOS 语义化转换的个人、团体或组织机构。譬如"汉语主题词表"的创建者应是对该词表进行 SKOS 转换的个人、组织或团体,而非该词表原始版本的创建者。

(7)nlmc:originalCreator,这里指 NKOS 的原始创建者,即非语义化版本的创建者,譬如"汉语主题词表"的原始创建者是"中国科学技术信息研究所"和"北京图书馆"(现称"国家图书馆")。如果 NKOS 创建时即为语义化版本,则该元素的元素值为空。

(8)dc:contributor,对 NKOS 语义化版本的创建有贡献的个人、团体或组织机构。

(9)dc:publisher,将 NKOS 语义化版本进行发布的个人、团体或组织机构。

(10)nlmc:publisherContact,NKOS 语义化版本发布者的联系方式,包括电话、E-mail、通信地址等。

(11)dc:date,与 NKOS 资源生命周期中的一个事件相关的时刻或一段时间,采用 YYYY – MM – DD 的日期格式表示。

(12)nlmc:updateFreq,NKOS 更新频率,如每一年更新一次。

(13)dc:format,所有注册 NKOS 都采用 RDF/XML 序列化格式表示,该元素所指的格式是指 NKOS 具体的描述语言,建议取自如下受控列表中的规范术语。

①SKOS

- 标准 SKOS:基于标准的 SKOS 核心模型进行描述。

- 扩展 SKOS:基于标准 SKOS 核心模型和扩展 SKOS 模型(如 CKOS)进行描述。

②RDFS

③OWL

- OWL 1.0
  - OWL Lite
  - OWL DL
  - OWL Full

- OWL 2.0
  - OWL 2 EL
  - OWL 2 QL
  - OWL 2 RL

(14)dc:description,以文本形式对 NKOS 的简单描述。

(15)dc:language,建议采用受控词表中的规范术语,如"世界语种代码表"。如果 NKOS 中含有多种语言,重复该元素。譬如中英双语种词表,重复该元素两次,一个值是"中文",另一个值是"英文"。

（16）dc：subject，建议采用受控词表中的规范术语，如"汉语主题词表"。如果 NKOS 描述的是所有主题，该元素的元素值为"通用"。

（17）nlmc：minorSubject，建议采用受控词表中的规范术语，如"汉语主题词表"，但是该元素的元素值应为"subject"元素值的下位概念。

（18）nlmc：application，指 NKOS 的主要应用目的，如用于分类、检索、语言资源、人工智能、电子学习等。如果是任务本体，则是指本体打算应用于的任务。

（19）dc：rights，指与 NKOS 相关的各种产权声明，如知识产权声明。

（20）nlmc：availability，指 NKOS 是否可免费获得，取值是布尔值，即"是"或"否"。

（21）dc：relation，与被描述的 NKOS 相关的其他 NKOS 的 URI 标识符。

（22）nlmc：relationNotes，对 NKOS 间关系的注释和说明。

（23）nlmc：mapping，与被描述的 NKOS 建立映射关系的其他 NKOS 的 URI 标识符。

（24）nlmc：mappingNotes，对 NKOS 映射的注释和说明。

（25）dc：source，NKOS 的全部或部分内容可以是来源于其他资源，如其他词表和本体。譬如"国家图书馆核心元数据本体"来源于"国家图书馆核心元数据标准"、"DC 元数据（DC Metadata Element Set 1.1）"和"DC 元数据术语（DCMI Metadata Terms）"。如果来源资源是非语义化资源，该元素的元素值为字符串表示的资源名称；如果来源资源是语义化资源，该元素的元素值最好采用来源资源的 URI 标识符。

（26）nlmc：sourceNotes，对 NKOS 来源的注释和说明。

（27）nlmc：changeNotes，对 NKOS 修改、更新情况的注释和说明。

（28）nlmc：otherNotes，对 NKOS 的任何其他注释和说明。

（29）nlmc：status，NKOS 的状态，如已被固化（即不再改动）、已被废弃或者已被其他 NKOS 所代替。

（30）nlmc：availableTS，NKOS 所支持的术语服务的 URI 标识符，如名称规范档支持名称规范化术语服务。

7.3 SKOS 受控词表扩展元数据元素集

除了 NKOS 核心元数据元素集，采用 SKOS 语言描述的受控词表的元数据还需遵循 SKOS 受控词表的扩展元数据元素集。该标准的 URI 标识符为：

< http：//www.nlc.gov.cn/metadata/skos_extent/1.0/ >。

SKOS 受控词表扩展元数据元素集中的所有元数据元素均共享下面四个属性：

- 元素版本（Version）：1.0；
- 元素语言（Language）：中文/英文；
- 注册机构（Registration Authority）：国家图书馆；
- 元素最大出现频次（Maximum Occurrence）：一般不限，有特殊说明的除外。

SKOS 受控词表扩展元数据元素集如表 1-7-2 所示,共包括 10 个元数据元素,全部为可选元素。这些元素的制定也主要是参考 NKOS Registry[9] 和《Terminology Registry Scoping Study》[1]。

表 1-7-2   SKOS 受控词表扩展元数据元素集(扩展元数据标准)

序号	元素标识符	元素名称(英)	元素名称(中)	最大发生次数	数据类型
1	nlmsx:arrangement	Arrangement	词表排列	可重复	字符串
2	nlmsx:termType	Type Of Terms	术语类型	可重复	字符串
3	nlmsx:relationshipType	Type of Relationships	关系类型	可重复	字符串
4	nlmsx:numOfTotalTerms	Number of Total Terms	术语总数	唯一	整数
5	nlmsx:numOfPreferredTerms	Number of Preferred Terms	首选术语的数目	唯一	整数
6	nlmsx:numOfNonPreferredTerms	Number of Non - Preferred Terms	非首选术语的数目	唯一	整数
7	nlmsx:depthOfHierarchy	Depth of Hierarchy	术语层级的最大级数	唯一	整数
8	nlmsx:numOfTopTerms	Number of Top Terms	顶层术语总数	唯一	整数
9	nlmsx:numOfRelatedTerms	Number of Related Terms	相关术语总数	唯一	整数
10	nlmsx:informationGiven	Information Given	提供的信息	可重复	字符串

注:该元数据元素集的命名空间为 xmlns: nlmsx = "http://www.nlc.gov.cn/metadata/skos_extent/1.0/"。

下面是对表 1-7-2 中元数据元素的详细注释和使用说明:

(1)nlmsx:arrangement,NKOS 中成员实体的排列顺序,建议取自如下受控列表中的规范术语:

- 层次化(Hierarchical);
- 分类化(Categorical);
- 轮排(Rotated);
- 分面化(Facetted);
- 图形化(Graphical);
- 标注格式(Tagged Format);
- 其他(Others)。

(2)nlmsx:termType,NKOS 中成员术语的主要类型,建议取自如下受控列表中的规范术语:

- 通用（General），指综合、通用类型的术语。
- 人名（Personal Names）；
- 地名（Geographic Names）；
- 组织机构名（Organization Names）；
- 语种（Languages）；
- 资源类型（Resource Types），指信息资源的类型，如图书、文章、期刊等；
- 媒体类型（Media Types），指媒体类型，如图像、文本等计算机格式；
- 指示符（Designations），如首字母缩写词、标记、符号等；
- 其他（Others）。

（3）nlmsx:relationshipType，NKOS中成员术语之间关系的主要类型，建议取自如下受控列表中的规范术语：
- 平行关系（Parallel），指线性列表中术语间的非层次化平行关系；
- 层次关系（Hierarchical），指树状列表中术语间的层级关系；
- 关联关系（Associative），指网络状列表中术语间的相关关系；
- 同义关系（Synonymous），指NKOS成员术语间的同义关系；
- 其他（Others）。

（4）nlmsx:numOfTotalTerms，NKOS中术语的总数。

（5）nlmsx:numOfPreferredTerms，NKOS中首选术语的数目。

（6）nlmsx:numOfNonPreferredTerms，NKOS中非首选术语（如入口词）的数目。

（7）nlmsx:depthOfHierarchy，NKOS中最大的术语层级数。

（8）nlmsx:numOfTopTerms，NKOS中第一层级的术语数目。

（9）nlmsx:numOfRelatedTerms，NKOS中与其他术语有相互关系的术语的总数目。

（10）nlmsx:informationGiven，NKOS中提供的信息，建议取自如下受控列表中的规范术语：
- 定义（Definition）；
- 应用举例（Example）；
- 范围说明（Scope Notes）；
- 历史说明（History Notes）；
- 使用说明（Usage Notes）；
- 概念关系（Conceptual Relationships）；
- 拼写变化（Spelling Variants）；
- 登录日期（Date of Entry）；
- 参考信息（References）；
- 其他（Others）。

需要说明的是，针对经过语义化转换的传统受控词表，元数据主要是针对SKOS语言表示的词表而非词表的原始版本，譬如创建者指的是词表SKOS版本的创建者而非词表原始版本

20

(即纸质版本或普通电子版本)的创建者。

7.4 RDFS/OWL 本体扩展元数据元素集

在国家数字图书馆 NKOS 注册平台中,注册的 NKOS 除了采用 SKOS 语言表示的受控词表外,还包括以本体描述语言(如 RDFS 或 OWL)创建的知识本体。广义地说,以 RDFS 或 OWL 等本体语言所表示的知识本体其实也是一种词表,但是描述了概念之间更复杂的关系。对于本体来说,除了表 1 − 7 − 1 中所列的 NKOS 核心元数据元素集外,本体的元数据还需遵循本体扩展元数据元素集。

本体扩展元数据元素集的 URI 标识符如下所示:

< http://www.nlc.gov.cn/metadata/onto_extent/1.0/ >

该元数据元素集中所有的元素均共享下面四个属性:

– 元素版本(Version):1.0;

– 元素语言(Language):中文/英文;

– 注册机构(Registration Authority):国家图书馆;

– 元素最大出现频次(Maximum Occurrence):一般不限,有特殊说明的除外;

RDFS/OWL 本体扩展元数据元素集如表 1 − 7 − 3 所示,共包括 9 个元素,全部为可选元素。这些元素的制定主要参考《Ontology Metadata Vocabulary[12]》(OMV)。OMV 是由西班牙马德里理工大学、德国的不来梅大学和卡尔斯鲁厄大学联合研制的第一个本体元数据方案,提供了一整套用于描述本体自身信息的词汇。

表 1 − 7 − 3　RDFS/OWL 本体扩展元数据元素集(扩展元数据标准)

序号	元素标识符	元素名称(英)	元素名称(中)	最大发生次数	数据类型
1	nlmox:documentation	Documentation	本体文档	可重复	字符串
2	nlmox:imports	Imported Ontology	引入的本体	可重复	字符串
3	nlmox:numOfClasses	Number of Classes	本体类的数目	唯一	整数
4	nlmox:numOfObjectProperties	Number of Object Properties	本体对象属性的数目	唯一	整数
5	nlmox:numOfDatatypeProperties	Number of Datatype Properties	本体数据类型属性的数目	唯一	整数
6	nlmox:numOfProperties	Number of Properties	本体属性的总数目	唯一	整数
7	nlmox:numOfAxioms	Number of Axioms	本体公理的数目	唯一	整数
8	nlmox:ontologyEngineeringTool	Ontology Engineering Tool	本体编辑工具	可重复	字符串
9	nlmox:ontologyType	Ontology Type	本体类型	可重复	字符串

注:该元数据元素集的命名空间为 xmlns:nlmox = "http://www.nlc.gov.cn/metadata/onto_extent/1.0/"。

下面是对表 1 – 7 – 3 中元数据元素的详细注释和使用说明：

（1）nlmox：documentation，描述本体的文档的 URI 地址。

（2）nlmox：imports，引入的其他本体的 URI 地址。

（3）nlomx：numOfClasses，本体中所包含的类（概念）的数目。

（4）nlomx：numOfObjectProperties，本体中所包含的对象属性的数目。

（5）nlomx：numOfDatatypeProperties，本体中所包含的数据类型属性的数目。

（6）nlomx：numOfProperties，本体中所包含的所有属性的总数目。

（7）nlomx：numOfAxioms，本体中所包含的公理的数目。

（8）nlomx：ontologyEngineeringTool，创建本体所用的工具，如 Protege 等。

（9）nlomx：ontologyType，本体的类型，建议取自如下"本体类型词表"中的规范术语：

- 表示本体（Representation Ontologies）；
- 顶层或通用本体（Upper – level/General Ontologies）；
- 领域本体（Domain Ontologies）；
- 任务本体（Task Ontologies）；
- 应用本体（Application Ontologies）；
- 其他（Others）。

8　术语服务规范

　　NKOS 注册平台不仅要能够提供可视化的图形操作界面，还要能够提供一系列的术语服务，供计算机程序远程访问和调用。在系统实施时，所有提供的术语服务均需采用 Web 服务描述语言（Web Service Description Language，WSDL）进行形式化描述，每个术语服务的 WSDL 文档可采用 Web 服务开发工具自动产生。在本规范中，因为可读性的原因，对术语服务进行半形式化的描述，采用以下六个属性定义和描述每个术语服务。

（1）服务地址：所有的术语服务均采用 URL 地址定位，URL 地址形式为 < http：//www. nlc. gov. cn/TS/[service_local_identifier] > ，其中 < http：//www. nlc. gov. cn/ > 是国家图书馆的域名；TS 是 Terminology Services（术语服务）的缩写；[service_local_identifier] 是一个变量，表示服务的本地标识符。

（2）服务名称：采用字符串表示的服务名称，如"Get Vocabulary URI By Title"。

（3）服务功能：对服务能够完成的功能的简单文本描述。

（4）服务输入参数：需要提供的服务的参数值以及参数的数据类型（如字符串，整数等）；

（5）服务输出值：服务返回的结果。

（6）服务作用的 NKOS：支持该服务的注册 NKOS。

8.1 基于 NKOS 元数据的术语服务

此类术语服务完全基于 NKOS 的元数据,提供对整个 NKOS 的发现、识别、检索以及获取 NKOS 的某种属性信息。基于 NKOS 元数据的术语服务又可细分为两类:一类是查询具有某个属性值(即元数据元素值)的 NKOS 的术语服务,另一类是获取 NKOS 的某个属性的属性值的术语服务。

(1)查询具有某个属性值的 NKOS 的术语服务

此类术语服务的输入参数是 NKOS 的某个元数据元素,输出值是该元数据元素值与输入值相匹配的一组 NKOS 的 URI 标识符或者 NKOS 的正式名称。虽然理论上所有元数据元素均可作为术语服务的输入参数,但是不建议包括那些不具有实际检索意义的元数据元素,譬如 description(描述)、notes(注释说明)等。如果输入的参数值是自由文本,如 NKOS 名称、NKOS 创建者名称,建议同时支持精确和模糊两种匹配模式,其中模糊匹配又可进一步分为前方一致、后方一致和中间一致三种匹配类型(下同);如果输入的参数值是 URI 标识符或者规范术语,如 NKOS 类型、NKOS 格式,建议只支持精确匹配。此类术语服务的具体描述如表 1 - 8 - 1 所示。

(2)获取 NKOS 的某个属性的属性值的术语服务

此类术语服务的输入参数是 NKOS 的 URI 标识符或者 NKOS 的名称,输出值则是与输入标识符或者名称匹配的 NKOS 的某个元数据元素的值。如果输入的参数值是 NKOS 的 URI 标识符,建议只支持精确匹配;如果输入的参数值是 NKOS 的名称,建议同时支持精确和模糊两种匹配模式。此类术语服务的具体描述如表 1 - 8 - 2 所示。

8.2 基于 RDFS/OWL 模型的术语服务

此类术语服务是针对采用 RDFS 语言或 OWL 1.0 语言描述的本体提供的浏览和查询操作,主要基于 RDFS 和 OWL(1.0)模型进行定义,如表 1 - 8 - 3 所示。这些术语服务大致可以分为以下几类:

(1)获取本体的注释信息①,如版本号、本体的前版本等;

(2)浏览本体的整体内容,如本体中的所有概念或属性;

(3)在本体中通过字符串匹配查找类或属性,如标签匹配或本地标识符匹配;

(4)获取本体中某个类或属性的详细描述。

注:上述"本体"一词均指在 NKOS 注册平台中注册的 RDFS/OWL 本体。

需要说明的是:①在 NKOS 注册平台中进行注册的本体是不包含实例的类模型,因此术语服务中不包括对本体实例的查询和访问;②针对本体的术语服务,主要是基于 RDFS 模型和

---

① 某些属性信息也可通过基于 NKOS 元数据的术语服务获得。

OWL 1.0 模型。2009 年 10 月 W3C[①] 推出了 OWL 2.0 模型。如果需要，也可基于 OWL 2.0 模型构建术语服务；③表 1 - 8 - 3 中所列的只是面向本体的基本术语服务，这些基本术语服务和基于元数据的服务（见表 1 - 8 - 1 和 1 - 8 - 2）经过组合后可以生成更复杂的术语服务，实现面向特定应用的复杂功能。

8.3 基于 SKOS 核心模型的术语服务

此类术语服务是针对采用标准 SKOS 语言描述的受控词表提供的浏览和查询操作，主要基于标准 SKOS 核心模型进行定义，如表 1 - 8 - 4 所示。这些术语服务大致可以分为以下几类：

(1)浏览词表的整体内容，如词表中的所有概念；

(2)在词表中通过字符串匹配查找术语；

(3)获取词表中某个概念的标签信息，如首选标签、可选标签、隐藏标签；

(4)获取词表中某个概念的注释信息，如定义、范围注释、历史注释等；

(5)获取词表中与某个概念具有语义关系的其他概念，如广义、狭义、相关概念；

(6)获取词表中某个概念与其他词表中的概念相匹配的信息。

注：上述"词表"一词均指在 NKOS 注册平台中注册的采用 SKOS 语言表示的受控词表。

表 1 - 8 - 4 中所列的只是针对 SKOS 受控词表的基本术语服务，这些基本术语服务和基于元数据的服务（见表 1 - 8 - 1 和 1 - 8 - 2）经过组合后可以生成更加复杂的术语服务。鉴于"汉语主题词表"、"中国图书馆分类法"和"名称规范档"将是 NKOS 注册平台中的主要注册词表，因此针对它们定制了一些复杂的术语服务（见表 1 - 8 - 5），主要在编目、元数据创建、信息检索等应用中调用。

8.4 基于 SKOS 扩展模型的术语服务

SKOS 语言提供了扩展功能，允许在标准的 SKOS 核心模型的基础上定制新的类和属性以增加 SKOS 语言的描述能力。在本书第二篇"受控表语义描述规范"中对 SKOS 核心模型进行了扩展，创建了针对中文 NKOS 的 CKOS 模型。基于 CKOS 模型，可以定义以下几种类型的术语服务，具体描述见表 1 - 8 - 6。

(1)获取词表中某种特定类型的概念，如复合概念、通用概念、人物概念、机构名概念、地名概念、时间概念、民族概念、语种概念、资源类型概念、媒体格式概念；

(2)获取分类法中某个类目的扩展注释信息和其他文字信息，如交叉类目注释、交替类目注释、类目参照注释、参考类目注释、类目类型等；

(3)获取分类法中某个类目的扩展类号信息；

(4)获取分类法中与某个类目具有语义关系的其他类目，如交替类目、交叉类目、参考类目

---

① W3C 是 World Wide Web Consortium(万维网联盟)的简称。

和仿分类目;

(5)获取词表中某个概念所在词族的顶级概念;

(6)获取词表中某个复合概念的组配概念;

(7)获取分类法中某个类目概念的组配类目的所属附表(如复分表)

(8)获取与某个词表中的某个概念具有某种映射关系的其他词表中的概念;

(9)获取分类法中的附表及其文字属性。

基于SKOS扩展模型(如CKOS模型)的术语服务实现起来比较困难。原因是,目前已有的开源SKOS API是针对SKOS核心模型的,不支持对扩展模型的操作。因此在构建基于CKOS模型的术语服务时,需首先开发支持CKOS模型的应用程序接口(API)。此外,也可采用SPARQL查询语言实现对扩展SKOS数据(基于SKOS核心模型 + CKOS模型)的操作,但是速度相对较慢。

注:①表1-8-1、1-8-2、1-8-3和1-8-4尽量列出了能够提供的所有基本术语服务,在实际应用中,可以根据需要选择某些特定的术语服务进行实现,无需将上述表格中列出的术语服务全部实现;②表格1-8-5列出了部分复杂的术语服务,复杂术语服务是由基本术语组配而来,还有更多的组配可能以生成其他复杂术语服务,在实际应用中,可以根据需要定制其他复杂术语服务,而非仅限于表1-8-5中所列出的服务。

表 1-8-1　获取具有某个属性值的 NKOS 的术语服务

服务标识符（输入参数）	功能描述	输出值
■ 针对所有 NKOS（包括 SKOS 受控词表和 RDFS/OWL 本体）的服务（14 个）		
getVocabByTitle(String title)	获取已知正式名称的 NKOS 的 URI 标识符	NKOS 的 URI 标识符
getVocabByAlternative(String alternative)	获取已知非正式名称的某个 NKOS	NKOS 的 URI 标识符和（或）名称
listVocabByCreator(String creator)	列出某人或某机构创建的所有 NKOS	一组匹配的 NKOS 的 URI 标识符和（或）名称
listVocabByContributor(String contributor)	列出某人或某机构参与贡献的所有 NKOS	一组匹配的 NKOS 的 URI 标识符和（或）名称
listVocabByPublisher(String publisher)	列出某人或某机构发布的所有 NKOS	一组匹配的 NKOS 的 URI 标识符和（或）名称
listVocabByFormat(String format)	列出某种格式的所有 NKOS(精确匹配)	一组匹配的 NKOS 的 URI 标识符和（或）名称
listVocabByLangauge(String lang)	列出某种语种的所有 NKOS(精确匹配)	一组匹配的 NKOS 的 URI 标识符和（或）名称
listVocabBySubject(String subject)	列出属于某个主题的所有 NKOS(精确匹配)	一组匹配的 NKOS 的 URI 标识符和（或）名称
listVocabByApplication(String application)	列出某种应用的所有 NKOS(精确匹配)	一组匹配的 NKOS 的 URI 标识符和（或）名称
listVocabByAvailability(Boolean available)	列出能够/不能够免费获得的所有 NKOS	一组匹配的 NKOS 的 URI 标识符和（或）名称
listVocabByRelation(String relatedVocabURI/title)	列出与某个 NKOS 相关的所有 NKOS	一组匹配的 NKOS 的 URI 标识符和（或）名称
listVocabBySource(String sourceURI/title)	列出以某个资源（如元数据方案）作为来源的所有 NKOS	一组匹配的 NKOS 的 URI 标识符和（或）名称
listVocabByMapping(String mappedVocabURI/title)	列出与某个 NKOS 建立映射关系的所有 NKOS	一组匹配的 NKOS 的 URI 标识符和（或）名称
listVocabByStatus(String status)	列出某种状态的所有 NKOS(精确匹配)	一组匹配的 NKOS 的 URI 标识符和（或）名称
■ 针对 SKOS 受控词表的服务（4 个）		
listSKOSByArrangement(String arrangement)	列出术语按照某种形式排列的所有词表	一组匹配的词表的 URI 标识符的名称
listSKOSByTermType(String termType)	列出含有某种类型术语的词表（精确匹配）	一组匹配的词表的 URI 标识符
listSKOSByRelationshipType(String relationshipType)	列出主要含有某种术语关系类型的词表（精确匹配）	一组匹配的词表的 URI 标识符
listSKOSByInformationGiven(String informationGiven)	列出提供某种信息的词表（精确匹配）	一组匹配的词表的 URI 标识符
■ 针对 RDFS/OWL 本体的服务（2 个）		
listOntoByImports(String importedOntoURI)	列出引入某个本体的所有本体（精确匹配）	一组匹配的本体的 URI 标识符和（或）本体名称
listOntoByOntologyType(String ontologyType)	列出某种类型的所有本体（精确匹配）	一组匹配的本体的 URI 标识符和（或）本体名称

注：(1) 服务名称为服务本地标识符的英文全称，如"Get Vocabulary URI By Title"，因空间有限在此表中略去。

(2) 当服务的输入参数为字符串时，如果参数值为 URI 标识符或规范术语，只支持精确匹配；如果参数值为自由文本，支持精确和模糊两种匹配模式。

表 1-8-2 获取 NKOS 的属性值的术语服务

服务标识符（输入参数）	功能描述	输出值
■ 针对所有词表（包括 SKOS 受控词表和 RDFS/OWL 本体）的服务（30 个）		
getVocabAllMetadata（String URI/title/alternative）	获取指定 NKOS 的所有元数据	NKOS 的所有元数据信息
getVocabTitle（String vocabURI）	获取指定 NKOS 的正式名称	NKOS 的正式名称
getVocabAlternative（String vocabURI/title）	获取指定 NKOS 的其他非正式名称	NKOS 的其他非正式名称
getVocabVersion（String vocabURI/title/alternative）	获取指定 NKOS 的版本	NKOS 的版本
getVocabType（String vocabURI/title/alternative）	获取指定 NKOS 的类型	NKOS 的类型
getVocabCreator（String vocabURI/title/alternative）	获取指定 NKOS 的创建者名称	NKOS 创建者名称
getVocabOriginalCreator（String vocabURI/title/alternative）	获取指定 NKOS 原始版本的创建者名称	NKOS 原始版本的创建者名称
getVocabContributor（String vocabURI/title/alternative）	获取指定 NKOS 的其他贡献者名称	NKOS 其他贡献者名称
getVocabPublisher（String vocabURI/title/alternative）	获取指定 NKOS 的出版者名称	NKOS 出版者名称
getVocabPublisherContact（String vocabURI/title/alternative）	获取指定 NKOS 出版者的联系方式	NKOS 出版者的联系方式
getVocabDate（String vocabURI/title/alternative）	获取指定 NKOS 的日期	NKOS 的日期
getVocabUpdateFreq（String vocabURI/title/alternative）	获取指定 NKOS 的更新频率	NKOS 的更新频率
getVocabFormat（String vocabURI/title/alternative）	获取指定 NKOS 的格式	NKOS 的格式
getVocabDescription（String vocabURI/title/alternative）	获取指定 NKOS 的描述信息	NKOS 的描述信息
getVocabLanguage（String vocabURI/title/alternative）	获取指定 NKOS 的语种	NKOS 的语种
getVocabSubject（String vocabURI/title/alternative）	获取指定 NKOS 的主题	NKOS 的主题
getVocabMinorSubject（String vocabURI/title/alternative）	获取指定 NKOS 的次主题	NKOS 的次主题
getVocabApplication（String vocabURI/title/alternative）	获取指定 NKOS 的应用	NKOS 的应用

27

服务标识符（输入参数）	功能描述	输出值
getVocabRights（String vocabURI/title/alternative）	获取指定 NKOS 的权限信息	NKOS 的权限信息
getVocabAvailability（String vocabURI/title/alternative）	获取指定 NKOS 的可获得性	NKOS 的可获得性
getVocabRelation（String vocabURI/title/alternative）	获取与指定 NKOS 相关联的所有其他 NKOS	一组与 NKOS 相关联的 NKOS 的 URI 标识符和（或）名称
getVocabMapping（String vocabURI/title/alternative）	获取与指定 NKOS 建立映射的所有其他词表	一组与 NKOS 建立映射的 NKOS 的 URI 标识符和（或）名称
getVocabSource（String vocabURI/title/alternative）	获取作为指定 NKOS 来源的资源	一组作为 NKOS 来源的资源的 URI 标识符和（或）名称
getVocabSourceNotes（String vocabURI/title/alternative）	获取关于指定 NKOS 来源的注释说明	关于 NKOS 来源的注释说明
getVocabChangeNotes（String vocabURI/title/alternative）	获取关于指定 NKOS 的修改更新情况的说明	关于 NKOS 修改更新情况的说明
getVocabOtherNotes（String vocabURI/title/alternative）	获取对指定 NKOS 的其他注释说明	对 NKOS 的其他注释说明
getVocabStatus（String vocabURI/title/alternative）	获取指定 NKOS 的状态	NKOS 的状态
getVocabAvailableTS（String vocabURI/title/alternative）	获取指定 NKOS 支持的术语服务	支持的术语服务的 URI 标识符
■ 针对 SKOS 受控词表的服务（10 个）		
getSKOSArrangement（String skosURI/title/alternative）	获取指定词表的成员实体的排列方式	词表成员实体的排列方式
getSKOSTermType（String skosURI/title/alternative）	获取指定词表中术语的主要类型	词表中术语的主要类型
getSKOSRelationshipType（String skosURI/title/alternative）	获取指定词表中术语间关系的主要类型	词表中术语间关系的主要类型
getSKOSNumOfTotalTerms（String skosURI/title/alternative）	获取指定词表中所有术语的个数	词表中所有术语的个数
getSKOSNumOfPreferredTerms（String skosURI/title/alternative）	获取指定词表中首选术语的个数	词表中首选术语的个数
getSKOSNumofNonPreferredTerms（String skosURI/title/alternative）	获取指定词表中非首选术语的个数	词表中非首选术语的个数

服务标识符（输入参数）	功能描述	输出值
getSKOSDepthOfHierarchy（String skosURI/title/alternative）	获取指定词表中术语等级的层数	词表中术语等级的层数
getSKOSNumOfTopTerms（String skosURI/title/alternative）	获取指定词表中第一层级术语的个数	词表中第一层级术语的个数
getSKOSNumOfRelatedTerms（String skosURI/title/alternative）	获取指定词表中的有关联的术语的个数	词表中的有关联的术语的个数
getSKOSImformationGiven（String skosURI/title/alternative）	获取指定词表中提供的信息字段	词表中提供的信息字段
■ 针对 RDFS/OWL 本体的服务（9 个）		
getOntoDocumentation（String ontoURI/title/alternative）	获取指定本体的文档的 URI 地址	本体文档的 URI 标识符
getOntoImports（String ontoURI/title/alternative）	获取指定本体引入的其他本体的 URI 地址	一组引入的本体的 URI 标识符
getOntoNumOfClasses（String ontoURI/title/alternative）	获取指定本体中的类的个数	本体中类的个数
getOntoNumOfObjectProperties（String ontoURI/title/alternative）	获取指定本体中对象属性的个数	本体中对象属性的个数
getOntoNumOfDatatypeProperties（String ontoURI/title/alternative）	获取指定本体中数据类型属性的个数	本体中数据类型属性的个数
getOntoNumOfProperties（String ontoURI/title/alternative）	获取指定本体中属性的个数	本体中属性的个数
getOntoNumOfAxioms（String ontoURI/title/alternative）	获取指定本体中公理的个数	本体中公理的个数
getOntoEngineeringTool（String ontoURI/title/alternative）	获取指定本体的编辑工具	本体的编辑工具
getOntoType（String ontoURI/title/alternative）	获取指定本体的类型	本体的类型

注：（1）服务名称为服务本地标识符的英文全称，因为空间关系在此表中略去。

（2）(vocab/skos/onto) URI/title/alternative 分别指所有词表、SKOS 受控词表、本体的 URI 标识符/词表正式名称/词表其他名称。

（3）当服务的输入参数为字符串时，如果参数值是 URI 标识符，只支持精确匹配；如果参数值是词表的正式名称或其他名称，同时支持精确和模糊两种匹配模式。

表 1-8-3 基于 RDFS/OWL(1.0) 模型的基本语义服务

服务标识符	服务功能	服务输出值	作用的词表
■ 获取本体的整体内容			
● 获取本体的属性信息 (8 个)			
getOntologyByLabel(String Label)	获取具有指定标签的本体	本体的 URI 标识符	RDFS/OWL 本体
listOntologyLabels(String OntoURI, String lang])	列出指定本体的标签	一组本体的标签(如有语种参数,只列出特定语种的标签)	RDFS/OWL 本体
listOntologyComments(String OntoURI, String lang])	列出指定本体的注释	一组本体的注释(如有语种参数,只列出特定语种的注释)	RDFS/OWL 本体
getOntologyVersion(String OntoURI)	获取指定本体的版本信息	本体的版本号	OWL 本体
listIncompatibleWith(String OntoURI)	列出与指定本体不兼容的其他本体	一组本体的 URI 标识符	OWL 本体
listBackwordCompatibleWith(String OntoURI)	列出与指定本体兼容的其他本体	一组本体的 URI 标识符	OWL 本体
listPriorVersion(String OntoURI)	列出指定本体的前版本	一组本体的 URI 标识符	OWL 本体
listImportedOntologyURIs(String OntoURI, [Boolean closure])	列出指定本体中引入的其他本体(如没有参数 2 或参数 2 的值是 "T",只列出直接引入的本体;如果参数 2 的值是 "F",列出所有直接和间接引入的本体。)	一组本体的 URI 标识符	OWL 本体
● 浏览本体的内容 (6 个)			
listAllClasses(String OntoURI)	列出指定本体中的所有的类	一组类的完整 URI 标识符或本地标识符	RDFS/OWL 本体
listAllProperites(String OntoURI)	列出指定本体中的所有的属性,包括数据类型属性,对象属性和注释属性	一组属性的完整 URI 标识符或本地标识符	RDFS/OWL 本体
listAnnotationProperties(String OntoURI)	列出指定本体中的所有注释属性	一组注释属性的完整 URI 标识符或本地标识符	OWL 本体

服务标识符	服务功能	服务输出值	作用的词表
listObjectProperties(String OntoURI)	列出指定本体中的所有对象属性	一组对象属性的完整 URI 标识符或本地标识符	OWL 本体
listDatatypeProperties(String OntoURI)	列出指定本体中的所有数据型属性	一组数据型属性的完整 URI 标识符或本地标识符	OWL 本体
listHierarchyRootClasses(String OntoURI)	列出指定本体中最高层级的类	一组类的完整 URI 标识符或本地标识符	RDFS/OWL 本体
■ 获取本体具体成员的信息			
● 获取本体具体类的信息（8 个）			
listClassLabels(String OntoURI, String ClassURI, [String lang])	列出指定本体的指定类的标签	一组类的标签（如有语种参数，只列出特定语种的标签）	RDFS/OWL 本体
listClassComments(String OntoURI, String ClassURI, [String lang])	列出指定本体的指定类的注释	一组类的注释（如有语种参数，只列出特定语种的注释）	RDFS/OWL 本体
listEquivalentClasses(String OntoURI, String ClassURI)	列出与指定本体的指定类相等价的类	一组类的完整的 URI 标识符或本地标识符	OWL 本体
listDisjointWith(String OntoURI, String ClassURI)	列出与指定本体的指定类不相交的类	一组类的完整的 URI 标识符或本地标识符	OWL 本体
listSubClasses(String OntoURI, String ClassURI, [Boolean direct])	列出指定本体的指定类的所有子类（如没有参数 3 或者参数 3 的值是 "T"，只列出直接子类；如果参数 3 的值是 "F"，列出所有直接和间接子类。)	一组类的完整的 URI 标识符或本地标识符。	RDFS/OWL 本体
listSuperClasses(String OntoURI, String ClassURI, [Boolean direct])	列出指定本体的指定类的父类（如没有参数 3 或者参数 3 的值是 "T"，只列出直接父类；如果参数 3 的值是 "F"，列出所有直接和间接父类。)	一组类的完整的 URI 标识符或本地标识符。	RDFS/OWL 本体

31

服务标识符	服务功能	服务输出值	作用的词表
listDeclaredProperties（String OntoURI, String Class URI, [Boolean direct]）	列出与指定本体的指定类相关的属性（如没有参数3或者参数3的值是"T"，只列出直接相关的属性；如果参数3的值是"F"，列出所有直接和间接相关的属性。）	一组属性的完整的URI标识符或本地标识符。	RDFS/OWL 本体
● 获取本体具体属性的信息（8个）			
listPropertyLabels（String OntoURI, String PropURI, [String lang]）	列出指定本体的指定属性的标签	一组属性的标签（如果有语种参数，只是特定语种的标签）	RDFS/OWL 本体
listPropertyComments（String OntoURI, String PropURI, [String lang]）	列出指定本体的指定属性的注释	一组属性的注释（如果有语种参数，只是特定语种的注释）	RDFS/OWL 本体
listEquivalentProperties（String OntoURI, String PropURI）	列出与指定本体的指定属性相等价的属性	一组属性的完整的URI标识符或本地标识符	OWL 本体
listDomain（String OntoURI, String PropURI）	列出指定本体的指定属性的领域	一个类的完整的URI标识符或本地标识符，或者构成一个联合类的成员类的完整的URI标识符或本地标识符	RDFS/OWL 本体
listRange（String OntoURI, String PropURI）	列出指定本体的指定属性的应用域	一个类的完整的URI标识符或本地标识符，或者构成一个联合类的成员类的完整的URI标识符或本地标识符，或者数据类型的URI标识符。	RDFS/OWL 本体
listSubProperties（String OntoURI, String PropURI, [Boolean direct]）	列出指定本体的指定属性的子属性（如没有参数3或者参数3的值是"T"，只列出直接子属性；如果参数3的值是"F"，列出所有直接和间接子属性。）	一组属性的完整的URI标识符。	RDFS/OWL 本体

服务标识符	服务功能	服务输出值	作用的词表
listSuperProperties (String OntoURI, String PropURI, [Boolean direct])	列出指定本体的指定属性的父属性（如没有参数3或者参数3的值是"T"，只列出直接父属性；如果参数3的值是"F"，列出所有直接和间接父属性。）	一组属性的完整的URI标识符或本地标识符。	RDFS/OWL本体
listDeclaringClasses (String OntoURI, String PropURI, [Boolean direct])	列出与指定本体的指定属性关联的类（如没有参数3或者参数3的值是"T"，只列出直接相关的类；如果参数3的值是"F"，列出所有直接和间接相关的类。）	一组类的完整的URI标识符或本地标识符。	RDFS/OWL本体
■ 通过字符串匹配查询本体成员			
● 在单个本体内查询（2个）			
getClassByLabel(String OntoURI, String label/localName)	获取指定本体的具有指定标签或本地标识符的类（精确和模糊匹配）	类的完整的URI标识符或本地标识符	RDFS/OWL本体
getPropertyByLabel (String OntoURI, String label/localName)	获取指定本体的具有指定标签或本地标识符的属性（精确和模糊匹配）	属性的完整的URI标识符或本地标识符	RDFS/OWL本体
● 跨本体查询（2个）			
listAllClassesCrossOnto（String label/localName）	列出所有注册本体中具有指定标签或本地标识符的类（精确和模糊匹配）	一组类的完整的URI标识符和所在本体的URI标识符	RDFS/OWL本体
listAllPropertiesCrossOnto（String label/localName）	列出所有注册本体中具有指定标签或本地标识符的属性（精确和模糊匹配）	一组属性的完整的URI标识符和所在本体的URI标识符	RDFS/OWL本体

注：(1) 服务名称为服务本体标识符的英文全称，因为空间关系在此表中略去。

(2) OntoURI指本体的URI标识符，ClassURI指本体中类的URI标识符，PropURI指本体中属性的URI标识符。

(3) 当服务的输入参数为字符串时，如果参数值是URI标识符或规范化语言（如语种），只支持精确匹配；如果参数值是标签或本地标识符等自由文本，同时支持精确和模糊两种匹配模式。

表 1-8-4 基于 SKOS 核心模型的基本术语服务

服务标识符(输入参数)	服务功能	服务输出值
■ 浏览整个 SKOS 受控词表的内容		
listSKOSConceptSchemes (String skosURL)	列出指定词表中的所有概念体系	一组 SKOS 概念体系的 URI 标识符
listSKOSConcepts (String skosURL)	列出指定词表中的所有概念	一组 SKOS 概念的 URI 标识符和(或)首选标签
listConceptsInScheme (String skosURL, String schemeURL)	列出指定词表中指定概念体系中的所有概念	一组 SKOS 概念的 URI 标识符和(或)首选标签
listTopConcepts (String skosURL, String schemeURL)	列出指定词表中的指定概念体系中的最高层级的概念	一组 SKOS 概念的 URI 标识符和(或)首选标签
■ 通过字符串匹配查找概念		
getConceptByLabel (String skosURL, String conceptLabel)	获取指定词表中具有指定标签的所有概念	一组 SKOS 概念的 URI 标识符和(或)首选标签
getConceptByNotation (String skosURL, String notation)	获取指定词表中具有指定类号的所有概念	一组 SKOS 概念的 URI 标识符和(或)首选标签
■ 获取 SKOS 受控词表中某个成员概念的具体信息 • 获取概念的标签、注释说明等文字属性信息		
getConceptLabel (String skosURL, String concept URI, [String lang])	获取指定词表中的指定概念的所有标签	SKOS 概念的首选标签、可选标签、隐藏标签(如有语种参数,只列出特定语种的标签)
getConceptPrefLabel (String skosURL, String concept URI, [String lang])	获取指定词表中的指定概念的首选标签	SKOS 概念的首选标签(如有语种参数,只列出特定语种的首选标签)
getConceptAltLabel (String skosURL, String concept URI, [String lang])	获取指定词表中的指定概念的可选标签	SKOS 概念的可选标签(如有语种参数,只列出特定语种的可选标签)
getConceptHiddenLabel (String skosURL, String conceptURI, [String lang])	获取指定词表中的指定概念的隐藏标签	SKOS 概念的隐藏标签(如有语种参数,只列出特定语种的隐藏标签)

服务标识符（输入参数）	服务功能	服务输出值
getConceptNote（String skosURI, String conceptURI, [String lang]）	获取指定词表中的指定概念的所有注释说明	SKOS 概念的注释说明（如有语种参数，只列出特定语种的注释说明）
getConceptDefinition（String skosURI, String concept URI, [String lang]）	获取指定词表中的指定概念的定义	SKOS 概念的定义（如有语种参数，只列出特定语种的定义）
getConceptExample（String skosURI, String concept URI, [String lang]）	获取指定词表中的指定概念的应用举例	SKOS 概念的应用举例（如果有语种参数，只列出特定语种的应用举例）
getConceptEditorialNote（String skosURI, String conceptURI, [String lang]）	获取指定词表中的指定概念的编辑说明	SKOS 概念的编辑说明（如有语种参数，只列出特定语种的编辑说明）
getConceptChangeNote（String skosURI, String conceptURI, [String lang]）	获取指定词表中的指定概念的修改说明	SKOS 概念的修改说明（如有语种参数，只列出特定语种的修改说明）
getConceptHistoryNote（String skosURI, String conceptURI, [String lang]）	获取指定词表中的指定概念的历史说明	SKOS 概念的历史说明（如有语种参数，只列出特定语种的历史说明）
getConceptScopeNote（String skosURI, String concept URI, [String lang]）	获取指定词表中的指定概念的范围说明	SKOS 概念的范围说明（如有语种参数，只列出特定语种的范围说明）
getConceptNotation（String skosURI, String concept URI）	获取指定词表中的指定概念的符号表示（该服务针对分类法）	SKOS 概念的符号表示

● 获取各种语义相关的概念（同一词表）

服务标识符（输入参数）	服务功能	服务输出值
listSemanticRelationConcepts（String skosURI, String conceptURI）	列出与指定词表中的指定概念有语义关系的所有概念	一组 SKOS 概念的 URI 标识符和（或）首选标签
listBroaderTransitiveConcepts（String skosURI, String conceptURI, [Boolean direct]）	列出指定词表中的指定概念的可传递广义概念（如没有参数 3 或者参数 3 的值是"T"，只列出直接的可传递广义概念；如果参数 3 的值是"F"，列出所有直接和间接的可传递广义概念。）	一组 SKOS 概念的 URI 标识符和（或）首选标签

服务标识符（输入参数）	服务功能	服务输出值
listBroaderConcepts（String skosURI, String concept URI,［Boolean direct］）	列出指定词表中的指定概念的广义概念（如没有参数3或者参数3的值是"T"，只列出直接的广义概念；如果参数3的值是"F"，列出所有直接和间接的广义概念。）	一组SKOS概念的URI标识符和（或）首选标签
listNarrowerTransitiveConcepts（String skosURI, String conceptURI,［Boolean direct］）	列出指定词表中的指定概念的可传递狭义概念（如没有参数3或者参数3的值是"T"，只列出直接的可传递狭义概念；如果参数3的值是"F"，列出所有直接和间接的可传递狭义概念。）	一组SKOS概念的URI标识符和（或）首选标签
listNarrowerConcepts（String skosURI, String concept URI,［Boolean direct］）	列出指定词表中的指定概念的狭义概念（如没有参数3或者参数3的值是"T"，只列出直接的狭义概念；如果参数3的值是"F"，列出所有直接和间接的狭义概念。）	一组SKOS概念的URI标识符和（或）首选标签
listRelatedConcepts（String skosURI, String concept URI）	列出指定词表中的指定概念的相关概念	一组SKOS概念的URI标识符和（或）首选标签
● 获取其他词表中相匹配的概念（跨词表）		
listMappingRelationConcepts（String skosURI, String conceptURI）	列出与指定词表中的指定概念相匹配的其他词表中的所有概念	一组SKOS概念的URI标识符和（或）首选标签
listRelatedMatchConcepts（String skosURI, String concept URI）	列出与指定词表中的指定概念相关匹配的其他词表中的所有概念	一组SKOS概念的URI标识符和（或）首选标签
listBroadMatchConcepts（String skosURI, conceptURI）	列出与指定词表中的指定概念广义匹配的其他词表中的所有概念	一组SKOS概念的URI标识符和（或）首选标签
listNarrowMatchConcepts（String skosURI, conceptURI）	列出与指定词表中的指定概念狭义匹配的其他词表中的所有概念	一组SKOS概念的URI标识符和（或）首选标签

服务标识符（输入参数）	服务功能	服务输出值
listCloseMatchConcepts（String skosURI, concept URI）	列出与指定词表中的指定概念近似匹配的其他词表中的所有概念	一组 SKOS 概念的 URI 标识符和（或）首选标签
listExactMatchConcepts（String skosURI, concept URI）	列出与指定词表中的指定概念精确匹配的其他词表中的所有概念	一组 SKOS 概念的 URI 标识符和（或）首选标签

注：①该表中的词表均指采用 SKOS 语言表示的受控词表，简称 SKOS 受控词表。

②skosURI 指 SKOS 受控词表的 URI 标识符。

③ConceptURI 指 SKOS 概念的 URI 标识符，ConceptLabel 指 SKOS 概念的任意标签，包括首选标签和隐藏标签。

④当输入参数是字符串时，URI 标识符、分类号或规范术语，支持精确匹配；如果参数值是自由文本，支持精确和模糊匹配。

⑤方括号[ ]表示是可选参数。

表 1－8－5　基于 SKOS 核心模型的复杂术语服务

No. 1		
服务标识符		matchTermByNotation（String skosURL/title/alternative, String notation, [String lang]）
输入参数	参数 1	SKOS 受控词表的 URI 标识符或正式名称或其他名称，如"http://www.nlc.gov.cn/vocab/CCT_CLC_v4.0"，"中国图书馆分类法"，"CCT_CLC"。
	参数 2	分类号，如"G250.67"。
	参数 3	语种，如"en"，"英文"。（该参数为可选参数）
输出值		与输入的分类号相匹配的主题词的首选标签，如"数字图书馆"。（如有语种参数，返回指定语种的首选标签；如没有语种参数，默认返回中文的首选标签）
功能描述		辅助主题标引：根据已知的分类号，返回与该号相匹配的主题词。如果没有发现与分类号相匹配的主题词，寻找与该分类号的上级分类号相匹配的主题词，如此循环往复，直到找到匹配的主题词或者直到最高层级分类号。如果直到最高层级分类号仍未发现匹配的主题词，返回值为空。
作用的词表		相互映射的"汉语主题词表"和"中国图书馆分类法"。
应用场景		编目和元数据创建。
No. 2		
服务标识符		matchNotationByTerm（String skosURL/title/alternative, String conceptLabel）
输入参数	参数 1	SKOS 受控词表的 URI 标识符或正式名称或其他名称，如"http://www.nlc.gov.cn/vocab/CCT_CT_v2.0"，"汉语主题词表"，"CCT_CT"。
	参数 2	概念标签（即术语），如"数字图书馆"或者"数字化图书馆"。
输出值		与输入的主题词相匹配的分类号，如"G250.76"。
功能描述		辅助分类：根据已知的主题词，返回与该主题词相匹配的分类号。如果没有发现与主题词相匹配的分类号，寻找与主题词的上位概念相匹配的分类号，如此循环往复，直到找到匹配的分类号或者直到顶层概念。如果直到顶层概念仍未发现匹配的分类号或者直到顶层概念的分类号，返回值为空。
作用的词表		相互映射的"汉语主题词表"和"中国图书馆分类法"。

续表

应用场景		编目和元数据创建。
No. 3		
服务标识符		getSynonym（String skosURL/title/alternative, String conceptLabel）
输入参数	参数 1	SKOS 受控词表的 URI 标识符或正式名称或其他名称，如"http://www.nlc.gov.cn/vocab/CCT_CT_v2.0"，"汉语主题词表"，"CCT_CT"。
	参数 2	概念标签（即术语），如"数字图书馆"、"电子图书馆"。
输出值		输入术语的同义词，如"数字化图书馆"、"电子图书馆"。
功能描述		获取输入术语（术语）表示同一概念的其他标签（术语），以及其他词表中与之相匹配的近似概念的标签。
作用的词表		"汉语主题词表"和与之映射的其他词表。
应用场景		信息检索。
No. 4		
服务标识符		normalizeTerm（String skosURL/title/alternative, String conceptLabel）
输入参数	参数 1	SKOS 受控词表的 URI 标识符或正式名称或其他名称，如"人名规范档"，"地名规范档"。
	参数 2	概念标签（即术语），如"苏东坡"，"金陵"。
输出值		返回与输入标签（名称）表示同一概念的首选标签，如"苏轼"，"南京"。
功能描述		名称规范：返回输入名称的规范化表示。
作用的词表		"人名规范档"，"地名规范档"和其他名称规范档。
应用场景		标引。
No. 5		
服务标识符		translateTerm（String skosURL/title/alternative, String conceptLabel, String lang）
输入参数		SKOS 受控词表的 URI 标识符或正式名称或其他名称，如"http://www.nlc.gov.cn/vocab/ct_v1.0f"，"汉语主题词表"，"CCT_CT"。
		概念标签（即术语），如"数字化图书馆"。
		语种，如"en"，"英文"。

续表

项目		内容
输出值		返回与输入标签（术语）表示同一概念的其他指定语种的标签，如"Digital Library"。
功能描述		辅助翻译：将输入的术语翻译成指定语种的术语。
作用的词表		多语种受控词表，如 AGROVOC①，或者相互匹配的两种不同语言的词表。
应用场景		翻译。
No. 6		
服务标识符		expandTerm（String skosURL/title/alternative, String conceptLabel, [Boolean direct]）
输入参数	参数 1	SKOS 受控词表的 URI 标识符或正式名称或其他名称，如"http://www.nlc.gov.cn/vocab/CCT_CT_v2.0"，"汉语主题词表"，"CCT_CT"。
	参数 2	概念标签（即术语），如"数字图书馆"。
	参数 3	布尔值，"True"表示只包括直接广义概念，"False"表示也包括间接广义概念（该参数为可选参数）。
输出值		返回与输入标签（术语）表示同一概念的其他标签（术语），直接（和间接）广义概念，以及其他词表中与之相匹配的近似概念的标签相匹配的直接（和间接）广义概念的标签，如"数字化图书馆"，"电子图书馆"，"图书馆"。（如没有布尔值参数，默认只包括直接广义概念）
功能描述		术语扩展：返回输入术语的同义词和上位词。
作用的词表		"汉语主题词表"和与之映射的其他词表。
应用场景		信息检索。
No. 7		
服务标识符		refineTerm（String skosURL/title/alternative, String conceptLabel, [Boolean direct]）
输入参数	参数 1	SKOS 受控词表的 URI 标识符或正式名称或其他名称，如"http://www.nlc.gov.cn/vocab/CCT_CT_v2.0"，"汉语主题词表"，"CCT_CT"。
	参数 2	概念标签（即术语），如"计算机仿真"。
	参数 3	布尔值，"True"表示只包括直接狭义概念，"False"表示也包括间接狭义概念。（该参数为可选参数）

① 由世界粮农组织和欧共体发布的一个关于农业、林业、渔业以及食品安全等方面的多语种词表。

项目	内容
输出值	返回与输入标签（术语）表示的概念的直接（和间接）相匹配的近似概念，以及其他词表中与之相匹配的直接（和间接）狭义概念，其他词表中与之相匹配的近似配的近似概念的直接（和间接）狭义概念，默认只包括直接直接狭义概念（如没有布尔值参数，默认只包括直接直接狭义概念）
功能描述	术语精炼：返回输入术语的下位词。
作用的词表	"汉语主题词表"和与之映射的其他词表。
应用场景	信息检索。
No. 8	
服务标识符	relateTerm(String skosURL/title/alternative, String conceptLabel, [Boolean direct])
输入参数 参数1	SKOS 受控词表的 URI 标识符或正式名称或其他名称，如"http://www.nlc.gov.cn/vocab/CCT_CT_v2.0"，"汉语主题词表"，"CCT_CT"。
输入参数 参数2	概念标签（即术语）。
输出值	返回与输入标签（术语）表示的概念相关的概念以及其他词表中与之相关匹配的概念的标签。
功能描述	获取相关术语：返回与输入术语相关和相近概念。
作用的词表	"汉语主题词表"和与之相映射的其他词表。
应用场景	信息检索。
No. 9	
服务标识符	compareTerms(String skosURL/title/alternative, String conceptLabel1, String conceptLabel2)
输入参数 参数1	SKOS 受控词表的 URI 标识符或正式名称或其他名称，如"http://www.nlc.gov.cn/vocab/CCT_CT_v2.0"，"汉语主题词表"，"CCT_CT"。
输入参数 参数2	两个概念标签（即术语），如"计算机仿真"和"数字仿真"。
输出值	返回两个术语之间的特定语义关系，如果两个术语之间存在某种语义关系，返回它们之间的特定语义关系，如"广义关系"等；如果两个术语之间没有语义关系，返回它们各自的其他标签和注释说明。
功能描述	术语比较：对输入的两个术语进行比较，如果两个术语之间存在某种语义关系，如"狭义关系"、"广义关系"、"相似"、"相等价"、"同一概念"等，返回它们之间的特定语义关系和注释说明；如果两个术语之间没有语义关系，返回它们各自的其他标签和注释信息。

作用的词表		"汉语主题词表"和与之相映射的其他词表。
应用场景		标引，信息检索。
No. 10		
服务标识符		searchAllTerms（String str，[String termType]）
输入参数	参数 1	任意字符串，如"南"。
	参数 2	术语类型，如"中国地名"。 （该参数为可选参数）
输出值		返回与输入字符串相匹配的术语，如果没有精确匹配的字符串，返回不同程度前向匹配的术语（即概念标签），以及相应词表的 URI 标识符或名称，如"南京"，"南昌"，"南宁"等。（如没有第二个参数，默认搜索所有的注册词表）
功能描述		特定类型术语搜索：在多个词表中通过字符串匹配搜索特定类型的术语。
作用的词表		含有某种术语类型的注册词表，如语种词表、地名词表，或所有的注册词表。
应用场景		编目和元数据创建。

表 1-8-6 基于 CKOS 模型的术语服务

■ 获取概念体系的信息		
getAuxiliary	获取作为附表的所有概念体系	一组 SKOS 概念体系
getFacetIdentity(String skosURI)	获取分类法附表中类号的区分标识符(针对分类法)	附表中类号的区分标识符
■ 获取 SKOS 受控词表中特定类型的概念		
getCompoundConcept(String skosURL)	获取指定词表中的复合概念	一组 SKOS 概念的 URI 标识符和(或)首选标签
getGeneralConcept(String skosURL)	获取指定词表中的通用概念	一组 SKOS 概念的 URI 标识符和(或)首选标签
getPersonConcept(String skosURL)	获取指定词表中的人物概念	一组 SKOS 概念的 URI 标识符和(或)首选标签
getLocationConcept(String skosURL)	获取指定词表中的地点概念	一组 SKOS 概念的 URI 标识符和(或)首选标签
getOrganizationConcept(String skosURL)	获取指定词表中的团体概念	一组 SKOS 概念的 URI 标识符和(或)首选标签
getTimeConcept(String skosURL)	获取指定词表中的时间概念	一组 SKOS 概念的 URI 标识符和(或)首选标签
getNationalityConcept(String skosURL)	获取指定词表中的民族概念	一组 SKOS 概念的 URI 标识符和(或)首选标签
getLanguageConcept(String skosURL)	获取指定词表中的语种概念	一组 SKOS 概念的 URI 标识符和(或)首选标签
getResourceTypeConcept(String skosURL)	获取指定词表中的资源类型概念	一组 SKOS 概念的 URI 标识符和(或)首选标签
getMediaFormatConcept(String skosURL)	获取指定词表中的媒体格式概念	一组 SKOS 概念的 URI 标识符和(或)首选标签
■ 获取 SKOS 受控词表中某个成员概念的扩展注释说明和其他文字属性(针对分类法中的类目概念)		
getConceptCrossClassNote(String skosURI, String concept URI,[String lang])	获取指定词表中的指定类目的交叉类目注释	交叉类目注释(如有语种参数,只列出特定语种的定义)
getConceptAltClassNote(String skosURI, String conceptURI,[String lang])	获取指定词表中的指定类目的交替类目注释	交替类目注释(如有语种参数,只列出特定语种的应用举例)
getConceptRelatedClassNote(String skosURI, String concept URI,[String lang])	获取指定词表中的指定类目参照注释	类目的参照注释(如有语种参数,只列出特定语种的编辑说明)

方法	说明	返回
getConceptReferenceNote（String skosURI, String concept URI, [String lang]）	获取指定词表中的指定类目的参考类目注释	参考类目注释（如有语种参数，只列出特定语种的修改说明）
getConceptClassGuideNote（String skosURI, String concept URI, [String lang]）	获取指定词表中的指定类目的相关类目注释	相关类目注释（如有语种参数，只列出特定语种的历史说明）
getConceptCombineNote（String skosURI, String conceptURI, [String lang]）	获取指定词表中的指定类目的复分注释	类目的复分注释（如有语种参数，只列出特定语种的范围说明）
getConceptImitateNote（String skosURI, String conceptURI）	获取指定词表中的指定类目的仿分注释	类目的仿分注释（如有语种参数，只列出特定语种的范围说明）
● 获取类目的类号信息（针对分类法）		
getClassEntryType（String skosURI, String conceptURI）	获取指定词表中的指定类目的类型	类目类型
getConceptNotationSpan（String skosURI, String conceptURI）	获取指定词表中的指定类目的类号范围	类号范围
getConceptNotationCommon（String skosURI, String conceptURI）	获取指定词表中的指定类目的共有类号	共有类号
getConceptNotationBegin（String skosURI, String conceptURI）	获取指定词表中的指定类目的起始类号	起始类号
getConceptNotationEnd（String skosURI, String conceptURI）	获取指定词表中的指定类目的结束类号	结束类号
● 获取各种语义相关联的概念（同一词表）		
getAltClassEntryOf（String skosURI, String conceptURI）	获取指定词表中的指定类目的交替类目（针对分类表）	一个类目的 URI 标识符和（或）类号
getTopConcept（String skosURI, String conceptURI）	获取指定词表中的指定概念所在词族的顶级概念	一个 SKOS 概念的 URI 标识符和（或）首选标签
getCrossClassEntry（String skosURI, String conceptURI）	获取指定词表中的指定类目的交叉类目（针对分类表）	一组类目的 URI 标识符和（或）类号
getReferenceClassEntry（String skosURI, String conceptURI）	获取指定词表中的指定类目的参考类目（针对分类表）	一个类目的 URI 标识符和（或）类号
getImitateClassEntry（String skosURI, String conceptURI）	获取指定词表中的指定类目的仿分类目（针对分类表）	一个类目的 URI 标识符和（或）类号
getCoordinationOf（String skosURI, String conceptURI）	获取指定词表中的指定复合概念的组配概念	一组 SKOS 概念的 URI 标识符和（或）首选标签

- 获取其他词表中相匹配的概念（跨词表）

方法	说明	返回
listNonCloseMatch（String skosURI, String concept URI）	列出与指定词表中的指定概念非近似匹配匹配的其他词表中的所有概念（非近似匹配指除 skos:closeMatch（含 skos:exactMatch）之外的任何一种匹配关系）	一组 SKOS 概念的 URI 标识符和（或）首选标签
getPreviousMatch（String skosURI, String concept URI）	列出与指定词表中的指定概念前版本概念匹配的前一版本词表中的所有概念（前概念匹配是指修改过 URI 的概念与前一版本概念之间的关系）	一组 SKOS 概念的 URI 标识符和（或）首选标签

- 获取复合概念的组配概念的来源（针对分类法）

方法	说明	返回
getCombineFrom（String skosURI, String concept URI）	获取指定分类法中指定类目概念的组配类目的所属附表（如复分表）	一个 SKOS 概念体系的 URI 标识符

9 NKOS 注册体系架构设计指南

本章介绍如何根据 NKOS 注册的功能需求规范设计 NKOS 注册平台的体系架构。根据 NKOS 注册平台可扩展性和互操作性的设计原则,整个系统推荐采用基于面向服务的体系架构。

9.1 SOA 概述

9.1.1 SOA 定义

面向服务的架构(Service – Oriented Architecture,SOA)是一种构造分布式系统的架构方法和设计原则,是将异构平台上应用程序的不同功能实体通过它们之间定义良好的接口和规范按照松耦合的方式整合在一起的一个组件模型。SOA 的核心是服务,所谓服务是指"明确定义的、独立的、不依赖于周围环境和其他服务的状态而存在的一个功能实体"[13]。服务是由一个或多个组件构成的粗粒度实体,向外界提供统一的接口,能够通过网络来访问,向服务请求者提供某种功能。组件是由多个对象构成的较细粒度的实体,能够提供独立功能并且可以同其他组件交互,而对象则是封装了状态和操作的更细粒度的实体[14]。

在面向服务的体系架构中,服务之间的接口采用中立的方式进行定义,独立于实现服务的硬件平台、操作系统和编程语言,这使得构建在各种系统中的服务能够以一种统一和通用的方式进行交互。服务之间的连接方式是松耦合方式,也就是说每个服务之间几乎没有什么关联,仅是简单的调用的关系。松耦合系统的好处有两点:一是灵活性;二是当组成整个应用程序的每个服务的内部结构和实现逐渐地发生改变时,接口能够继续存在。传统的面向对象的架构体系是紧耦合架构,紧耦合意味着应用程序的不同组件之间的接口与其功能和结构是紧密相连的,因而当需要对部分或整个应用程序进行某种形式的更改时,它们就显得非常脆弱。

在面向服务的体系架构中,服务由服务提供者提供,供服务使用者调用,中间的过程依赖于服务描述和服务注册中心。服务提供者在服务描述中说明服务的功能(对外提供的接口)和绑定办法,并将服务描述在服务注册中心注册;服务的使用者根据自己的需求查询服务注册中心,获得能够满足需求的服务描述,并根据服务描述中所述的绑定办法绑定服务。图 1 – 9 – 1 展示了在面向服务的体系结构中实体间的上述协作关系[13]。

面向服务的体系结构中实体的角色包括[13]:

- 服务使用者:服务使用者是一个应用程序、一个软件模块或需要一个服务的另一个服务。它发起对注册中心中注册的服务的查询,通过传输绑定服务,并且执行服务功能。服务使用者根据接口契约来执行服务。

- 服务提供者:服务提供者是一个可通过网络寻址的实体,它接受和执行来自使用者的请求。它将自己的服务和接口契约发布到服务注册中心,以便服务使用者可以发现和访问该服务。

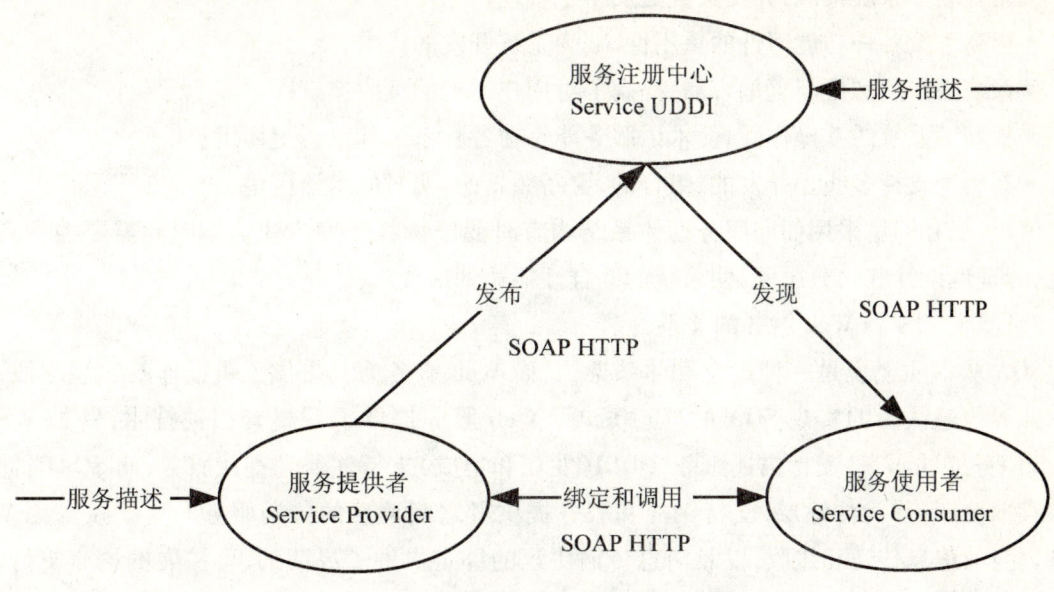

图 1-9-1　面向服务的体系结构中的协作[13]

- 服务注册中心:服务注册中心是服务发现的支持者。它包含一个可用服务的存储库,并允许感兴趣的服务使用者查找服务提供者接口。

面向服务的体系结构中的操作包括[13]:

- 发布:为了使服务可访问,需要发布服务描述以使服务使用者可以发现和调用它。
- 发现:服务使用者定位服务,方法是查询服务注册中心来找到满足其标准的服务。
- 绑定和调用:在检索完服务描述之后,服务使用者继续根据服务描述中的信息来调用服务。

9.1.2　使用 SOA 的必要性

在软件系统开发中,需要对业务的变化做出快速的反应。针对每次业务变化,都从头建立新的应用程序是不现实也不明智的,因为这样做不仅反应速度迟缓,而且是对原有软件投资的浪费。如何利用对现有的应用程序和应用基础结构的投资来解决新的业务需求,是迫切需要考虑和解决的问题。SOA 具有松耦合特性,使得软件系统开发可以按照模块化的方式来添加新服务或更新现有服务,以解决新的业务需要,并可以把软件现有的或已有的应用作为服务,从而保护了现有的软件系统开发的投资。

SOA 能够在最新的和现有的应用之上创建应用;SOA 能够使客户或服务消费者避免由于服务实现的改变所带来的影响;SOA 能够升级单个服务或服务消费者而无需重写整个应用,也无需保留已经不再适用于新需求的现有系统。总而言之,SOA 以借助现有的应用来组合产生新服务的敏捷方式,提供给企业更好的灵活性来构建应用程序和业务流程[15]。

概括说来,采用面向服务的体系结构设计术语注册和服务系统具有以下优点:

- 有效地利用现有的软件投资;

- 更有利于系统集成,并使集成更加易于管理;
- 提高系统各种功能组件的重用性,减少系统开发的成本;
- 系统的扩展和更新更加容易,提高了对用户需求的反应速度;
- 提高了系统的互操作性,使术语服务能够在各种系统和平台上使用;
- 有利于支持多线程并发的、组合的、更新频繁的、实时的术语应用。

值得说明的是,采用面向服务的体系结构有时要以牺牲效率为代价。因此需要根据具体情况,合理地设计和划分服务,使系统的综合性能达到最优。

9.1.3 SOA 和 Web 服务的关系

SOA 从本质上说是一种理念和体系架构,而 Web 服务为其提供了可操作的实现手段,是目前业界普遍认为的实现 SOA 的理想方式。Web 服务提供了一整套相关技术,譬如 WSDL(Web 服务描述语言)支持描述服务;UDDI(发现和集成)支持注册和查找服务;而 SOAP(简单对象存取协议)作为传输层,支持用户和服务提供者之间消息的传送服务。这些技术为 Web 服务自身的消息传送和接收,以及消息传输协议的绑定提供了灵活的、可扩展的语言支持,能够帮助人们针对具体的消息和应用找到编程的方法,从而实现 SOA 架构所提出的理念[16]。

虽然 Web 服务是目前最好的实现 SOA 的技术,但是 Web 服务并不等于 SOA。据 2003 年 Gartner 公司①的报道,副总裁兼著名分析师 Yefim V. Natis 就 SOA 和 Web 服务之间的关系做了如下解释:"Web 服务是技术规范,而 SOA 是设计原则。显而易见,Web 服务中的 WSDL 是一个 SOA 适宜的接口定义标准:这是 Web 服务和 SOA 的根本联系。"从本质上来说,SOA 是一种架构模式,而 Web 服务是利用一组标准实现的服务。Web 服务是实现 SOA 的方式之一,但并不是唯一方式。采用 Web 服务来实现 SOA 的好处是能够实现一个中立平台来获得服务,而且随着越来越多的软件商支持越来越多的 Web 服务规范,能够获得更好的通用性[16]。

9.2 系统整体架构

采用面向服务的体系结构(SOA)对 NKOS 注册平台进行设计和架构,如图 1 - 9 - 2 所示。整个架构从下到上共分为以下五层:

第一层是上层业务流程层:上层业务流程是指术语注册和服务的整个业务流程逻辑。

第二层是任务服务层:任务服务又被称为业务服务,业务流程服务或者编排服务,它的功能边界直接相关于特定的上层业务任务或流程。任务服务的复用潜力较小,主要作为一个服务组合中的控制器部分,负责组装其他对于过程更加无关的服务[17]。整个术语注册和服务业务流程被划分为 7 个任务服务,每个任务服务组装一系列粒度更小的工具服务或组件,完成一定的业务流程。

第三层是工具服务层:工具服务又称为应用服务、基础服务或者技术服务,致力于提供可复用的、横切的工具功能[17]。工具服务是介于任务服务和组件之间的中间层,每个工具服务

---

① SOA 的概念是由 Gartner 公司于 1996 年首先提出的。

可以封装多个组件,能够被多个任务服务调用。术语注册和服务中的关键工具服务包括对词表的内容数据进行操作的服务,对词表文档的格式和句法进行验证的服务,以及对各种关系型数据进行操作(即增加、删除、修改、查询)的服务。

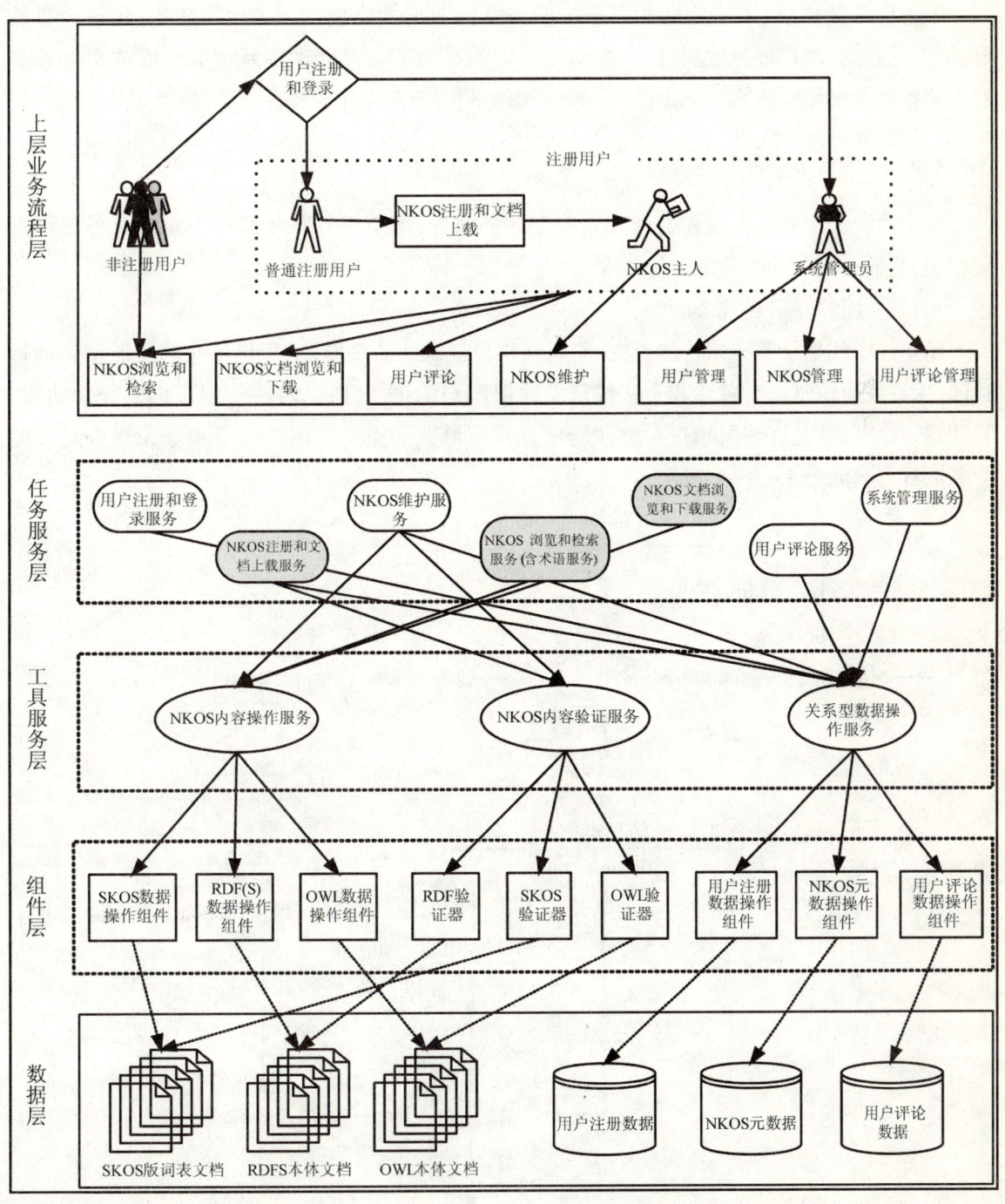

注:灰底文本框显示的是核心服务。

图 1 - 9 - 2　NKOS 注册平台的体系架构

第四层是组件层:组件是指那些能够在各种服务中被反复使用的功能实体,一般是指应用程序的最小功能单元,也可以看做是最小粒度的服务。譬如词表内容验证服务组装了 RDF 验证器、OWL 验证器和 SKOS 验证器三个组件。

第五层是数据层:术语注册和服务中所涉及的数据主要包括词表内容数据、用户注册数据、词表元数据、用户评论数据,这些数据以一定的存储策略存储到关系型数据库或文件系统中。数据的存储结构将直接决定组件层中对数据的访问和操作方式。

9.3 系统任务服务层

整个术语注册和服务流程被划分为 7 个任务服务,每个任务服务都与一定的业务流程直接相关,完成一定的业务功能。

9.3.1 用户注册和登录服务

用户注册和登录服务的功能有三:①对新用户提供注册功能,对用户提交的注册信息进行验证,保证注册信息的有效性和合法性以及注册账户的唯一性;②对注册用户提供登录功能,验证登录信息;③允许注册用户对已注册信息进行修改和更新。用户注册和登录服务封装的业务流程逻辑如图 1-9-3 所示。

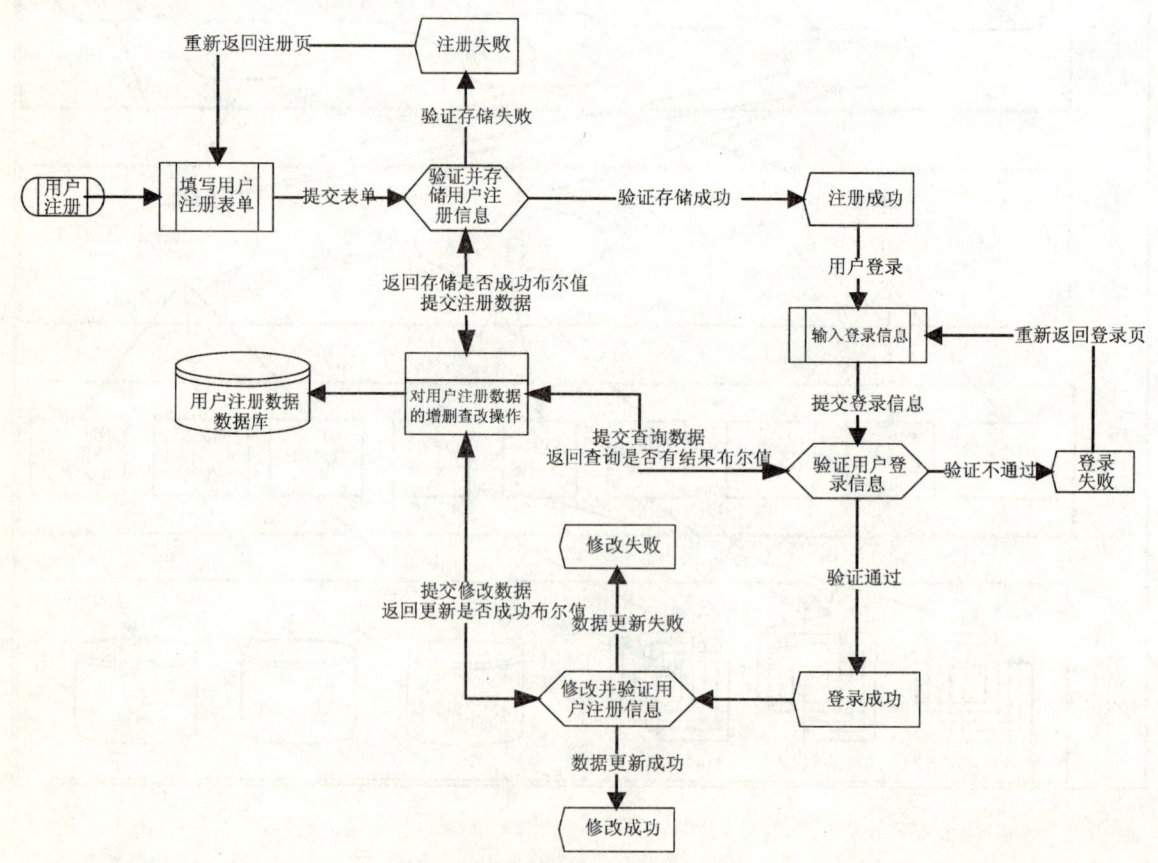

图 1-9-3 用户注册和登录服务封装的业务流程逻辑

在用户注册和登录服务中,需要调用"关系型数据操作服务"中的"用户注册数据操作组件",实现对用户注册数据的增加、修改和查询。

9.3.2 NKOS 注册和文档上载服务

NKOS 注册和文档上载服务的功能有三:①提供 NKOS 元数据注册功能,要求 NKOS 拥有者或发布者按照 NKOS 元数据规范(见本篇第 7 章)提供需要注册的 NKOS 元数据,并对提交的元数据进行验证和存储;②提供 NKOS 文档上载功能,默认支持 RDF/XML 序列化格式的 NKOS 文档的上载,并对上载文档的格式和句法进行验证,保证注册 NKOS 的正确性和权威性。③扩展支持其他序列化格式(如 N – Triple 和 Turtle)的 NKOS 文档的上载和验证。NKOS 注册和文档上载服务是 NKOS 注册平台的核心服务之一。通过 NKOS 元数据注册,使得 NKOS 能够被用户浏览、检索和发现;通过 NKOS 文档上载,可以为用户提供基于 NKOS 内容的术语服务。NKOS 注册和文档上载服务封装的业务流程逻辑如图 1 – 9 – 4 所示。

在 NKOS 注册和文档上载服务中,需调用"关系型数据操作服务"中的"NKOS 元数据操作组件",实现对 NKOS 元数据的查询和增加。如果要上载 NKOS 文档,还需根据注册的 NKOS 的类型(即 SKOS 受控词表或 RDFS/OWL 本体),调用"NKOS 内容验证服务"中相应的验证器(即 RDF 验证器,SKOS 验证器或 OWL 验证器),对上载的 NKOS 文档进行格式和句法验证。

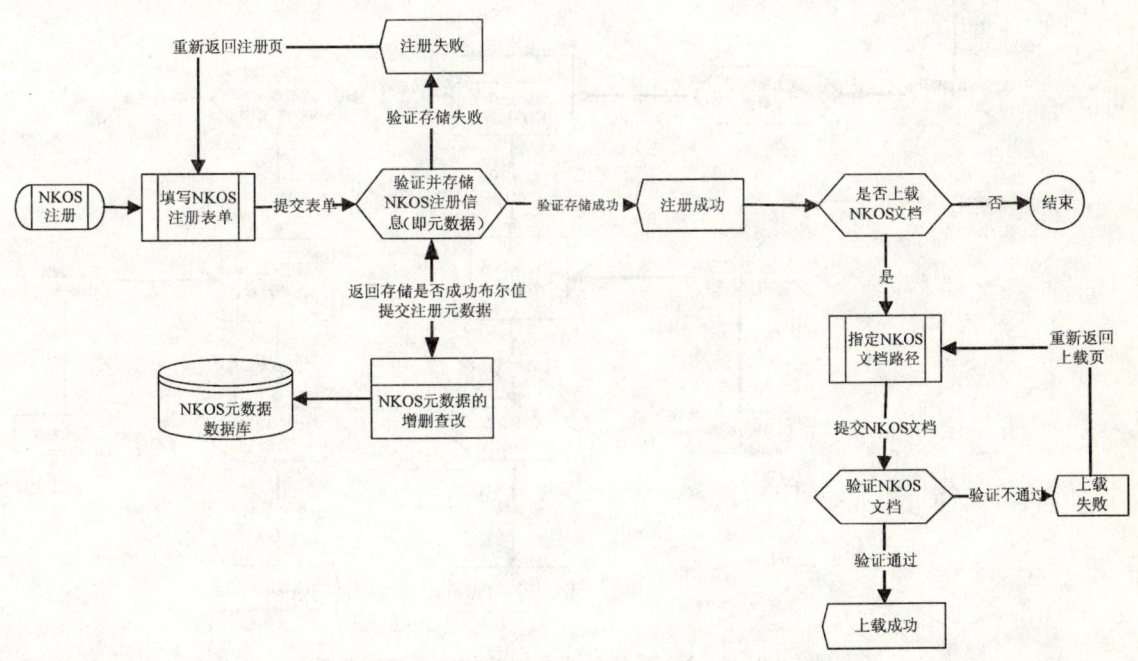

图 1 – 9 – 4　NKOS 注册和文档上载服务封装的业务流程逻辑

9.3.3 NKOS 维护服务

NKOS 维护服务是 NKOS 注册平台的另一个核心服务,它的功能有五:①修改和更新已注册 NKOS 元数据;②更新已上载的 NKOS 文档的版本和相应的 NKOS 元数据;③删除已注册的

NKOS 元数据及其 NKOS 文档;④对 NKOS 的不同版本进行版本控制;⑤扩展支持对 NKOS 内容的在线修改和更新。对于每一个 NKOS 版本,需提供其相应的元数据,如 dc:identifier 表示新版本的 URI 地址(如 ~ CCT_CT_2.0),nlmc:version 表示 NKOS 版本号,nlmc:changeNotes 对 NKOS 的修改更新进行说明,dc:date 表示新版本的日期,但是所有版本的 dc:title 元素必须保持一致,以表明不同的 NKOS 文档属于同一 NKOS 的不同版本。NKOS 维护服务封装的业务流程逻辑如图 1 - 9 - 5 所示。

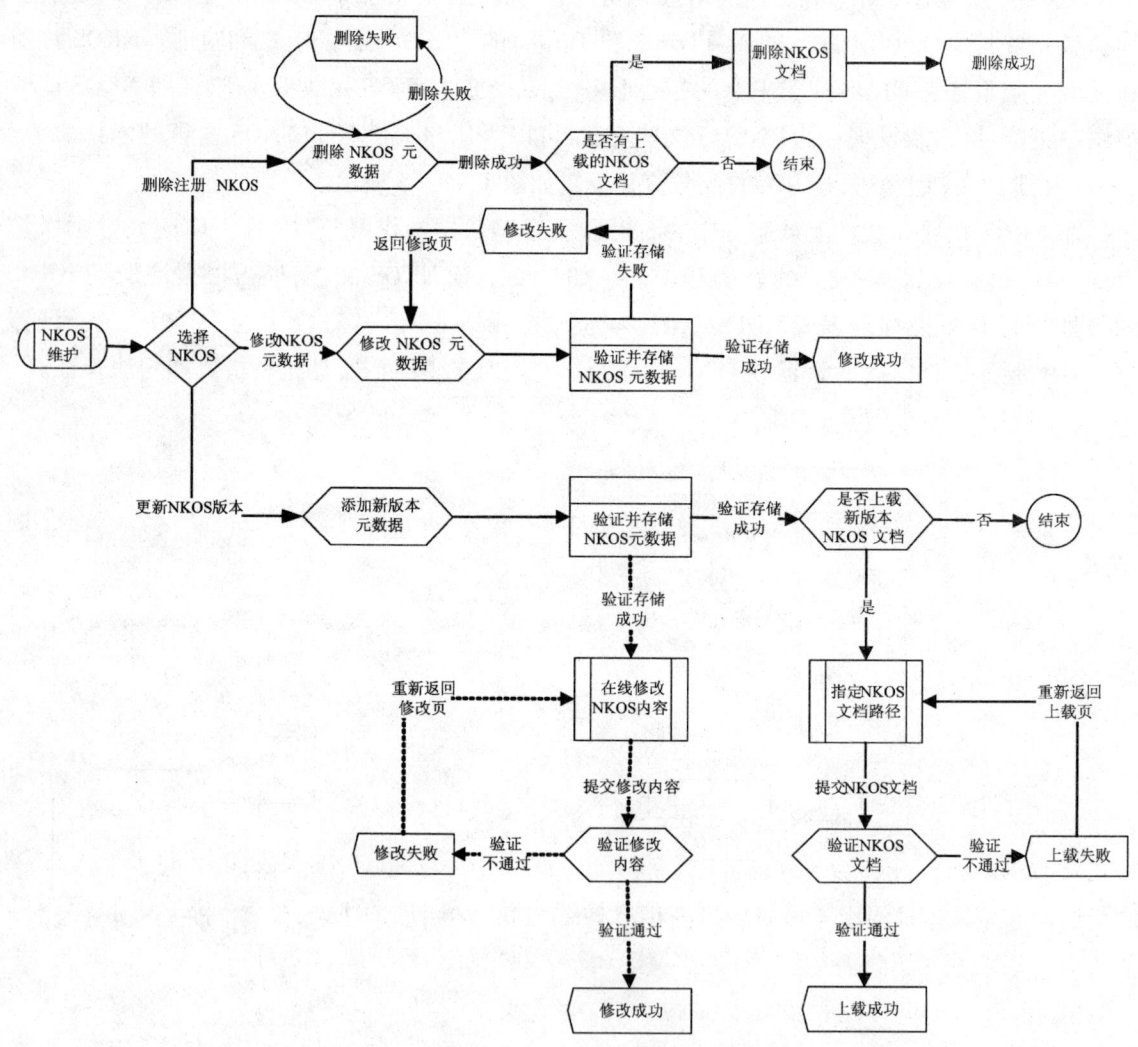

图 1 - 9 - 5　NKOS 维护服务封装的业务流程逻辑

在 NKOS 维护服务中,需调用"关系型数据操作服务"中的"NKOS 元数据操作组件",实现对 NKOS 元数据的增加、修改和删除;调用"NKOS 内容验证服务"中的验证器对上载的 NKOS 文档进行验证,以保证每个版本的 NKOS 文档的质量;如果要实现 NKOS 内容的在线修改,还需调用"NKOS 内容操作服务"对 NKOS 内容进行写操作。

9.3.4 NKOS 文档浏览和下载服务

NKOS 文档浏览和下载服务也是 NKOS 注册平台的核心服务之一,它的功能有三:①允许用户浏览免费的 NKOS 文档全文,默认以 RDF/XML 序列化格式显示;②允许用户以 RDF/XML 默认格式下载免费的 NKOS 文档全文;③扩展支持以其他序列化格式(如 N‐Triple、Turtle)显示和下载 NKOS 文档。NKOS 维护服务封装的业务流程逻辑如图 1‐9‐6 所示。

在 NKOS 文档浏览和下载服务中,要调用"NKOS 内容操作服务",对 NKOS 内容按照某种格式进行序列化,然后输出。

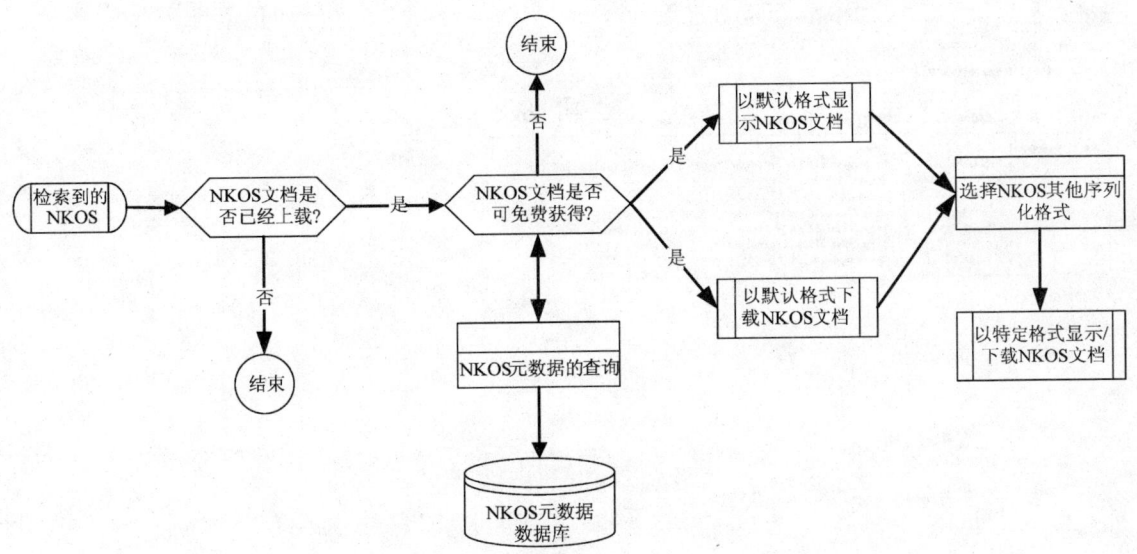

图 1‐9‐6 NKOS 文档浏览和下载服务封装的业务流程逻辑

9.3.5 NKOS 浏览和检索服务

NKOS 浏览和检索服务是 NKOS 注册平台最核心的服务。系统一方面提供基于 Web 的图形化界面,供用户可视化浏览和检索 NKOS 元数据及 NKOS 内容数据;另一方面以 Web 服务的形式发布术语服务,供机器(即计算机程序)通过基于 SOAP/HTTP 协议或者 REST/HTTP 协议进行访问和调用。术语服务可以内嵌在信息检索和数字图书馆等应用系统中,为编目、检索等各种应用提供与术语相关的服务,譬如检索词扩展、词义消歧、同义词获取等。

NKOS 浏览和检索服务分为 NKOS 元数据的浏览、检索和 NKOS 内容的浏览、检索两部分。在 NKOS 元数据的浏览和检索中,用户通过数据库查询语言 SQL 对存储在关系型数据库中的 NKOS 元数据进行查询,浏览满足特定元数据元素值的一组 NKOS 或者查询某个特定 NKOS 的元数据信息。在 NKOS 内容的浏览和检索中,用户通过 RDF/SKOS/OWL APIs 或者 SPARQL 查询语言对 NKOS 内容数据(即 RDF 数据)进行查询并将查询结果显示在 Web 界面上。鉴于关联数据正在成为结构化数据网络发布和共享的一种标准形式,建议在 NKOS 注册平台中也提供对关联数据的支持,即以关联数据的形式将 NKOS 内容数据的查询结果通过内容协商机制以浏览器适合的形式(如 HTML 或 RDF 格式)进行显示,具体实现请参见本篇 9.6.2 节。图 1 -9-7 和图 1-9-8 给出了对《汉语主题词表》中"数字图书馆"一词的查询结果显示样例。如果客户端是支持 RDF 数据显示的 RDF 浏览器(如带有 Tabulator[①] 插件的 Firefox 浏览器),则返回的查询结果是 RDF/XML 格式(如图 1-9-7 所示);如果客户端是普通的 HTML 浏览器,则返回的查询结果是 HTML 格式(如图 1-9-8 所示)。在查询结果中含有指向其他术语的 RDF 链接,用户可以沿着链接浏览其他相关的术语,如同沿着超链接浏览 Web 文档。

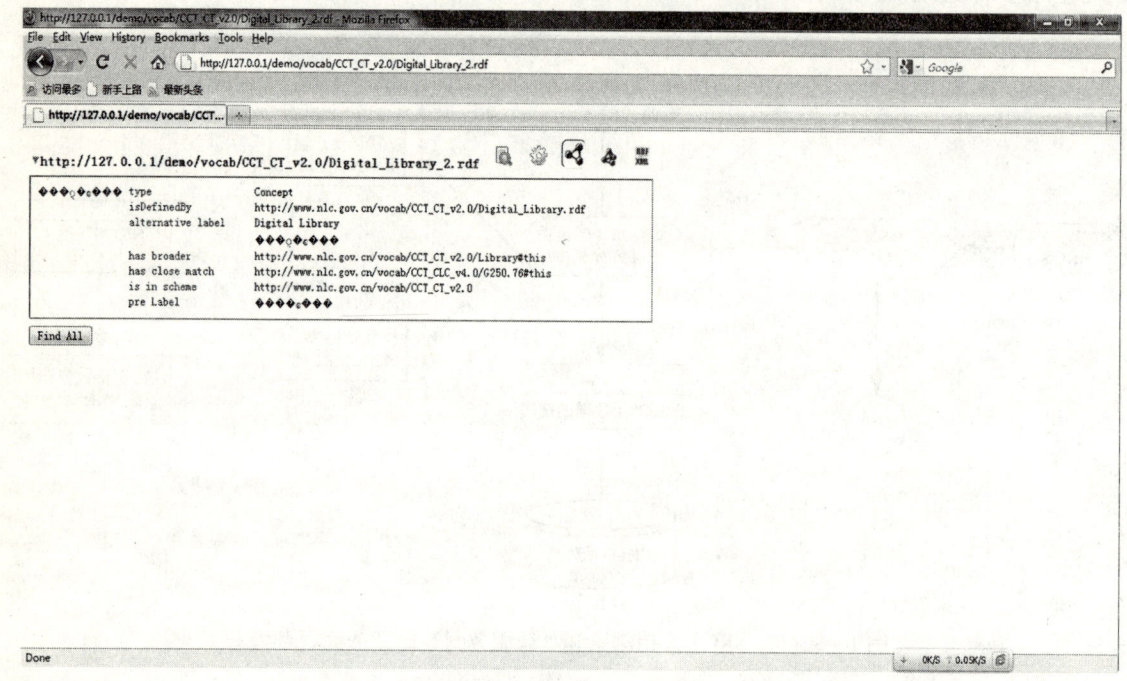

图 1-9-7　NKOS 内容检索结果的图形界面显示样例(RDF/XML 格式)

---

① Tabulator 是一个数据浏览和编辑器,提供了在 Web 上浏览 RDF 数据的途径,可以作为 Firefox 浏览器的扩展附件与该浏览器一起使用,见 http://www.w3.org/2005/ajar/tab。(目前还无法支持汉字显示)

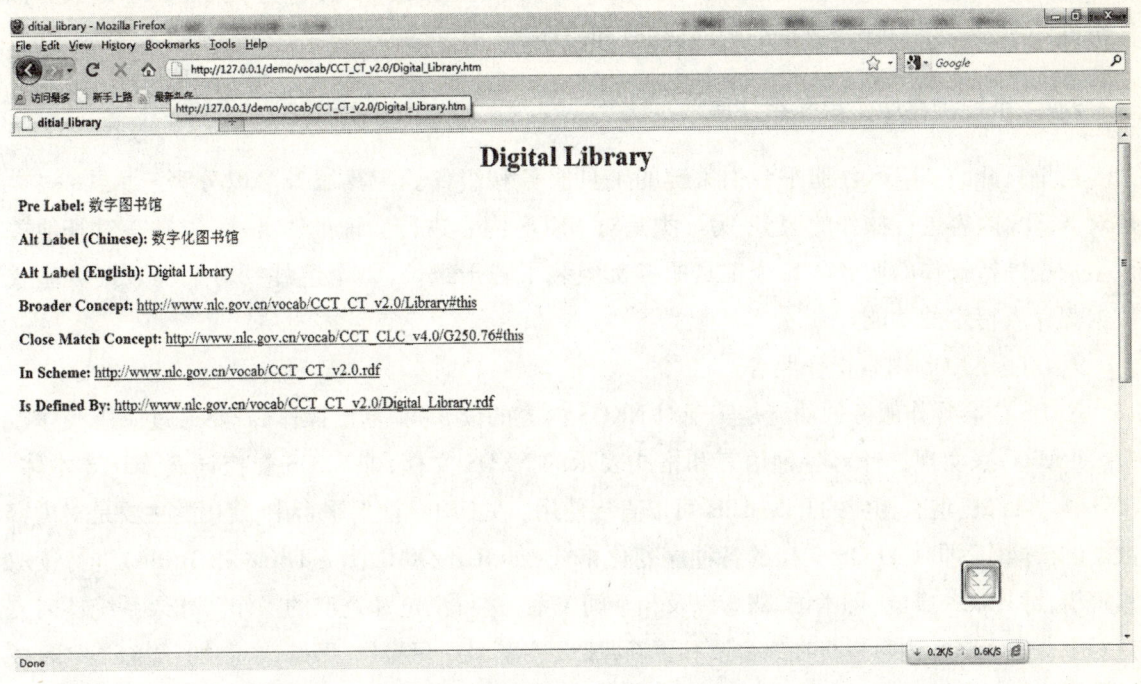

图 1 - 9 - 8　NKOS 内容检索结果的图形界面显示样例（HTML 格式）

9.3.6　用户评论服务

用户评论服务的功能是允许注册用户提交对某个 NKOS 的评论、意见或建议或者回复他人的评论。非注册用户可以浏览所有的评论,但是无权自己发表评论。在用户评论服务中,需要调用"关系型数据操作服务"中的"用户评论数据操作组件",实现对用户评论数据的添加。

9.3.7　系统管理服务

系统管理服务的功能是提供给系统管理员对在 NKOS 注册平台中注册的账户和 NKOS 以及用户评论数据进行组织和管理。系统管理服务包括三个子服务:注册用户管理服务,注册 NKOS 管理服务和用户评论管理服务。

（1）注册用户管理服务

注册用户管理服务的功能是提供给系统管理员对所有的注册用户进行管理,能够对注册账户进行删除、修改、禁止和激活等操作。在用户管理服务中,需要调用"关系型数据操作服务"中的"用户注册数据操作组件",实现对用户注册数据的删除和修改。

（2）注册 NKOS 管理服务

NKOS 管理服务的功能是提供给系统管理员对所有的注册 NKOS 进行管理,能够对注册 NKOS 的元数据进行删除、修改、锁定和解锁等操作。在 NKOS 管理服务中,需要调用"关系型数据操作服务"中的"NKOS 元数据操作组件",实现对注册 NKOS 元数据的删除和修改。

（3）用户评论管理服务

用户评论管理服务的功能是提供给系统管理员对用户发表的评论进行删除、归类、排序,加精等管理。在用户评论管理服务中,需要调用"关系型数据操作服务"中的"用户评论数据操作组件",实现对用户评论数据的删除、修改和排序。

9.4 系统工具服务层和组件层

这里只介绍 NKOS 注册平台中关键的工具服务和组件。工具服务可以分为三大类:一类是对 NKOS 内容进行操作的服务;另一类是对 NKOS 内容进行验证的服务;第三类是对其他关系型数据进行操作的服务。每个工具服务都组装了若干组件,每个组件针对某种数据类型或数据集完成特定的功能。

9.4.1　NKOS 内容操作服务

NKOS 内容操作服务的功能是实现对 NKOS 内容的读、写和输出操作,需要通过应用程序接口(即 APIs)来实现。针对各种语言和格式表示的 NKOS 文档,即 SKOS 受控词表、RDFS 本体、OWL 本体,都已经有相应的开源 APIs 可以直接使用。在 NKOS 注册平台中,使用的主要是对内容数据的读操作,即对 NKOS 文档的各种序列化格式(如 RDF/XML、N – Triple 和 Turtle)进行读取和解析,对 NKOS 成员(即术语、概念以及相互间关系)进行浏览和查询的操作。如果系统还需支持对上载的 NKOS 内容进行在线修改和更新,那么还需用到写操作,即修改、添加、删除 NKOS 成员的操作。对 NKOS 文档的输出操作,是指以某种序列化格式将 NKOS 内容进行输出。NKOS 内容操作服务组装三个组件:RDF(S)数据操作组件,SKOS 数据操作组件和 OWL 数据操作组件。

(1)RDF(S)数据操作组件

对 RDFS 本体的操作需采用 RDF(S) API 进行。目前已经出现了许多开源的 RDF(S) API,针对 Java 语言的比较多,比较著名的是 Jena① 和 Sesame②;另外还有少量针对 Python、Perl、PHP等程序语言的 API。Jena 是 HP 实验室开发的一个开源的 Java 语义网工具包,包含了支持RDF/RDFS/OWL 的 API、SPARQL 查询引擎、RDF/XML 解析器、RDF 数据持久化存储等组件;Sesame 是荷兰 Aduna 公司在欧盟研究项目 On – To – Knowledge 中采用 Java 语言开发的一个面向 RDF 和 RDFS 的开源存储、查询和推理框架。此外,下文中所述的 Protege OWL API 也支持对 RDFS 的操作。

(2)OWL 数据操作组件

对 OWL 数据的操作需采用 OWL API 进行,目前已经有若干开源 OWL API 可供选择,列举如下:

- Jena OWL API:HP 实验室开发的语义网工具包 Jena2 中所带的一个 OWL API,是一个面向 Web 1.0 的 Java API,网址是, < http://jena. sourceforge. net/ontology/index. html > 。
- Protege OWL API:著名的本体编辑工具 Protege 的 3. x 版本中所带的一个 Java API,支持OWL 1. 0 和 RDFS,网址是, < http://protege. stanford. edu/plugins/owl/api/index.

---

① http://jena. sourceforge. net/

② http://www. openrdf. org/

56

html >。

- OWL API 1.0：在欧盟研究项目 WonderWeb 中开发的一个面向 Web 1.0 的 Java API,也被称为 WonderWeb API,是 OWL API 的初始版本,网址是,< http://wonderweb.semanticweb.org/owl/ >。

- OWL API 2.0：在英国 JISC(Joint Information Systems Committee)研究项目 CO – ODE 和欧盟研究项目 TONES 中开发的一个面向 Web 2.0 的 Java API,本体编辑工具 Protege 的 4.x 版中使用的就是这个 API,网址是,< http://owlapi.sourceforge.net/2.x.x/index.html >。

- OWL API 3.0：目前 OWL API 的第 3 版已经于 2010 年初发布,该版本也是一个面向 Web 2.0 的 Java API,在版本 2 的基础上做了一些改动。

上述 OWL API 都是 Java API,各有优缺点,在使用时可以根据实际情况进行选择。因为上载到 NKOS 注册平台中的 RDFS/OWL 本体要求是不包含实例数据的类模型,因此不涉及实例数据(即 RDF 数据)的查询问题。

(3)SKOS 数据操作组件

对 SKOS 数据的操作可以通过 SKOS API 进行。目前开源的 SKOS API 有两个:SWAD – Europe SKOS API 和英国曼彻斯特大学的 SKOS API。SWAD – Europe SKOS API 是欧盟研究项目 SWAD – Europe① 开发的一个访问 SKOS 叙词表的 Java API,网址是,< http://www.w3.org/2001/sw/Europe/reports/thes/skosapi.html >。能够支持的操作包括:返回某个指定概念的详细信息;返回通过某个指定关系(直接)相连的所有概念;返回指定词表中包含的语义关系;返回在一定路径范围内有关系的所有概念。该 API 虽然倾向以 Web 服务的形式提供术语服务,但是也能够独立使用。该项目还提供了一个 SKOS API 服务器端程序和一个客户端程序。通过客户端程序,可以调用服务器端提供的叙词表 Web 服务,实现对叙词表的浏览和查询。但是这个客户端程序只是一个简单的实验性程序,只使用了 SKOS API 众多函数调用中的两个,实用性并不强。另一个 SKOS API[18] 最初是在 JISC 研究项目 CO – ODE 和欧盟研究项目 Sealife 中开发的,目前由曼彻斯特大学进行后续维护和开发,网址是,< http://skosapi.sourceforge.net/ >。该 SKOS API 基于 OWL API 2.0 进行实现,功能要大大多于 SWAD – Europe SKOS API,但是目前提供的还只是测试版本。

除了采用 SKOS API 对 SKOS 数据进行查询操作外,还可以使用 RDF 查询语言对 SKOS 数据进行查询,因为 SKOS 数据实质是一种基于 SKOS 模型的 RDF 数据。虽然有多种 RDF 查询语言可供选择,如 RQL、RDQL 等,但是强烈建议采用 W3C 推荐的标准查询语言 SPARQL。运行 SPARQL 查询,需要查询引擎的支持。Jena 和 Sesame 中都提供了一个 SPARQL 查询引擎。

9.4.2　NKOS 内容验证服务

NKOS 内容验证服务的功能是对上载的 NKOS 文档的格式和句法进行验证。上载的 NKOS

---

① SKOS 模型是由 SWAD – Europe 项目最先提出和设计的。

文档是以某种序列化格式表示的 RDF 文档,因此 NKOS 文档首先要遵循相应序列化格式的 RDF 句法规则,譬如 RDF/XML 文档需符合 RDF/XML 句法规则,N3 文档需符合 N3 的句法规则。除了遵循 RDF 句法外,SKOS 受控词表还需遵循 SKOS 语言的规则,OWL 本体还需遵循 OWL 语言的规则,因此还需分别对它们进行 SKOS 验证和 OWL 验证。大多数 SKOS 验证器和 OWL 验证器中往往已经包含了对 RDF 句法的验证,因此无需单独进行 RDF 验证。但是如果这些验证器中没有包含该验证(如 SKOS 2005 Validator),则需首先进行 RDF 验证。对于 RDFS 本体,只需进行 RDF 验证。NKOS 内容验证服务组装了三个组件:RDF 验证器、SKOS 验证器和 OWL 验证器。

(1)RDF 验证器

该组件的功能是对提交的以某种序列化格式表示的 NKOS 文档进行 RDF 句法验证。W3C 提供了一个 RDF 验证服务[1],能够对 RDF/XML 文档的句法进行验证并且对文档进行解析,输出 RDF 数据模型的三元组形式和 RDF 图形表示。但是这个验证服务目前还不支持 N3 等其他序列化格式。在 NKOS 注册平台中可以直接借用这个 RDF 验证服务,也可以基于 RDF(S) API 自行开发。因为在 RDF 和 RDFS 文档中很难出现自相矛盾的声明,因此不存在语义验证的问题。另一个网络在线的 RDF 验证器 RDF Validator and Convertor[2] 部分支持对 N - Triple 和 Turtle 格式的 RDF 文档的验证,但是对 RDF/XML 格式的验证功能不如 W3C 的验证器强大。

(2)SKOS 验证器

该组件的功能是对提交的 SKOS 受控词表进行验证。W3C 提供了两个 SKOS 验证器[3]: SKOS 2009 Validator 和 SKOS 2005 Validator。SKOS 2009 Validator 是 SKOS 叙词表管理系统 PoolParty[4] 提供的一个 SKOS 叙词表完整性检测器。SKOS 受控词表的完整性是指 SKOS 数据是否符合 SKOS 模型。SKOS 2005 Validator 是对 SKOS 受控词表的完整性和兼容性进行验证,目前还处于高度实验阶段,并且不支持对 RDF 句法的验证。因此在使用此服务之前,需事先使用 RDF 验证器验证 SKOS 受控词表文档 RDF 句法的正确性。在 NKOS 注册平台中可以直接借用这两个 SKOS 验证器,也可以基于 SKOS API 自行开发。

(3)OWL 验证器

该组件的功能是对提交的 OWL 本体的句法进行验证,即验证 OWL 文件是否符合某种 OWL 子语言的句法规则。句法验证的实现可以通过调用第三方提供的 OWL 验证工具(或服务),也可以基于 OWL API 自行开发。一个比较有名的 OWL 验证器是欧盟研究项目 WonderWeb 开发的 WonderWeb OWL - DL Validator[5]。它能够验证 OWL 本体采用哪种子语言描述,并且是否符合该子语言的句法规则。OWL 本体的验证还包括语义验证,即检查 OWL 本

① W3C 的 RDF 验证器的地址是 http://www.w3.org/RDF/Validator/。

② RDF Validator and Convertor 的地址是 http://www.rdfabout.com/demo/validator/。

③ W3C 的 SKOS 验证器的地址是 http://www.w3.org/2004/02/skos/validation

④ PoolParty 是奥地利的一家公司开发的一个 SKOS 叙词表管理系统,见 http://poolparty.punkt.at/。

⑤ WonderWeb OWL Ontology Validator 的地址为 http://www.mygrid.org.uk/OWL/Validator。

体中描述的内容是否具有一致性,可以采用推理机来进行。因为 OWL Full 子语言不支持逻辑推理,因此语义验证只能针对 OWL Lite 和 OWL DL 本体。OWL 语义验证的过程比较复杂,建议在 NKOS 注册平台中只对 OWL 本体的句法进行验证。

9.4.3 关系型数据操作服务

在 NKOS 注册平台中除了 NKOS 内容数据是 RDF 数据外,其他数据均为关系型数据,存储在关系型数据库中。其他数据包括用户注册数据、NKOS 注册数据(即 NKOS 元数据)、用户评论数据等。对这些数据的增加、删除、修改、查询等操作,均需通过数据库查询语言 SQL 来实现。该服务包括用户注册数据操作组件、NKOS 元数据操作组件、用户评论数据操作组件。

9.5 系统数据层

9.5.1 NKOS 内容数据的存储

NKOS 内容数据均为 RDF 数据。RDF 数据的存储模式和 RDF 数据的操作方式紧密相关。最简单的 RDF 数据存储模式是将 RDF 数据以文件形式存储在文件系统中,每次调用数据时,针对不同的 NKOS 类型(即 SKOS 受控词表或 RDFS/OWL 本体),选择相应的 API[指 RDF(S)/SKOS/OWL API]读取整个 RDF 文档,将 RDF 数据装载到计算机内存中,然后通过 API 对数据进行操作,从而提供术语服务。基于文件系统的 RDF 数据存储和操作模式如图 1-9-9 所示。有些工具包所带的 API 可以同时支持不同的标记语言,譬如 Jena 的 API 同时支持 RDF、RDFS 和 OWL,Protege OWL API 同时支持 RDFS 和 OWL,因此针对选用的特定工具包可以将图 1-9-8中的某些 API 模块合并使用。

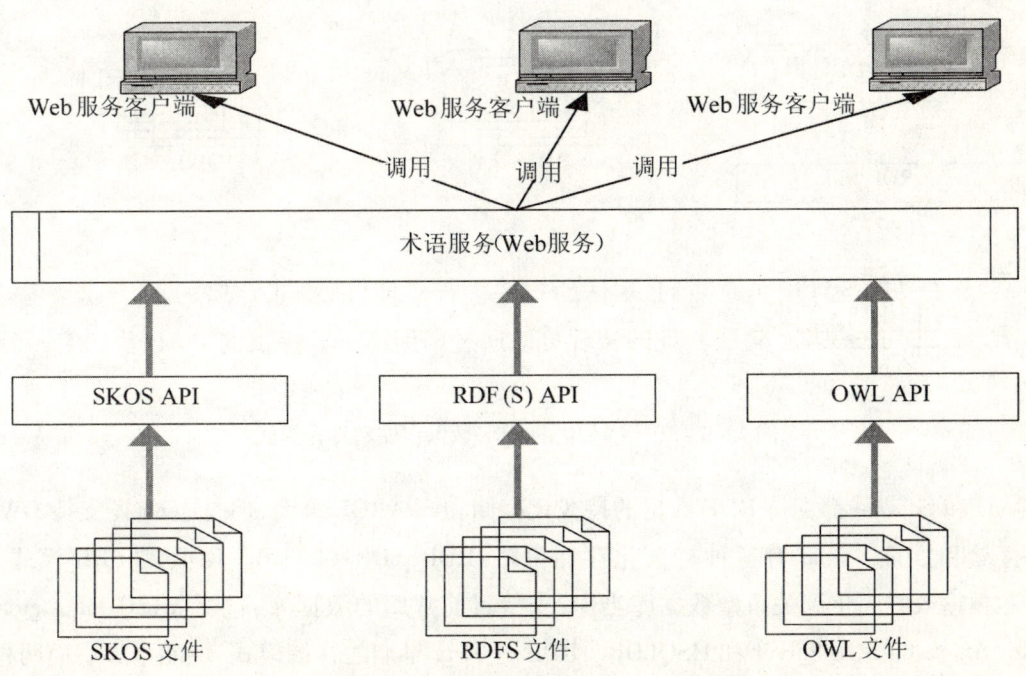

图 1-9-9　基于文件系统的 RDF 数据存储和操作模式

对于少量的 RDF 数据来说,基于文件的存储是一种非常有效的存储方法,但是并不适于处理大量的数据,因为随着数据量的增多,每次装载数据到内存的时间也越长,而且对机器内存的要求也越高。在 NKOS 注册平台中上载的 RDFS/OWL 本体是不含有实例数据的类模型,数据量较少,因此可以采用基于文件的存储没有什么大问题。但是对于 SKOS 受控词表,如果词表的数据量较大,这种存储方式并不很理想。对于海量数据的理想存储方式是采用持久化的存储模式,即将 RDF 三元组固化到关系型数据库中或某种文件格式中。但是遗憾的是目前的 SKOS API 并不支持这种存储,也不支持对 SKOS 数据的 SPARQL 查询,虽然开发者正在朝这个方向努力[18]。另一种解决方案是把 SKOS 数据完全当做 RDF 数据来处理,采用 RDF 存储系统对 SKOS 数据进行持久化存储,然后通过 SPARQL 查询语言实现对 SKOS 数据的检索和浏览。当然 RDFS/OWL 本体也可以采用这种持久化的存储方式。持久化的 RDF 数据存储和操作模式如图 1 – 9 – 10 所示。

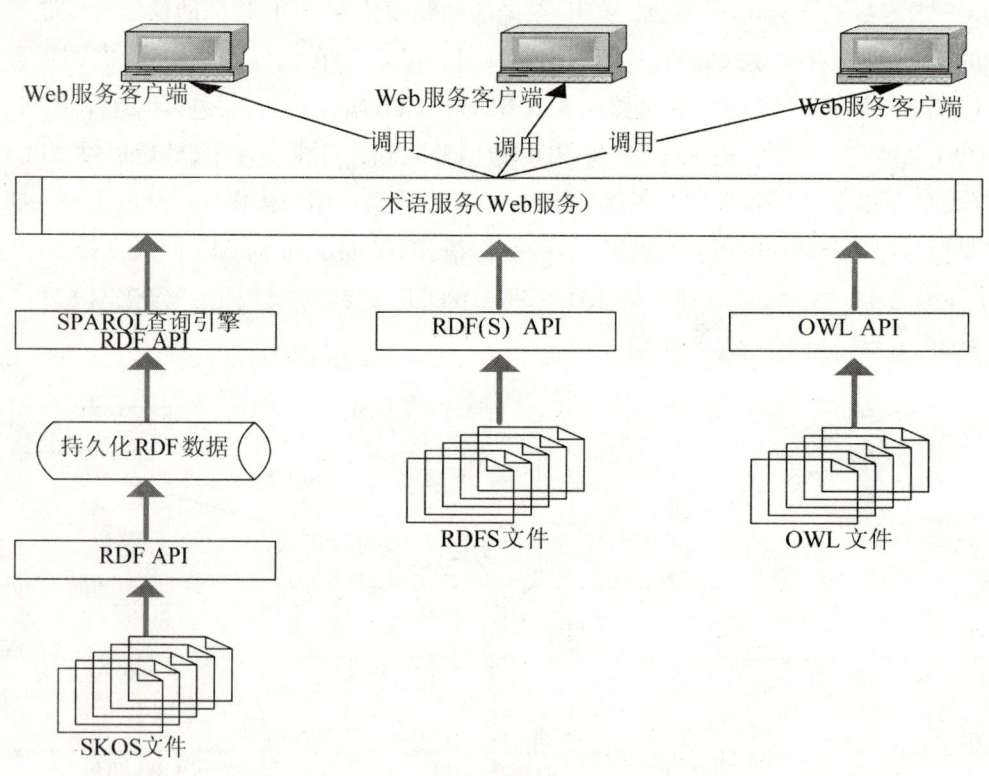

图 1 – 9 – 10　持久化的 RDF 数据存储和操作模式

Jena 和 Sesame 都支持 RDF 数据的持久化存储和 SPARQL 查询,但是 Jena 还支持 OWL 数据的存储和推理。Jena 有三种持久化存储策略:RDB、SDB 和 TDB。RDB 和 SDB 模式是将 RDF 数据输入并固化到关系型数据库当中,支持目前常用的数据库,包括 MySQL、PostgreSQL、Oracle、Microsoft SQL Server 和 HSQLDB。RDB 是 Jena 早期的存储模式,性能不如后面两种,所以不推荐使用。SDB 采用不同于 RDB 的数据库结构,扩大了存储规模,最大支持约 1 亿个

RDF 三元组的存储,是一种事务处理型数据库。TDB 模式是一种非关系型数据库模式的存储方式,是将 RDF 数据固化成某种文件格式进行存储,安装更加简单,而且提高了对数据的访问速度,适用于非事务处理的情况。建议根据实际情况选择 SDB 或 TDB 模式存储词表内容数据。

9.5.2 其他数据的存储

在 NKOS 注册平台中,用户注册数据、NKOS 元数据、用户发表的评论等非 RDF 数据均采用关系型数据库进行存储,如 MySQL、Oracle、SQL Server 等,每种数据集可以存储在一个或多个数据表中。

9.6 其他问题讨论

9.6.1 互操作问题

在 NKOS 元数据层面已经基本实现了 NKOS 之间的互操作。在同一类型的 NKOS 间(即 SKOS 受控词表或者 RDFS/OWL 本体),因为 NKOS 元数据完全遵循同一标准,因此对元数据的浏览和检索完全实现了互操作;在不同类型的 NKOS 间,因为所有 NKOS 的绝大多数元数据元素(尤其是重要的元数据元素)都基于相同的核心元数据标准,因此在很大程度上也实现了 NKOS 元数据间的互操作。

在 NKOS 内容层面,在同一类型的 NKOS 间可以实现一定程度的互操作,譬如跨本体检索具有指定标签或本地标识符的类或属性;跨词表检索具有指定标签或者包含特定字符串的术语,但是无法实现同一类型 NKOS 间的完全互操作和不同类型 NKOS 间的互操作。在建立了映射关系的 SKOS 受控词表间(如相互映射的《中国图书馆分类法》和《汉语主题词表》),可以实现完全的互操作,譬如检索与指定术语相匹配的另一词表中的术语。词表间的映射一般依靠领域专家在离线状态下手工建立。如果 NKOS 注册平台能够提供自动映射功能,则可以实现词表间的自动映射,但是这个功能的实现比较复杂。

在系统层面,整个系统采用基于 SOA 的架构,可以分布式地运行在不同的操作系统和硬件平台上,各个组件之间通过定义良好的接口相互交互,提供各种功能和服务。整个 NKOS 注册平台一方面基于 Web 图形界面提供 NKOS 注册和文档上载、NKOS 浏览和检索等各种服务,另一方面以 Web 服务的形式发布术语服务。无论任何平台和操作系统都可无缝访问和使用系统的各种服务,实现异构系统间的互操作。

9.6.2 关联数据问题

NKOS 注册平台支持 NKOS 内容数据的关联数据化。为了实现数据关联,所有的 NKOS 及其 NKOS 成员均需采用可引用的 HTTP URI 地址进行唯一命名。对关联数据更详细的介绍请参见本书第三篇"基于元数据的本体构建规范及应用指南"。

建议采用 Hash URI 地址命名 RDFS/OWL 本体中的成员(即概念和属性),如 < http://www.nlc.gov.cn/onto/core_v1.0.owl#Concept > 。因为本体文档一般比较小,当访问某个成员的 Hash URI 地址时,HTTP 协议通过自动剥离"#"符号后的片段将对该地址的请求转换为对整个本体文档的请求,浏览文档中对该成员的描述比较方便。

建议采用 Slash URI 地址命名 SKOS 受控词表中的 SKOS 概念,如 < http://www.nlc.gov.cn/vocab/CCT_CT_v2.0/Concept > 。对于 Slash URI 地址的访问需采用 303 重定向方式进行,HTTP 协议自动将该 Slash URI 地址重定向到描述该 SKOS 概念的 Web 文档(如 HTML 或 RDF 文档)的 URI 地址,如 < http://www.nlc.gov.cn/vocab/CCT_CT_v2.0/Concept.rdf 或 Concept.html > ,具体采用哪种表示形式由 HTTP 协议的内容协商机制根据客户端浏览器的情况来确定。为了避免重定向访问造成的延时,一个小策略是在 SKOS 概念的 URI 地址之后添加一个 Hash 后缀将 Slash URI 地址转换为 Hash URI 地址,如 < http://www.nlc.gov.cn/vocab/CCT_CT_v2.0/Concept#this > 。当访问 SKOS 概念的 Hash URI 地址时,HTTP 协议自动剥离这个后缀将对 SKOS 概念 URI 地址的请求转换为对描述该概念的 Web 文档的请求,即对 < http://www.nlc.goc.cn/CCT_CT_v2.0/Concept > 地址的请求。该 URI 地址有多种表示形式(如 HTML、RDF/XML、Text/N3 格式),内容协商机制将选择最适合的表示形式返回给客户端浏览器。

10　NKOS 注册与术语服务应用案例

NKOS 注册与术语服务在 NKOS 管理和维护、编目、元数据创建、信息检索、知识导航中都有着非常重要的应用,本章对其主要应用进行举例说明。

10.1　NKOS 的管理、维护和获取

（1）管理本地 NKOS

某机构创建了一些词表供内部使用,这些词表以各自不同的形式存储在不同的机器中,如 Excel 表格、关系型数据库、MARC 记录等,管理和使用起来都很不方便。因此该机构决定采用统一的 SKOS 语言对这些词表进行语义化描述,然后将转换后的 SKOS 受控词表上载到 NKOS 注册平台中。通过注册平台,词表主人能够即时更新和上载最新的词表版本,能够统一设置用户对词表的访问权限;用户能够通过统一的图形界面和术语服务访问和使用注册词表,系统管理员能够对注册词表和注册用户进行统一管理。

（2）共享本地 NKOS

多个科研机构正在合作进行某项科研项目,在该项目中,合作成员需要共享一个领域本体,而且该本体还处在不断的更新维护中。最初,本体的设计者通过 E-mail 的方式随时向其他项目成员发送本体的最新版本。因为有多个本体版本存在,在使用时很容易造成混乱。因此,本体的设计者将本体上载到 NKOS 注册平台中,而且每次本体更新后,设计者都随时上载最新版本到注册平台,使得其他成员不论何时何地都到查询和使用最新的本体版本。此外,NKOS 注册平台还能够对本体的修改更新进行跟踪,使本体的使用者清楚地了解新旧版本的不同之处。

（3）获取 NKOS

教务处要设计一个课程管理系统，后台需要一个课程本体的支持。为了节省时间，开发人员希望能够找到现成的本体可以直接使用或借鉴。因此他们登录 NKOS 注册平台，检索主题是"教育和课程"并且类型是"领域本体"的 NKOS。系统返回了一个符合检索条件的本体。虽然该本体不是免费公开的，但是开发人员通过本体元数据中提供的本体发布者的联系方式，与该本体的主人取得了联系并购买了该本体。

10.2　编目和元数据创建

（1）NKOS 元数据的浏览和检索

图书馆要建立学位论文数据库，首先需要创建每篇学位论文的元数据。在进行主题标引时，为了详细描述每篇论文的主题，针对不同学科的学位论文需要采用特定领域的规范术语进行描述。譬如对于医学学位论文，编目员通过 NKOS 注册平台查询主题是"医学"并且类型是"叙词表或主题标题表"的 NKOS，系统返回一系列符合检索条件的词表和每个词表的元数据。编目员浏览每个词表的元数据信息，从中选择合适的词表使用。

（2）术语的浏览和检索

图书馆要为一批资源创建元数据，其中涉及许多国内外地名。编目员对这些地名的拼写和覆盖范围并不熟悉，因此从 NKOS 注册平台选择某个地名词表作为辅助。每次使用时，编目员在编目工具内嵌的检索框中输入某个地名术语的一部分或全部字符串，术语服务返回与输入的字符串模糊匹配的一组地名，编目员从中选择合适的地名加入到元数据中，无需记忆或者离线查找地名。

（3）辅助分类

图书馆要为一批文献资源编目，每个资源已经采用《汉语主题词表》中的规范术语进行了标引，现在需要按照《中国图书馆分类法》对这些文献资源进行分类。因为术语服务中提供了辅助分类功能，输入每个资源的主题词，系统能够返回与之相匹配的分类号。因此编目员无需重新审阅每个文献的内容进行分类，只需对系统返回的类号进行验证或者在此基础上稍加修改即可，大大减轻了编目员的工作量，提高了分类的速度。

（4）元数据验证

某图书馆有一批已经编目过的遗留资源。但是由于是不同的人在不同的阶段进行编目的，在对这批资源进行审核时发现元数据中存在着大量关键词拼写错误和使用不一致等现象。因此图书馆决定对这批资源的元数据重新进行验证，通过内嵌在编目工具中的术语服务自动校正关键词的拼写错误并对同义词进行标准化处理。

10.3　信息检索

（1）相关术语查找

老师布置课前作业，让学生查找有关"vog"的英文文献资料。小明通过学校的数字图书馆系统进行搜索,但是没有发现任何检中记录。因此小明调用数字图书馆系统中内置的相关术语查找服务发现"vog"与"volcano gases"相关,因此它换用"volcano gases"作为查询词,顺利地检索到了相关文献。

(2)检索词扩展和精炼

计算机专业的学生小李在进行课题研究中,希望能够找到有关采用计算机进行系统仿真的文献资料。他先用"系统仿真"作为检索词,但是数字图书馆系统给出的检索结果太多,很难从中立即发现他所要的记录。因此他利用术语服务的检索词精炼功能,发现"系统仿真"有两个下位词"计算机仿真"和"计算机化仿真",他换用这两个检索词进行检索,立即找到了相关文献。反之,如果用户使用"计算机仿真"和"计算机化仿真"两个检索词没有发现合适的检索记录,可以利用术语服务的检索词扩展功能,改用上位词"系统仿真"进行检索以扩大检索范围。

10.4 知识组织

(1)检索结果分类

搜索引擎或其他信息检索系统往往返回成百上千条检索结果,用户很难从中立即找到所需的记录,譬如用户想寻找有关"禽流感预防接种"的资料,输入"flu vaccinations"这个检索词,Vivisimo 搜索引擎返回了113条检索结果,如图1-10-1所示。如果利用叙词表、知识分类体系(taxonomy)、分类法中对概念或术语的层次化分类,可以进一步将检索结果按照主题进行分类,方便用户对检索结果的快速浏览和定位。譬如 Vivisimo 搜索引擎将"flu vaccinations"的检索结果分为四个类:Health assessments(68),Occupational health(12),Symptoms,Virus(14)和 Bird Flu(5)。用户可以直接跳到"Bird Flu"类中寻找所需记录,无需再浏览其他类别的记录。

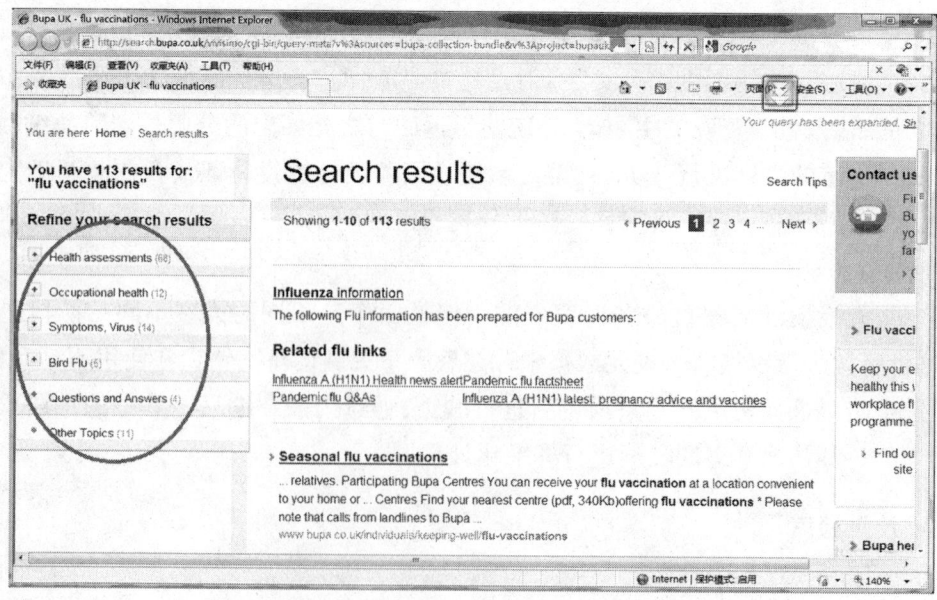

图1-10-1 Vivisimo 搜索引擎检索结果的分类

(2) 资源导航

《中国分类主题词表》是按照主题分类一体化的思想将《汉语主题词表》和《中国图书馆分类法》进行映射后构成的一个综合词表。因此可以利用《中国分类主题词表》的知识组织体系构建一个以学科为基础的知识导航工具。通过对文献资源进行主题分类和标引,可以根据类号和标引词在词表中的等级关系和相关关系对文献资源进行组织,实现分类导航和相关资源的导航。图 1 – 10 – 2 所示是 Yahoo 中对 Web 页面的简单分类和导航。利用词表中更加规范和复杂的知识组织结构,可以构建比之更强大、更复杂的资源导航工具。

图 1 – 10 – 2   Yahoo 中提供的 Web 页面的分类导航

10.5　词表可视化

利用信息可视化技术可以将词表以图形化的方式进行显示,使用户一目了然地了解词表中术语(或概念)间的相互关系以及一些原本不易发现的隐性关系。通过词表可视化,无论是在信息标引中还是在信息检索中,都能够帮助用户更加快速便捷地找到合适的用词。词表可视化的一个代表性例子是 Visuwords① 可视化词表,它是 WordNet 词表的可视化版本。图 1 – 10 – 3是 Visuwords 词表中"library"一词与其他相关词之间关系的二维图形显示。

---

①　http://www.visuwords.com/

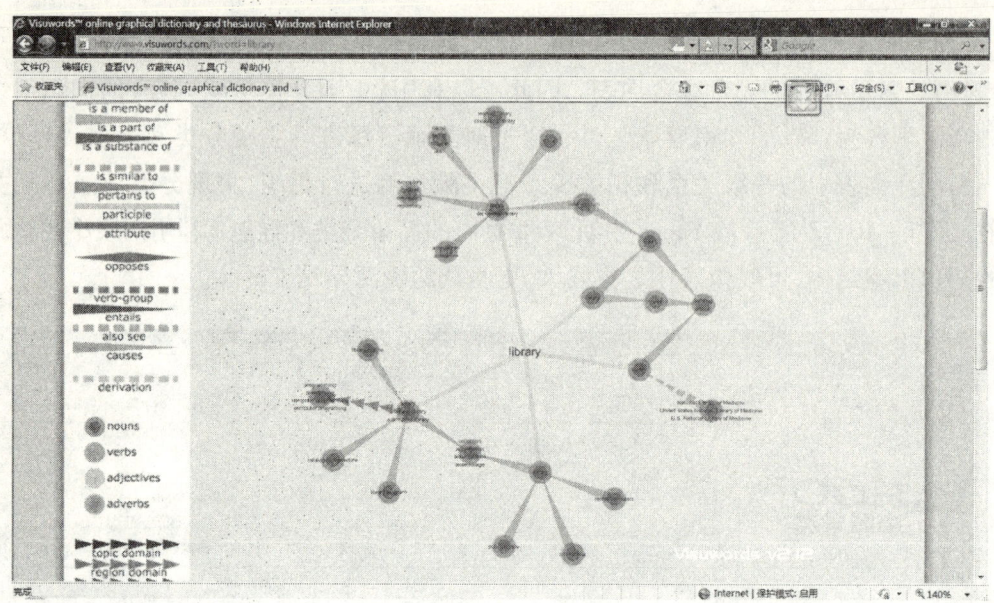

图 1 – 10 – 3 Visuwords 可视化词表对词间关系的二维显示

参考文献

[1]Golub K,Tudhope D. Terminology Registry Scoping Study(TRSS):Final Report. [2012 – 07 – 05]. http://www. jisc. ac. uk/media/documents/programmes/sharedservices/trss – report – final. pdf

[2]Hodge G. Systems of Knowledge Organization for Digital Libraries:Beyond Traditional Authority Files. Washington,DC:Council on Library and Information Resources,2000

[3]Hjørland B. Lifeboat for Knowledge Organization:Knowledge Organization Systems. [2010 – 10 – 24]. http:// www. iva. dk/bh/lifeboat_ko/concepts/knowledge_organization_systems. htm

[4]王军,张丽. 网络知识组织系统的研究现状和发展趋势. 中国图书馆学报,2008(1):65 – 69

[5]王军. 数字图书馆的知识组织系统:从理论到实践. 北京:北京大学出版社,2009

[6]Isaac A,Summers E. SKOS Simple Knowledge Organization System Primer(W3C Working Group Draft 21 February 2008). [2011 – 04 – 10]. http://www. w3. org/TR/skos – primer/

[7]Tudhope D,Koch T,Heery R. Terminology Services and Technology:JISC state of the art review. [2012 – 07 – 05]. http://www. jisc. ac. uk/Terminology_Services_and_Technology_Review_Sep_06

[8]ISO/IEC 11179 Information Technology — Metadata Registries. [2010 – 04 – 02]. http://metadata – stds. org/11179/

[9]NKOS Registry,Version 3 with Reference Document for Data Elements – Draft,14 June 2001. [2010 – 05 – 10]. http://nkos. slis. kent. edu/registry3. htm

[10]ANSI/NISO Z39. 19 – 2005：Guidelines for the Construction，Format and Management of Monolingual Controlled Vocabularies. Bethesda，Maryland：NISO Press，2005

[11]Hill L 等. 在数字图书馆结构中融入知识组织系统. 现代图书情报技术，2004，20(1)：4 – 8

[12]Palma R，Hartmann J，Haase P. OMV – Ontology Metadata Vocabulary for the Semantic Web(version 2. 4). [2010 – 04 – 02]. http://sourceforge. net/projects/omv2/files/

[13]Barry D K. Service – oriented Architecture(SOA) Definition. [2010 – 06 – 28]. http://www. service – architecture. com/web – services/articles/service – oriented_architecture_soa_definition. html

[14]Luo M 等. 面向服务的体系结构概述. [2010 – 06 – 28]. http://www. ibm. com/developerworks/cn/ webservices/ws – ovsoa/index. html

[15]Kodali R. What is Service – oriented Architecture? An Introduction to SOA. [2010 – 06 – 28]. http://www. javaworld. com/javaworld/jw – 06 – 2005/jw – 0613 – soa. html? page = 1

[16]SOA 与 Web 服务. [2010 – 06 – 28]. http://www. kevenlw. name/archives/160

[17]Erl，T；郭耀译. SOA 服务设计原则. 北京：人民邮电出版社，2009

[18]Jupp S，Bechofer S，Stevens R. A Flexible API and Editor for SKOS. In：Proceedings of the 2009 European Semantic Web Conference，2009

第二篇　受控表语义描述规范

1 绪论

1.1 研究背景和体例说明

SKOS(Simple Knowledge Organization,简单知识组织系统)为知识组织系统(KOS)在 Web 上的共享和链接提供了一个通用的数据模型。许多知识组织系统,如叙词表(Thesaurus)、分类法(Classification Scheme)、主题标题表(Subject Heading System)等,有着相似的结构并用于相似的目的。SKOS 攫取了大部分共性(Similarity)并使其明确化,使数据和技术可以跨越不同的应用进行共享。

SKOS 模型提供了一种标准的、低成本的迁移路径,可将现有的知识组织系统移植到语义 Web 上。SKOS 也为开发和共享新的知识组织系统提供了一种轻量级的、直观的语言。它可以独立使用,也可以和形式化的知识表示语言(如 OWL)共同使用。SKOS Reference 20090818 已成为 W3C 的正式推荐标准(W3C Recommendation)。

本规范主要针对传统知识组织系统类型,尤其是分类法和主题词表(叙词表)等国内受控表的形式化语义描述,目标是要尽量实现对这些传统高端 KOS 的全描述。对于叙词表来说,如果暂不考虑它的一致性检测和向细粒度本体的发展,SKOS 是基本够用的;而对于情报检索语言的另一大支柱——分类法,仅用 SKOS 来描述则可能导致其原有丰富语义的丢失,需要我们根据具体的需求进行扩展。

因此,本规范首先将 SKOS 词汇作为核心,描述受控表中的共性部分,使国内的受控表可以参与 SKOS 层次的国际共享和交流。同时,对于受控表中的变性部分,则在 SKOS 的基础上,采用 RDF/RDFS/OWL 的建模结构,扩展新的类和属性进行描述。这些扩展有一部分针对的是传统叙词表的(或分类法与叙词表共有的)需求,主要来自中文叙词表本体(OntoThesaurus)[5][28]中的相关定义;大部分扩展则针对传统分类法的特殊描述需求,是起草者在参考了国内外已有相关研究的基础上提出的新的扩展建议。这些扩展的词汇我们称之为 CKOS 词汇,它与 SKOS 的建模原则和语义相一致,大部分以 SKOS 类和属性的子类或子属性的形式存在,可与 SKOS 词汇共同使用。

本规范实际包含两个版本:纯 SKOS 版和 CNKOS 扩展版。CNKOS 词汇由 SKOS 词汇和扩展的 CKOS 词汇组成。将本规范中所有扩展的 CKOS 词汇及其说明文字去除,将描述示例中所有的 CKOS 扩展词汇替换成其 SKOS 父类或父属性(或其他指定的 SKOS 替代词汇,无相应替代者则删除,见本篇第 2 章表 2 - 2 - 3),就是一个纯 SKOS 版本。

本规范保留了 SKOS Core 的完整数据模型,因此对于 SKOS 适用的主题标题表、分类表、民间分类表和其他类似的受控词表同样适用。比分类法和叙词表结构更简单的中文规范档、术语列表(规范代码表)等类型,也可以简化使用本规范进行描述。

在编写体例上,本规范参考了 W3C 发布的 SKOS Reference 20090818 的目录结构,引用了 SKOS Core 的核心内容(译为中文),并将国内受控表的描述需求、扩展 CKOS 词汇的定义等融入其中,以便于规范文本的网络发布和国际交流。同时本规范也遵循了"GB/T 1.1—2009 标准化工作导则——标准的结构和编写"的基本要求。

受起草者的学识限制和时间限制,本规范草案中难免会有错漏和不完善之处,敬请批评指正。

1.2 适用范围

本规范以国内传统的叙词表(主题词表)和分类法为主要应用对象。也可应用于中文规范档和其他 KOS 类型的描述(暂无相应说明和描述示例)。

1.3 规范性引用文件

下列文件对于本文件的应用是必不可少的。下列方括号中的缩写是该文献在标准正文中被引用时出现的形式。

[SKOS Reference 20090818]或[SKOS]

SKOS Simple Knowledge Organization System Reference:*W3C Recommendation 18 August* 2009.

简单知识组织系统 SKOS 参考:W3C 推荐标准 20090818.

< http://www.w3.org/TR/2009/REC - skos - reference - 20090818/ >

[OWL]

OWL Web Ontology Language Reference:*W3C Recommendation 10 February 2004* .

网络本体语言 OWL 参考:W3C 推荐标准 20040210.

< http://www.w3.org/TR/2004/REC - owl - ref - 20040210/ >

1.4 设计原则

(1)针对国内传统叙词表和分类法的实际描述需要;

(2)尽量采用 SKOS 词汇进行描述;

(3)用 SKOS 无法描述的部分,扩展新的类和属性进行描述,这些扩展尽量与 SKOS 的原则和语义相一致(即尽量以子类、子属性的形式进行扩展);

(4)采用 RDF/RDFS/OWL 的建模结构定义新的类和属性,遵守其建模原则;

(5)尽量遵守其他已有的国内外相关标准和规范。

1.5 阅读说明

1.5.1 形式化定义

为便于理解,SKOS 标准文本采用"prose"形式对其定义的类和属性进行形式化声明。本规范沿用 SKOS 的做法,对 CKOS 词汇进行形式化定义。SKOS 词汇的形式化定义(包括其序号"S + 数字")来自 SKOS Reference 20090818,本规范将其译成了中文,并对某些比较抽象的定义在其后用"( )"添加了自然语言注释。CKOS 词汇的形式化定义则以"C + 数字"编号,置于 SKOS 词汇的形式化定义之后。

这些形式化声明可以转换为 RDF triples(三元组)格式的形式化声明。

例如:

skos:ConceptScheme 是 owl:Class 的一个实例(原文:*skos:ConceptScheme is an instance of owl:Class*)可以表述为 RDF 三元组

skos:ConceptScheme   rdf:type   owl:Class.

skos:inScheme,skos:hasTopConcept 和 skos:topConceptOf 都是 owl:ObjectProperty 的实例(原文:*skos:inScheme,skos:hasTopConcept and skos:topConceptOf are each instances of owl:ObjectProperty*)可以表述为:

skos:inScheme   rdf:type   owl:ObjectProperty.

skos:hasTopConcept   rdf:type   owl:ObjectProperty.

skos:topConceptOf   rdf:type   owl:ObjectProperty.

skos:hasTopConcept 的 rdfs:domain 是类 skos:ConceptScheme(原文:*The rdfs:domain of skos:hasTopConcept is the class skos:ConceptScheme*)可以表述为:

skos:hasTopConcept   rdfs:domain   skos:ConceptScheme.

1.5.2 URI 引用和构成建议

本规范沿用 SKOS 标准文本的做法,用尖括号" < > "引用一个 URI(或含汉字等 ASCII 码以外字符的 IRI)。统一资源标识符 URI 可以是完整的(如: < http://www.w3.org/2004/02/skos/core#Concept >),也可以是相对于 base URI 的(例如: < example >,其 base URI 是 < http://example.org/ns >,则其完整的 URI 就是 < http://example.org/ns/example >),或者是缩写形式的。缩写形式的 URI 在引用时不使用尖括号。例如,skos:Concept 就是 < http://www.w3.org/2004/02/skos/core#Concept > 的缩写形式。

为便于理解,本规范用 < B 哲学、宗教 > 表示类目概念"B 哲学、宗教"的 URI(其他概念体系、附表、叙词概念等的 URI 表示类似),在真正的 RDF/XML 文件中,须用实际的 URI 替换此简略表示。

良好的 URI 方案(Cool URIs)应该遵循简单(Simplicity)、稳定(Stability)、易管理(Manageability)的原则。

本规范对概念体系及其所包含概念等资源的 URI 构成提出以下建议:

(1)概念体系及其所包含概念等资源的 URI 由版权所有机构或注册中心确定。如《中国分类主题词表》(CCT)的 URI 方案由国图确定。URI 需具有唯一性和稳定性。

(2)建议概念体系 URI 构成:

http://服务网站域名/词表名称及版本标识

概念体系中的概念 URI 构成(hash URIs 或 slash URIs):

http://服务网站域名/词表名称及版本标识#{概念本身的标识}

或　http://服务网站域名/词表名称及版本标识/{概念本身的标识}

上述两行中,"#"号(hash URIs)或"/"(slash URIs)之后的"概念本身的标识",建议尽量采用同时具有唯一性和人类可读性的形式,如叙词概念本身或分类号(+类名)。同一部中文叙词表中的叙词和同一部分类法主表中的类号都具有唯一性,也相对稳定。如果目前的网络技术还不能很好地支持 IRI(Internationalized Resource Identifiers,国际化资源标识符),则建议将 IRI 中的汉字转换为其他 ASCII 字符形式的唯一代码,如拼音(若重复可考虑加入音调、笔画或分类号因素)。记录控制号完全没有语义和人类可读性,但具有唯一性和稳定性,也可以作为一种选择。

(3)例如,如果是在国图网站上进行服务,则概念体系的 URI 构成建议如下(与本书第一篇"网络知识组织系统注册、术语服务规范及应用指南"中的 URI 构成建议保持一致。在下列各例中,如果采用的是 slash URIs 方案,则将"#"替换为"/"):

http://www. nlc. gov. cn/vocab/词表名_版本号

概念体系中的概念 URI 的构成如下:

http://www. nlc. gov. cn/vocab/词表名_版本号#{概念本身的标识}

概念体系中的附表(子概念体系)中的概念 URI 的构成如下:

http://www. nlc. gov. cn/vocab/词表名_版本号#附表名_{概念本身的标识}

例如:CCT 的 CCT_CT 和 CCT_CLC 部分分别作为两个独立的概念体系进行描述,则

● CCT_CT 部分(2.0 版)的概念体系 URI 为:

http://www. nlc. gov. cn/vocab/CCT_CT_v2.0

其中的叙词概念 URI 为:

http://www. nlc. gov. cn/vocab/CCT_CT_v2.0 #环境

或 http://www. nlc. gov. cn/vocab/CCT_CT_v2.0 #huan－jing

或 http://www. nlc. gov. cn/vocab/CCT_CT_v2.0 #huan2jing4

或 http://www. nlc. gov. cn/vocab/CCT_CT_v2.0 #S033367

● CCT_CLC 部分(4.0 版)的概念体系 URI 为:

http://www. nlc. gov. cn/vocab/CCT_CLC_v4.0

其中的类目概念 URI 为:

http://www. nlc. gov. cn/vocab/CCT_CLC_v4.0 # TQ572

或 http://www. nlc. gov. cn/vocab/CCT_CLC_v4.0 # TQ572－原材料及辅助物料

附表中的类目概念 URI 为:

http://www. nlc. gov. cn/vocab/CCT_CLC_v4.0 # 2WorldRegionTable_1

或 http://www. nlc. gov. cn/vocab/CCT_CLC_v4.0 # 2WorldRegionTable_1－世界

● 特例:概念本身发生变化时(如:X384,3 版类名:无污染农药的研究,4 版类名:无污染产品的研究。类目概念的内涵和外延发生了变化),上述 URI 构成可以让这两个类目概念拥有不同的 URI:

http://www.nlc.gov.cn/vocab/CCT_CLC_v3.0 # X384

或 http://www.nlc.gov.cn/vocab/CCT_CLC_v3.0 # X384 – 无污染农药的研究

http://www.nlc.gov.cn/vocab/CCT_CLC_v4.0 # X384

或 http://www.nlc.gov.cn/vocab/CCT_CLC_v4.0 # X384 – 无污染产品的研究

(4)概念的 URI 中如果包含版本号,那么同一个概念在不同版本中会拥有不同的 URI。建议在新版本中用 owl:sameAs 属性链接新旧 URI,形如 <新 URI> owl:SameAs <前一版本同一概念的 URI>,这样应用程序可以据此做出相应的反应。

(5)概念的 URI 中如果一般不包含版本号,即版本号仅针对修改过的概念 URI 增加(形如 http://www.nlc.gov.cn/vocab/CCT_CLC/v4.0#X384),而未修改过的叙词概念或类目概念,其 URI 中不包含版本号(形如 http://www.nlc.gov.cn/vocab/CCT_CLC#X384),这样大部分的未变概念不必每个版本都有一个不同的 URI。这个构成方案适用于版本更新频繁(如一个月发布一个新版本)的中文 NKOS,但是会提高支持系统对 URI 的管理难度。

(6)根据叙词表或分类法的构建规范,叙词本身或类号类名本身应该是相对稳定的,因人为错误造成的等同修改(即错别字修改或印刷错误等造成的修改,不改变叙词概念或类目概念的内涵和外延)应该非常少,大部分的修改应是实质性的修改(即改变了叙词概念或类目概念的内涵或外延)。当叙词本身或类号类名发生变化时,一般应视为概念本身发生了变化,URI 也应随之发生变化。如果 URI 中包含叙词本身或类名(此时 URI 应称为 IRI),则概念 IRI 中不包含版本号也可以区分开修改前后的概念 IRI。在这种情况下,如果旧版本仍然提供服务,则已使用旧版本概念的应用程序不必进行替换继续使用旧版本服务;如果支持系统为新概念增加了 skos:historyNote(历史注释)和 ckos:previousMatch(前概念映射,即与修改之前概念 URI 之间的映射链接,参见本篇第 11 章),则即使旧版本停止服务,应用程序也可以根据前概念映射链接,发现与新概念之间的关系,或将旧的 URI 替换成新概念的 URI。鉴于叙词本身的变化或类号类名的变化往往意味着叙词概念或类目概念本身的内涵或外延发生了变化,所以本规范建议首选新旧版本同时服务的方案,慎用不加区分即自动用新概念 URI 替换旧概念 URI 的方案,尤其是用一个不变的序号掩盖概念实质变化的做法。

1.5.3 描述示例格式说明

本规范的描述示例沿用 SKOS 的 Examples 所采用的 Terse RDF Triple language(Turtle)格式。

RDF 的基本数据结构是三元组(Triple),由主体(Subject)、谓词(Predicate)、客体(Object)构成。用于 RDF 的序列句法主要有 N – triples、N3 和 RDF/XML 格式。

N – triples 格式展示三元组三个构成部分的完整 URI(即:<主体 URI> <谓词 URI> <客体 URI>.)。

N3(Notation 3 RDF,由 Tim Berners – Lee 开发)则以 qname(URI 的缩写版,它由一个命名域标识符和一个名称组成,中间以冒号间隔)表示三元组,qname 的前缀需在导言(Preamble)中事先声明。在 N3 格式中,当同一主体有多个谓词和客体时,可重复谓词和客体,以";"间隔;当同一主体和谓词有多个客体时,可重复客体,以",""间隔;rdf:type 可简写为"a"。本篇"1.5.1"小节中的三元组表示格式就是 N3 格式。本规范描述示例中采用的 Turtle 格式是 N3 的子集,与 N3 兼容。

RDF/XML 是 W3C 推荐使用的 RDF 的 XML 序列(Serialization)。以本规范描述的 NKOS 最终必须以 RDF/XML 文件格式提交注册中心。

2 CNKOS 的命名域和词汇表

本规范中,CNKOS 用来特指本语义描述规范,包含 SKOS 词汇和扩展的 CKOS 词汇。SKOS 词汇用于描述国内受控表中与其他 KOS 类型类似的共性部分;针对中文叙词表和分类法中 SKOS 词汇无法描述的语义元素,本规范采用 RDF/RDFS/OWL 的建模结构(Construct)定义了新的类(Class)和属性(Property)进行描述,这部分扩展定义的类和属性,我们称之为 CKOS 词汇。简言之,CNKOS = SKOS + CKOS。用 CNKOS 描述的中文受控词表,和用 SKOS 描述的词表一样,在语义 Web 中都可视为 RDFS/OWL 本体,严格地说,是 OWL Full 本体。

CNKOS 中扩展词汇的命名域(Namespace)缩写为 ckos,所采用的 SKOS/RDF/RDFS/OWL 词汇使用其原有的命名域及其缩写,详见表 2 – 2 – 1。

表 2 – 2 – 1 命名域 URI 缩写

URI	缩写
http:// www.nlc.gov.cn/2010/06/ckos#(暂定)	ckos:
http://www.w3.org/2004/02/skos/core#	skos:
http://www.w3.org/1999/02/22 – rdf – syntax – ns#	rdf:
http://www.w3.org/2000/01/rdf – schema#	rdfs:
http://www.w3.org/2002/07/owl#	owl:

CNKOS 的词汇表包括 SKOS 词汇表(SKOS vocabulary,即 SKOS Core 定义的类和属性)和扩展的 CKOS 词汇表两部分。原则上 SKOS 的词汇都可以在 CNKOS 的描述中应用,本篇将列出其中在传统中文 KOS 语义描述中可能会经常使用的词汇。扩展的 CKOS 类和属性分别是 owl:Class,owl:ObjectProperty,owl:DatatypeProperty 或 owl:AnnotationProperty 的实例,大部分以 SKOS Core 已有类和属性的子类或子属性的形式出现。

表 2 – 2 – 2 是 CNKOS 中用到的 SKOS 词汇表,其第一列列出了这些 SKOS 词汇的 URI,可通过第二列对应的超链接查看 SKOS 的原定义,第三列是本规范中与这些 SKOS 词汇相关的章节,从中可找到这些 SKOS 词汇的定义(中译文)和在本规范中的具体用法。表 2 – 2 – 3 列出了本规范扩展定义的类和属性,第一列是这些 CKOS 词汇的 URI,第二列是这些 CKOS 词汇对应的 SKOS 替代词汇(采用纯 SKOS 版本时,用这些替代词汇替代相应的 CKOS 词汇,此列空白

时则只能放弃相应语义的描述），第三列则是本规范中与其相关的章节，在这些章节中给出了这些 CKOS 词汇的定义和用法。

表 2-2-2　CNKOS 中用到的 SKOS 词汇表

URI	SKOS 定义	本篇相关章节
skos:Concept	The skos:Concept Class	5 概念的描述
skos:ConceptScheme	Concept Schemes	3 概念体系层次的描述
skos:inScheme	Concept Schemes	3 概念体系层次的描述
skos:hasTopConcept	Concept Schemes	3 概念体系层次的描述
skos:topConceptOf	Concept Schemes	3 概念体系层次的描述
skos:altLabel	Lexical Labels	6 概念的语言标签的描述
skos:hiddenLabel	Lexical Labels	6 概念的语言标签的描述
skos:prefLabel	Lexical Labels	6 概念的语言标签的描述
skos:notation	Notations	8 概念的标记符号的描述
skos:changeNote	Documentation Properties	10 注释的描述
skos:definition	Documentation Properties	10 注释的描述
skos:editorialNote	Documentation Properties	10 注释的描述
skos:example	Documentation Properties	10 注释的描述
skos:historyNote	Documentation Properties	10 注释的描述
skos:note	Documentation Properties	10 注释的描述
skos:scopeNote	Documentation Properties	10 注释的描述
skos:broader	Semantic Relations	9 概念之间语义关系的描述 12.3 分面分析及节点标记(Node Label)的描述
skos:broaderTransitive	Semantic Relations	9 概念之间语义关系的描述
skos:narrower	Semantic Relations	9 概念之间语义关系的描述 12.3 分面分析及节点标记(Node Label)的描述
skos:narrowerTransitive	Semantic Relations	9 概念之间语义关系的描述
skos:related	Semantic Relations	9 概念之间语义关系的描述
skos:semanticRelation	Semantic Relations	9 概念之间语义关系的描述
skos:Collection	Concept Collections	4 附表的描述 12.3 分面分析及节点标记(Node Label)的描述
skos:OrderedCollection	Concept Collections	4 附表的描述 12.3 分面分析及节点标记(Node Label)的描述
skos:member	Concept Collections	4 附表的描述 12.3 分面分析及节点标记(Node Label)的描述
skos:memberList	Concept Collections	4 附表的描述 12.3 分面分析及节点标记(Node Label)的描述

续表

URI	SKOS 定义	本篇相关章节
skos:broadMatch	Mapping Properties	11 不同概念体系中概念之间映射关系的描述
skos:closeMatch	Mapping Properties	11 不同概念体系中概念之间映射关系的描述
skos:exactMatch	Mapping Properties	11 不同概念体系中概念之间映射关系的描述
skos:mappingRelation	Mapping Properties	11 不同概念体系中概念之间映射关系的描述
skos:narrowMatch	Mapping Properties	11 不同概念体系中概念之间映射关系的描述
skos:relatedMatch	Mapping Properties	11 不同概念体系中概念之间映射关系的描述

表 2 – 2 – 3　CNKOS 中扩展的 CKOS 词汇表

URI	SKOS 替代词汇 （采用纯 SKOS 版时用）	本篇相关章节
ckos:Auxiliary	skos:ConceptScheme 或 skos:Collection	4 附表的描述
ckos:CompoundConcept	skos:Concept	5 概念的描述
ckos:GeneralConcept	skos:Concept	5 概念的描述
ckos:PersonConcept	skos:Concept	5 概念的描述
ckos:LocationConcept	skos:Concept	5 概念的描述
ckos:OrganizationConcept	skos:Concept	5 概念的描述
ckos:FamilyConcept	skos:Concept	5 概念的描述
ckos:TitleConcept	skos:Concept	5 概念的描述
ckos:TimeConcept	skos:Concept	5 概念的描述
ckos:NationalityConcept	skos:Concept	5 概念的描述
ckos:LanguageConcept	skos:Concept	5 概念的描述 针对 NLOC 核心元数据本体的需要扩展的 skos:Concept 类的子类,参见本书第三篇"基于元数据的本体构建规范及应用指南"第 9.3.5 节表 3 – 9 – 3 及其相应说明。
ckos:ResourseTypeConcept	skos:Concept	5 概念的描述 针对 NLOC 核心元数据本体的需要扩展的 skos:Concept 类的子类,参见本书第三篇"基于元数据的本体构建规范及应用指南"第 9.3.5 节表 3 – 9 – 3 及其相应说明。

URI	SKOS 替代词汇 （采用纯 SKOS 版时用）	本篇相关章节
ckos：MediaFormatConcept	skos：Concept	5 概念的描述 针对 NLOC 核心元数据本体的需要扩展的 skos：Concept类的子类，参见本书第三篇"基于元数据的本体构建规范及应用指南"第9.3.5节表3－9－3 及其相应说明。
ckos：altClassEntryOf		7 等同关系的描述
ckos：topConcept		9 概念之间语义关系的描述
ckos：crossClassNote	skos：scopeNote	10 注释的描述
ckos：altClassNote	skos：scopeNote	10 注释的描述
ckos：relatedClassNote	skos：scopeNote	10 注释的描述
ckos：referenceNote	skos：scopeNote	10 注释的描述
ckos：classGuideNote	skos：scopeNote	10 注释的描述
ckos：combineNote	skos：note	10 注释的描述
ckos：imitateNote	skos：note	10 注释的描述
ckos：stopNote	skos：historyNote	10 注释的描述
ckos：combineFrom		10 注释的描述
ckos：facetIdentity		10 注释的描述
ckos：crossClassEntry	skos：related（可选）	10 注释的描述
ckos：referenceClassEntry	skos：related（可选）	10 注释的描述
ckos：imitateClassEntry	skos：related（可选）	10 注释的描述
ckos：useClassEntry	skos：related（可选）	10 注释的描述
ckos：nonCloseMatch	skos：mappingRelation 或细化为以下三种属性： skos：broadMatch skos：narrowMatch skos：relatedMatch	11 不同概念体系中概念之间映射关系的描述
ckos：previousMatch		11 不同概念体系中概念之间映射关系的描述
ckos：classEntryType		12.1 类目类型的描述和指示性类目的进一步揭示
ckos：coordinationOf		12.2 复合概念/组配关系的描述
ckos：notationSpan	skos：notation	12.4 类号范围的描述
ckos：notationCommon		12.4 类号范围的描述
ckos：notationBegin		12.4 类号范围的描述
ckos：notationEnd		12.4 类号范围的描述

3 概念体系层次的描述

3.1 导言

作为整体的中文 KOS，如中文叙词表（主题词表）、分类法等国内受控表，可以视为一个概念体系（concept scheme），用 skos:ConceptScheme 及其相应的属性进行描述。

根据 SKOS 的定义，一个 SKOS 概念体系可以被看做是一个或多个 SKOS 概念（concept）的集合（aggregation）。这些概念之间的语义关系（链接）也可以被看做是一个概念体系的一部分（此句仅为建议而非约束）。一个独立的 SKOS 概念体系大致对应于一个独立的叙词表、分类法、主题标题表或其他知识组织系统。

当一个 CNKOS 文件（RDF/XML 序列格式）中含有多个概念体系时，概念与概念体系之间的关系可以用 skos:inScheme 来描述。从利于实现的角度，本篇建议尽量不要将两个以上独立的概念体系放在一个 CNKOS 文件中进行描述，尤其当它们规模庞大或分别属于不同的 NKOS 类型时。（除非这些概念体系不可分割，如将分类法的附表也描述为概念体系，参见本篇第 4 章）。

概念体系与其包含的顶级概念之间的关系可用 skos:topConceptOf 或 skos:hasTopConcept 来描述。这两个属性是互逆的，建议可选择其中之一（如 skos:hasTopConcept）进行描述。

3.2 类和属性词汇表

SKOS 词汇 URI	说　明
skos:ConceptScheme	概念体系（类）
skos:inScheme	属于概念体系（属性）
skos:hasTopConcept	有顶级概念（属性）（参见 ckos:topConcept）
skos:topConceptOf	是…的顶级概念（属性）

3.3 类和属性定义

序号	定　义
S2	skos:ConceptScheme 是 owl:Class 的一个实例（instance）。
S3	skos:inScheme，skos:hasTopConcept 和 skos:topConceptOf 都是 owl:ObjectProperty 的实例。
S4	skos:inScheme 的 rdfs:range 是类 skos:ConceptScheme。
S5	skos:hasTopConcept 的 rdfs:domain 是类 skos:ConceptScheme。
S6	skos:hasTopConcept 的 rdfs:range 是类 skos:Concept。
S7	skos:topConceptOf 是 skos:inScheme 的子属性（sub-property）。
S8	skos:topConceptOf owl:inverseOf skos:hasTopConcept （即 skos:topConceptOf 是 skos:hasTopConcept 的逆属性）
S9	skos:ConceptScheme 和 skos:Concept 不相交（disjoint）。（即这两个类没有共同的个体）

3.4 描述示例

例1中将中图法(CLC)描述为一个概念体系,并描述了它与其一级大类(顶级概念)的关系。

例1
＜CLC＞ rdf:type skos:ConceptScheme; skos:hasTopConcept ＜B 哲学、宗教＞.
＜B 哲学、宗教＞ rdf:type skos:Concept.

例2中将汉语主题词表(CT)描述为一个概念体系,并描述了它与其顶级概念(词族的族首词)的关系。

例2
＜CT＞ rdf:type skos:ConceptScheme; skos:hasTopConcept ＜植物＞.
＜植物＞ rdf:type skos:Concept.

3.5 说明

用 skos:topConceptOf 或 skos:hasTopConcept 描述的是概念体系与其包含的顶级概念之间的关系。这与传统中文叙词表叙词款目中的族首词在语义上有所不同。叙词款目中的族首词表达的是叙词与其所属词族的顶级概念之间的关系,即 SKOS 概念与 SKOS 概念之间的关系,而非 SKOS 概念体系与 SKOS 概念之间的关系。参见本篇第9章。

4 附表的描述

4.1 导言

叙词表中的附表(特种概念集合)建议直接处理为 skos:Concept 的子类(见本篇第5章扩展。需要时支持系统仍可同时以附表形式输出这些叙词概念)。对于分类法中不能独立使用的附表(通用复分表、专类复分表、被仿分类目范围),有以下三个方案。

- skos:Collection

适于表示简单的、无等级关系和注释的附表。对于有等级关系和注释等的复杂附表,建议可以采用以下两种表示方式:一是采用嵌套的 skos:Collection 表示;二是只列出附表中的一级概念,需要时再由支持系统推出所有下位概念和注释等。

需要注意的是,分类法的不同附表中同一类号可能代表不同的类目,如《中图法》"二、世界地区表"中的"1 世界"和"三、中国地区表"中的"1 北京市",类号都是"1"。根据 SKOS 的定义,skos:Collection 与其成员之间的关系用 skos:member 属性表示,这个属性的 rdfs:domain 是 skos:Collection,rdfs:range 是 skos:Concept 或 skos:Collection。也就是说,如果用 skos:Collection 来描述分类法中的附表,那么这些附表中的类目概念也是同一概念体系中的概念。而 SKOS 认为,按照常规同一概念体系中的两个不同的概念不应拥有同一个符号(Notation),否则就不可能用这个符号来唯一地指引一个概念。因此,如果用 skos:Collection 来表示分类法中的附表,可能会违反 SKOS 中一个符号唯一表示一个概念的约定。

- skos:ConceptScheme

将附表视为独立的概念体系,可描述任意复杂度的附表,并解决不同附表中同一类号代表不同类目的问题。但对于不能独立使用的、专用于某个类目的专类复分表(仿分表),将其描述为独立的概念体系有些勉强。

此方案不违背 SKOS 对概念体系的定义,即"一个 SKOS 概念体系可以被看做是一个或多个 SKOS 概念的集合",但不太符合"一个独立的 SKOS 概念体系大致对应于一个独立的叙词表、分类法、主题标题表或其他知识组织系统"这句约定。并且,如果分类法整体与其附表都采用 skos:ConceptScheme 进行描述,它们之间就形成了一种并列关系,原有的包含和隶属关系语义会丢失。

- ckos:Auxiliary

扩展的 skos:ConceptScheme 的子类,可用于表示所有附属于某一独立概念体系的、不能独立使用的子概念体系(如《中图法》中的附表)。

本规范建议:

可用 skos:Collection 表示简单的、无等级关系和注释的、类号与主表类号及其他采用 skos:Collection表示的附表类号不重复的附表;用 skos:ConceptScheme 描述相对独立的通用复分表;用 ckos:Auxiliary 描述其他类号重复又无法独立使用(即必须与主表特定类目联合使用才有意义)的附表(如《中图法》中的专类复分表)。

4.2 类和属性词汇表

将附表视为独立概念体系进行描述时,参见本篇的 3.2 和 3.3 节的类、属性及其定义。

SKOS 词汇 URI	说　　明
skos:Collection	集合　(类)
skos:OrderedCollection	有序集合　(类)
skos:member	成员　(属性)
skos:memberList	成员列表　(属性)

CKOS 词汇 URI	说　　明
ckos:Auxiliary	附表　(类) 　　附属于某一概念体系的不能独立使用的子概念体系。它是 skos:ConceptScheme 的子类。

4.3 类和属性定义

序号	定 义
S28	skos：Collection 和 skos：OrderedColletion 都是 owl：Class 的实例（instance）。
S29	skos：OrderedCollection 是 skos：Collection 的子类（sub – class）。
S30	skos：member 和 skos：memberList 都是 owl：ObjectProperty 的实例。
S31	skos：member 的 rdfs：domain 是类 skos：Collection。
S32	skos：member 的 rdfs：range 是类 skos：Concept 和类 skos：Collection 的并集（union）。
S33	skos：memberList 的 rdfs：domain 是类 skos：OrderedCollection。
S34	skos：memberList 的 rdfs：range 是类 rdf：List。
S35	skos：memberList 是 owl：FunctionalProperty 的一个实例。 （即一个 skos：OrderedCollection 的个体只能拥有一个 skos：memberList 值）
S36	对于任何资源，在 list 中给出的作为 skos：memberList 属性的值的任何项目（item），也是 skos：member属性的一个值。
S37	skos：Collection 和 skos：Concept 以及 skos：ConceptScheme 都不相交。

序号	定 义
C1	ckos：Auxiliary 是 owl：Class 的实例。
C2	ckos：Auxiliary 是 skos：ConceptScheme 的子类。

4.4 描述示例

例 3 中将《中图法》（CLC）中的"二、世界地区表"描述为一个独立的概念体系，并描述了它与其一级大类（顶级概念）的关系，以及附表中的类目概念（ckos：LocationConcept 的定义见本篇第 5 章）。

例 3
< 2WorldRegionTable > rdf：type skos：ConceptScheme；skos：prefLabel" 二、世界地区表"； skos：hasTopConcept < 1 世界 >，< 2 中国 >……< 7 美洲 >. < 1 世界 > rdf：type ckos：LocationConcept；skos：notation"1"； skos：inScheme < 2WorldRegionTable >. ……

注：主表中的类目概念，建议省略 skos：inScheme 声明。

例 4 中用 ckos:Auxiliary 描述了 CLC 中 D921/925(类目复分仿分规定)下的专类复分表。

例 4
< D921 – 925 Auxi > rdf:type skos:Auxiliary;   < 1 理论 > rdf:type skos:Concept; skos:notation"1";   skos:inScheme < D921 – 925 Auxi >.   ……

例 5 中用 skos:Collection 描述了 CLC 的"一、总论复分表",成员只列出一级大类,下位类及注释在需要显示时由支持系统推理得出。如果需要规定成员的顺序,则用 skos:OrderedCollection 进行描述,见例 6。

例 5
< 1 GeneralTable > rdf:type skos:Collection; skos:prefLabel"一、总论复分表";   skos:member < -0 理论与方法论 > , < -1 现状及发展 > …… < -79 非书资料、视听资料 >.

例 6
<1GeneralTable > rdf:type skos:OrderedCollection; skos :prefLabel"一、总论复分表";   skos:memberList(< -0 理论与方法论 > < -1 现状及发展 > …… < -79 非书资料、视听资料 >).

注:分类法中的类目一般不需要描述顺序,因为类号已经决定了它们的排列顺序。

4.5 说明

当选择用纯 SKOS 版本描述叙词表时,因只能采用 skos:Concept 来描述所有的叙词概念,如想保留某些特种概念的特殊性,可采用 skos:ConceptScheme 来描述这些附表或特种概念集合(利于独立使用和共享)。这样在需要时可以根据指定的 skos:ConceptScheme 的 URI 来识别其所包含的特种概念,也可再转换为相应的子概念类型。

分类法附表中类目的 URI 建议(如采用 slash URIs,则将"#"替换成"/"):

http://www.nlc.gov.cn/vocab/词表名_版本号#附表名_{概念本身的标识}

例如 CLC 中 I29 的专类复分表中的类目"2 诗歌"的 URI(或 IRI)为

< http://www.nlc.gov.cn/vocab/CCT_CLC_v4.0# I29 Auxi _2 >

或 < http://www.nlc.gov.cn/vocab/CCT_CLC_v4.0# I29 Auxi _2 – 诗歌 >

通用复分表名称建议构成:序号 + 英文译名,例如"一、总论复分表"为"1GeneralTable","二、世界地区表"为"2WorldRegionTable"。

专类复分表名称建议构成:专类复分表所应用的类目的类号 + Auxi。如上例,I29 的专类复分表简称为"I29 Auxi"。

5 概念的描述

5.1 导言

中文叙词表中的叙词(我国多称为正式主题词)是取自自然语言并经过规范化处理的、以基本概念为基础的表达文献主题的词或词组。

传统分类法中的类目是一个个表达文献、信息内容的概念。每个类目都代表具有某种共同属性的文献、信息集合。分类法的每一个类目都是一个特定的主题概念(或主题概念集合)。类目的含义在一个由上位概念、同位概念、下位概念、相关概念和类目注释构成的语义空间中进行限定。类目应当是稳定的。

在 SKOS 标准中,SKOS 概念(SKOS Concept)是一种观念(Idea)或想法(Notion)、一个思想(Thought)单位。因此,叙词表中的叙词和分类法中的类目都可以视为 SKOS 概念,描述为 skos:Concept 的实例。

对于需要对特种概念进行细化描述的案例,本规范扩展了一批 skos:Concept 的子类,用于描述复合概念(即由多个 SKOS 概念组配而成的概念)和专类概念(如叙词表中的专类叙词概念,分类法通用复分表中的类目概念)。

5.2 类和属性词汇表

SKOS 词汇 URI	说　　明
skos:Concept	概念　(类)

CKOS 词汇 URI	说　　明
ckos:CompoundConcept	复合概念(类)
ckos:GeneralConcept	一般通用概念(类)
ckos:PersonConcept	人物概念(类)
ckos:LocationConcept	地名概念(类)
ckos:OrganizationConcept	机构概念(类)
ckos:FamilyConcept	家族名称概念(类)
ckos:TitleConcept	题名概念(类)
ckos:TimeConcept	时间概念(类)
ckos:NationalityConcept	民族概念(类)
ckos:LanguageConcept	语种概念(类)

续表

CKOS 词汇 URI	说　明
ckos:ResourceTypeConcept	资源类型概念(类) 指信息资源的类型,如图书、文章、期刊等。参见本书第三篇"基于元数据的本体构建规范及应用指南"第9.3.5节的表3-9-3及其相应说明。
ckos:MediaFormatConcept	媒体类型概念(类) 指媒体类型,如图像、文本等计算机格式。参见本书第三篇"基于元数据的本体构建规范及应用指南"第9.3.5节的表3-9-3及其相应说明。

注:目前扩展的子类类型主要针对国内受控表中常见特种概念而设。今后可根据需要扩展更多的通用子类类型。

5.3　类和属性定义

序号	定　义
S1	skos:Concept 是 owl:Class 的一个实例。

序号	定　义
C3	本篇 5.2 节中"CKOS 词汇 URI"下列出的 ckos:CompoundConcept 等扩展类都是 owl:Class 的实例。
C4	本篇 5.2 节中"CKOS 词汇 URI"下列出的 ckos:CompoundConcept 等扩展类都是 skos:Concept 的子类。
C5	暂预留
C6	暂预留

5.4　描述示例

上几节中的例1至例6都已用到了 skos:Concept 来描述叙词概念或类目概念。例7中用 skos:Concept 的扩展子类 ckos:CompoundConcept 描述了主题词串(复合概念)。

例7
<锗\有机金属化合物\化工生产 > rdf:type　ckos:CompoundConcept. <哲学学派-研究 > rdf:type　ckos:CompoundConcept. <陆军战役+军兵种运用 > rdf:type　ckos:CompoundConcept;skos:altLabel"陆军战役军兵种运用".

例8展示了《中图法》(CLC)的通用复分表中类目概念的描述方法。

例8
<1 世界 > rdf:type ckos:LocationConcept ; skos:inScheme <2WorldRegionTable >.
<2 中国 > rdf:type ckos:LocationConcept ; skos:inScheme <2WorldRegionTable >.
<1 北京市 > rdf:type ckos:LocationConcept ; skos:inScheme <3ChinaRegionTable >.

5.5 说明

作为 RDF 资源的概念必须用 URI 来表示。当描述后的 CNKOS 用作 Linked Data 目的时，一般用完整 URI 来表示概念;当描述后的 CNKOS 用作交换格式、一个 CNKOS 文件只包含一个概念体系且所有的概念都拥有同样的 base URI(基准 URI)时,可以采用相对的 URI 表示概念。

若叙词概念本身或类目概念中的类号(或类名)发生变化,且概念的内涵或外延发生了变化,则 URI 也应该变,此时不应视为 URI 不稳定(参见本篇1.5.2节)。可以通过自动生成历史注释(skos:historyNote)和扩展一个映射属性(skos:relatedMatch 的子属性 ckos:previousMatch)链接前 URI 来解决(参见本篇第11章)。

SKOS 本身没有为 skos:Concept 定义子类,当采用纯 SKOS 词汇进行描述时,叙词表或分类法中的特种概念也只能用 skos:Concept 来描述,其特殊性会丢失。如想保留,可采用 skos:ConceptScheme 来描述不同的特种概念集合,这样在需要时可以根据指定的 skos:ConceptScheme 的 URI 来识别其所包含的特种概念,也可再转换为相应的子概念类型(参见本篇4.1节)。

6 概念的语言标签的描述

6.1 导言

SKOS 将概念(或其他资源)的语言形式视为语言标签,即一个 Unicode 字符串。可用 skos:prefLabel 和 skos:altLabel 分别描述概念的首选标签和可选标签。对于叙词表而言,概念的首选标签就是叙词本身,其拼音、英译名和入口词(非叙词)都可以描述为相应语种的 skos:altLabel 值;对于分类法而言,概念的首选标签是类名,而类名的拼音及其他语种类名可以描述为相应语种的 skos:altLabel 值。对于容易写错的叙词或类名,其错误形式可以用 skos:hiddenLabel 进行描述,以起到一定的入口作用。

6.2 类和属性词汇表

SKOS 词汇 URI	说　　　明
skos:prefLabel	首选标签(属性)
skos:altLabel	交替标签(非首选标签)(属性)
skos:hiddenLabel	隐藏标签(属性)

6.3 类和属性定义

序号	定 义
S10	skos:prefLabel,skos:altLabel 和 skos:hiddenLabel 都是 owl:AnnotationProperty 的实例。
S11	skos:prefLabel,skos:altLabel 和 skos:hiddenLabel 都是 rdfs:label 的子属性。
S12	skos:prefLabel,skos:altLabel 和 skos:hiddenLabel 的 rdfs:range 都是 RDF plain literals 类。

6.4 描述示例

例9展示了中图法(CLC)中类目概念的语言标签(类名)的描述方法。

例9
<B 哲学、宗教> rdf:type skos:Concept; skos:prefLabel"哲学、宗教".

例10展示了军用电子分类表中类目概念的不同语种类名的描述方法。

例10
< K1541 后勤训练> rdf:type skos:Concept; skos:prefLabel"后勤训练"; skos:altLabel"hou qin xun lian"@ pinyin; skos:altLabel"Logistical training"@ en.

注:类目的内容系参考《军用电子分类表编制规则》[16]中对类名的要求得出。

例11展示了汉语主题词表(CT)中叙词概念的不同语种语言标签(首选标签,入口词,首选标签的汉语拼音,首选标签的英译名)的描述方法。

例11
<哲学> rdf:type skos:Concept; skos:prefLabel"哲学"; skos:altLabel"见(印度哲学)"; skos:altLabel"zhe xue"@ pinyin; skos:altLabel"Philosophy"@ en.   <宗教> rdf:type skos:Concept; skos:prefLabel"宗教"; skos:altLabel"zong jiao"@ pinyin; skos:altLabel"Religion"@ en.

6.5 说明

示例中的汉语拼音代码"pinyin"取自 ISO 7098。在 RDF/XML 格式的文件中,以"xml:lang ="标示出的语种代码以计算机界通行的国际标准代码为准(目前较常用的是"zh-pinyin")。

建议不描述入口词的拼音,否则将无法分辨若干拼音形式的语言标签与中文形式的语言标签之间的对应关系。唯一的语种为汉语拼音的 skos:altLabel 值默认对应 skos:prefLabel 中的中文语种标签。

出于对类名叙词化发展趋势(如军用电子分类表中类名的描述需求)以及支持系统实现便利方面的考虑,本规范对叙词概念和类目概念的语言标签采用了统一的描述方式。但严格来讲,一个类目的完整显示应该是类号+类名,即 skos:notation + 空格 + skos:prefLable,它们的完整出现才代表一个唯一的类目。一般情况下,单独的类名不能代表一个类目。因此,需要通过

dc:type(词表类型,参见本书第一篇表1-7-1及其相应说明)来区分不同的KOS类型,以使支持系统可以选择不同的显示方案(对于不同的KOS类型,同样的类和属性在显示时的语言标签也可能不同)。

分类法中类目类型的描述方法参见本篇第12.1节。

7 等同关系的描述

7.1 导言

中文叙词表中的等同关系一般是指叙词与非叙词(入口词)之间的关系,广义而言,叙词的汉语拼音、英译名(或其他语种译名)与叙词之间的关系应该也属于等同关系。在上一章中,已采用SKOS的各种语言标签属性解决了这些常见等同关系的描述问题,即,将这些等同关系描述为一个概念的不同语种的语言标签。本章主要关注国内受控表中的两种比较特殊的等同关系:叙词表中的组代参照,以及分类法中的交替类目[或网络信息分类法中的交叉类目(等同关系)]。

将两个或两个以上已存在的叙词概念组配起来,代替一个词表中尚未存在的复杂概念,这个复杂概念(可视为入口词)与组配叙词之间的关系就称为组代参照。ISO 25964—1 中称其为"compound equivalence",相应的符号是"USE +"和"UF +"。本规范建议采用扩展的ckos:compoundConcept(skos:Concept 的子类)与 skos:altLabel 对其进行描述。组配叙词(即复合概念,ckos:compoundConcept)与参加组配的各叙词(即:skos:Concept)之间关系的进一步描述请见本篇第12.2节。

在 CLC 中,交替类目是某一正式类目的"替身",出现在分类体系的不同等级结构中,供专业单位选择使用,专业单位在需要时可以启用交替类目来类分文献。在网络信息分类法中,交叉类目作为首选类目的替身,出现在分类体系的不同等级结构中以提供多个入口点,它们都指向首选类目。和正式类目一样,交替类目(交叉类目)的含义也是在一个由上位概念、同位概念、下位概念、相关概念和类目注释构成的语义空间中进行限定。因此,交替类目(交叉类目)与正式类目(首选类目)之间的关系,应视为类目概念之间的等同关系,即两个 SKOS 概念(资源)之间的等同关系,而不仅仅是类号和类名之间的等同关系。

在上一章中,已采用SKOS的各种语言标签属性描述不同语种类名之间的等同关系,本规范扩展了一个OWL对象属性 ckos:altClassEntryOf 来描述交替类目(交叉类目)与正式类目(首选类目)之间的链接关系。

7.2 类和属性词汇表

SKOS 词汇 URI	说　明
skos:altLabel	交替标签(非首选标签)(属性)

CKOS 词汇 URI	说　　明
ckos:compoundConcept	复合概念(类)
ckos:altClassEntryOf	是…的交替类目(属性)

7.3　类和属性定义

与 ckos:compoundConcept 有关的定义见本篇第 5.3 节定义 C3—C4,skos:altLabel 的定义见本篇第 6.3 节定义 S10—S12。

序号	定　　义
C7	ckos:altClassEntryOf 是 owl:ObjectProperty 的一个实例。
C8	ckos:altClassEntryOf 的 rdfs:domain 和 rdfs:range 都是 skos:Concept。

7.4　描述示例

例 12 中用 skos:Concept 的扩展子类 ckos:CompoundConcept 和 skos:altLabel 描述了组代参照关系。复合概念的进一步描述参见本篇第 12.2 节。

例 12
<月掩星\恒星 > rdf:type ckos:CompoundConcept ; skos:altLabel"月掩恒星".

例 13 中用扩展属性 ckos:altClassEntryOf 描述了交替(交叉)类目与正式(首选)类目之间的关系。

例 13
<[Q89]环境生物学 > rdf:type skos:Concept; 　ckos:altClassEntryOf <X17 环境生物学 >.

注:正式类目和交替类目可以各自声明自己的类号、上位类、注释等关系属性。交替类目的类号在使用 skos:notation 进行描述时应去掉方括号,以方便专业机构选择使用。参见本篇第 12.1 节的例 26。

7.5　说明

交叉类目在网络信息分类法中与首选类目之间是一种等同关系,本节所指的就是这种"交叉类目(等同关系)"。而在《军用电子分类表编制规则》中,交叉类目是指与主体类目有交叉关系的类目,即"交叉类目(交叉关系)"。这种关系隐含在"交叉类目注释"中。详见本篇第 10 章。

本规范未定义 ckos:altClassEntryOf 是 skos:SemanticRelation 的子属性。因为 SKOS 规定 SKOS 的语义关系是两个概念间固有的,而交替关系并不完全是两个类目概念间内在固有的关系,它包含人为指定的因素。

8 概念的标记符号的描述

8.1 导言

在分类法中,类号是类目的标记符号或代号,它用号码表示类目的含义,决定类目在分类体系中的排列位置,表达类目之间的关系。在分类法主表中,类号具有唯一性,即一个类号只能代表一个类目。附表(复分表、仿分表)中的类号需与主表类号组配使用,不能独立使用。同一分类法所包含的不同附表中的类号可能重复,即同一个类号在不同附表中代表不同的类目。

SKOS 规定,标记符号(Notation)是一个字符串(如"T58.5"或"303.4833"),用于唯一地标识一个给定的概念体系范围内的一个概念。一个概念可以有 0 个、1 个或多个标记符号(来自同一个或不同的符号系统)。但来自同一个概念体系中的两个概念不能拥有相同的标记符号,否则将不可能用这个标记符号唯一地指向一个概念(即,标记符号将有多义性)。

显然,分类法主表中的类号可以用 skos:notation 来描述。如果将附表中的类目视为与主表类目同属于一个概念体系,那么不同附表中的重复类号将会违反 SKOS 的"标记符号唯一地标识一个给定的概念体系范围内的一个概念"的原则。因此,在不同附表中的类目概念存在类号重复的情况时,需要将附表视为独立的概念体系(如准备独立使用的通用复分表)或子概念体系(如不能独立使用的通用复分表、专类复分表和仿分表)(参见本篇第 4 章)。此时,用 skos:notation 来描述附表中的类号将不再违反 SKOS 的原则。

分类法中的"起止类"(如中图法中的"J13/17 各国艺术")用缩略的起止类号形式(类号范围)代表一个上位类目概念,实质上包含这组类号的公共部分(如 J1)及其复分方式(如 3/7 为世界地区表中的类号)。指示性类目(如中图法中的"J212/219 各种绘画技法")中的类号也是一个类号范围,它表示的是与该指示性类目中的注释相关的一组已存在类目的起止类号。类号范围本身不用作标引分类号。本规范建议扩展 ckos:notationSpan 对其进行描述,以区别于正常的标引分类号,并可作进一步的揭示,详见本篇第 12.4 节。

叙词表中叙词概念对应的分类号或范畴号,本身并不是叙词概念的唯一标记符号,而是与某一分类体系中的类目概念的对应关系[如《中图法》类号对应的是《中图法》中的相应类目,范畴号对应的是叙词表本身带有的分类索引(范畴表)中的类目]。而且,在叙词表中,同一个分类号或范畴号一般对应于多个叙词概念,并不具有唯一性。因此,本规范建议:叙词表中叙词概念对应的分类号或范畴号,不用 skos:notation 来描述,而采用 SKOS 的映射属性进行描述,详见本篇第 11 章。此时,对应的分类法或分类索引(范畴表)应描述为独立的概念体系。同时,可以采用国际上已有的分类号元数据来描述一些常用的分类号,如 DC Terms 的 UDC,LCC,DDC 元数据。

8.2 类和属性词汇表

SKOS 词汇 URI	说　明
skos：notation	（标记）符号（属性）

8.3 类和属性定义

序号	定　义
S15	skos：notation 是 owl：DatatypeProperty 的一个实例。

8.4 描述示例

例 14 中用 skos：notation 描述了 CLC 主表中的类目的类号。

例 14
＜B 哲学、宗教 ＞ rdf：type　skos：Concept；skos：prefLabel"哲学、宗教"； 　skos：notation"B".

例 15 展示了 CLC 中附表［通用复分表"二、世界地区表"和 "D921/925（类目复分仿分规定)下的专类复分表"］中类目的类号描述方法。（参见本篇例 3、例 4 和例 8）

例 15
＜2WorldRegionTable ＞ rdf：type　skos：ConceptScheme. ＜1 世界 ＞ rdf：type　ckos：LocationConcept；skos：inScheme ＜2WorldRegionTable ＞；skos：notation"1". ＜2 中国 ＞ rdf：type　ckos：LocationConcept；skos：inScheme ＜2WorldRegionTable ＞；skos：notation"2". ＜D921－925Auxi ＞ rdf：type　skos：Auxiliary； ＜1 理论 ＞ rdf：type　skos：Concept； 　skos：inScheme ＜D921－925Auxi ＞；skos：notation"1". ＜2 法的历史 ＞ rdf：type　skos：Concept； 　skos：inScheme ＜D921－925Auxi ＞；skos：notation"2". ……

8.5 说明

交替类目等特种类目的类号在使用 skos：notation 进行描述时应去掉方括号等区分符号，以方便专业机构选择使用及按类号排序。支持系统可根据类目类型在需要时为类号添加区分符号。类目类型的描述参见本篇第 12.1 节。

规范代码表，即每个术语（概念）都拥有唯一规范代码的术语列表，也可以仿照分类法的类目描述方式进行描述:每一条规范记录视为一个 SKOS 概念(类似于类目概念),用 skos:Concept表示;规范代码类似于类号,用 skos:notation 表示;相对应的术语类似于类名,用 skos:prefLabel表示。

目前国内外元数据标准中还没有《中图法》分类号等国内常用分类号的元数据元素,建议相关部门在制定或引进元数据标准(如 DC Terms)时,增加 CLC 等国内常用分类号的元数据元素,使它们能够像 UDC、LCC、DDC 那样,广泛参与国际间交流。OntoThesaurus 中为国内常用的两种分类号定义了相应的属性:ont:CLC 和 ont:LCCAS[28],如有需要也可以使用。

9 概念之间语义关系的描述

9.1 导言

中文叙词表中叙词概念之间的语义关系包括属(S,即上位词)、分(F,即下位词)、族(Z,即族首词)、参(C,即相关词)关系。用代关系在 SKOS 中被处理为叙词概念与两个语言标签之间的关系,详见本篇第 6 章。在叙词表中,叙词概念之间的等级关系(即属、分关系)是经过严格控制的,一般具有传递性。但在叙词款目中,一般只包含直接上下位关系词。

传统分类法(体系分类法)中类目概念之间的语义关系主要包括上位类、下位类和相关类关系。交替类目与正式类目之间的关系可视为类目概念之间的一种等同关系(参见本篇第 7 章)。在分类法中,同位类也是一种比较重要的类目间关系,指与某一类目具有同一个上位类的其他类目,它们能够通过上(下)位类关系推理得出,可以不做明确的描述声明。

分类法中类目概念的含义在一个由上位概念、同位概念、下位概念、相关概念和类目注释构成的语义空间中进行限定。分类法中的类目注释种类繁多,其中隐含了大量的语义关系[包括相关关系(如,参见)],本规范扩展了一些关系属性可将其明确揭示出来,详见本篇第 10 章。

SKOS 的语义关系(Semantic Relation)是 SKOS 概念之间的链接(Link),这种链接是两个被链接概念的含义中固有的。SKOS 区分两种基本的语义关系种类:等级(Hierarchical)和相关(Associative)。两个概念之间的等级链接指明一个概念(Broader)在某一方面比另一个概念(Narrower)更全面(或概括、广义,General)。两个概念之间的相关链接指明两个概念是内在"相关的"(Related),但其中一个并不比另一个更全面。

SKOS 用 skos:broader 和 skos:narrower 来声明两个 SKOS 概念之间的直接等级链接。三元组"<A> skos:broader <B>"断言:这个三元组的客体 <B> 是三元组的主体 <A> 的上位概念。类似地,三元组"<C> skos:narrower <D>"断言:这个三元组的客体 <D> 是三元组的主体 <C> 的下位概念。按照常规,skos:broader 和 skos:narrower 只用来声明两个 SKOS 概念之间直接的等级链接。这给应用程序一种方便而可靠的方式来访问任意一个给定概念的直接上位或下位链接。这两个属性没有被声明为传递属性。

一些应用程序需要使用概念之间的直接和间接等级链接,例如通过查询扩展提高搜索的查全率(recall)。为此目的,提供了属性 skos:broaderTransitive 和 skos:narrowerTransitive。三元组"<A> skos:broaderTransitive <B>"表示了一个直接或间接的等级链接,其中<B>是<A>的一个上位"祖先"(Ancestor)。类似地,三元组"<C> skos:narrowerTransitive <D>"也表示了一个直接或间接的等级链接,其中<D>是<C>的一个下位"后代"(Descendant)。按照常规,skos:broaderTransitive 和 skos:narrowerTransitive 不用来进行声明(断言)。这两个属性用来推理等级链接的传递闭包(Transitive Closure),该传递闭包可以用来访问概念之间的直接或间接等级链接。

属性 skos:related 用来声明两个 SKOS 概念之间的相关链接。它是对称属性。

中文叙词表和分类法中的等级关系和相关关系可以采用以上 SKOS 的语义关系属性进行描述。在传统的中文叙词表(主题词表)中,叙词的族首词指的是叙词概念与其所属词族等级的顶级概念之间的关系,即应描述为两个 SKOS 概念之间的关系。SKOS 中的 skos:hasTopConcept 和 skos:topConceptOf 属性揭示的是概念体系与其包含的顶级概念之间的关系(参见本篇第 3 章),因此如果用 SKOS 的这两个属性来描述叙词表中的族首词关系,语义上会有所改变。本规范提供两种选择:一是不明确声明叙词款目中叙词概念的族首词关系,需要时通过上下位关系属性推理得出;二是使用扩展的 owl:ObjectProperty 的实例 ckos:topConcept 来描述传统叙词表叙词款目中的族首词关系,以方便从任一叙词出发直接获取其族首词。这个扩展属性可与 skos:hasTopConcept 和 skos:topConceptOf 同时使用,表达相应的语义。鉴于查看某一叙词款目时需要经常通过族首词显示整个词族等级,建议使用第二种方案,即明确揭示叙词概念与其族首词之间的关系,以减少推理的负担。

9.2 类和属性词汇表

SKOS 词汇 URI	说　　明
skos:semanticRelation	语义关系　　(属性)
skos:broader	直接上位概念　　(属性)
skos:narrower	直接下位概念　　(属性)
skos:related	相关概念　　(属性)
skos:broaderTransitive	传递上位概念(直接或间接)　　(属性)
skos:narrowerTransitive	传递下位概念(直接或间接)　　(属性)

CKOS 词汇 URI	说　　明
ckos:topConcept	顶级概念是　　(属性) 揭示词族等级中的某一概念与其顶级概念之间的关系

9.3　类和属性定义

序号	定　义
S18	skos：semanticRelation，skos：broader，skos：narrower，skos：related，skos：broaderTransitive 和 skos：narrowerTransitive 都是 owl：ObjectProperty 的实例。
S19	skos：semanticRelation 的 rdfs：domain 是类 skos：Concept。
S20	skos：semanticRelation 的 rdfs：range 是类 skos：Concept。
S21	skos：broaderTransitive，skos：narrowerTransitive 和 skos：related 都是 skos：semanticRelation 的子属性（sub-property）。
S22	skos：broader 是 skos：broaderTransitive 的子属性，skos：narrower 是 skos：narrowerTransitive 的子属性。
S23	skos：related 是 owl：SymmetricProperty 的一个实例。
S24	skos：broaderTransitive 和 skos：narrowerTransitive 都是 owl：TransitiveProperty 的实例。
S25	skos：narrower　owl：inverseOf　skos：broader. （即 skos：narrower 是 skos：broader 的逆属性）
S26	skos：narrowerTransitive　owl：inverseOf　skos：broaderTransitive. （即 skos：narrowerTransitive 是 skos：broaderTransitive 的逆属性）
S27	skos：related 与 skos：broaderTransitive 不相交（disjoint）。

注：因为 skos：related 是一个对称属性，并且 skos：narrowerTransitive 和 skos：broaderTransitive 是互逆的，所以 skos：related 与 skos：narrowerTransitive 也不相交。

序号	定　义
C9	ckos：topConcept 是 owl：ObjectProperty 的一个实例。
C10	ckos：topConcept 的 rdfs：domain 和 rdfs：range 都是 skos：Concept。ckos：topConcept 是 skos：semanticRelation的子属性。（参见并比较本篇第3.3节中的定义 S5—S8）

9.4　描述示例

例16 展示了 CLC 中类目概念的上位类的描述方法。

例16
<B 哲学、宗教>　rdf：type　skos：Concept；skos：prefLabel"哲学、宗教". <B9 宗教> rdf：type skos：Concept；skos：prefLabel"宗教"； 　　skos：broader <B 哲学、宗教>.

例17 展示了军用电子分类表中类目概念的相关类目的描述方法。

例17
<D11 战略指挥>　rdf：type　skos：Concept；skos：prefLabel"战略指挥"； 　　skos：related <E11 战役指挥>，<F11 战斗指挥>，<G31 作战指挥>.

例 18 展示了《中国分类主题词表》的主题词表部分(CCT_CT)中叙词概念的语义关系的描述方法。

例 18
< 马克思主义哲学 >　　rdf:type　skos:Concept;
skos:broader　< 马克思主义三个组成部分 >,< 哲学 >;
skos:narrower　< 辩证唯物主义 >,< 历史唯物主义 >,< 唯物辩证法 >;
ckos:topConcept　< 马克思主义三个组成部分 >,< 哲学 >;
skos:related　< 辩证逻辑 >,< 自然辩证法 >.
< 罗非鱼 > rdf:type　skos:Concept;skos:prefLabel < 罗非鱼 >
skos:altLabel < 非洲鲫鱼 >,< 罗非鱼属 >,< 尼罗非鲫 >,< 尼罗罗非鱼 >;
ckos:topConcept　< 鱼纲 >,< 鱼类 >;
skos:broader　< 淡水鱼类 >,< 丽鱼科 >.

9.5　说明

skos:broader 和 skos:narrower 只用来声明两个 SKOS 概念之间的直接的等级链接,这两个属性没有被声明为传递属性。skos:broaderTransitive 和 skos:narrowerTransitive 用来推理等级链接的传递闭包,以方便访问概念之间的直接或间接等级链接,但不用来进行描述声明。

未来需要的进一步扩展及思考:如果要支持 ISO 25964—1 中扩展的种属(Generic)、实例(Instance)和部分—整体(Part - Whole)这三种子等级关系的语义描述,则需要扩展新的子属性。请参见参考文献[28]中 OntoThesaurus 的相应定义。

本规范是基于 SKOS 的扩展版本,因此选择尽量使用 SKOS 的原有定义。SKOS 中定义的以上四种等级关系属性对于现有的传统中文 KOS 中的语义关系描述是基本适用的,因此对这个问题仅作讨论,真正的扩展以及 skos:related 的更具体的子关系属性的扩展,可以在未来的版本中体现。

10　注释的描述

10.1　导言

中文叙词表中的注释一般分为:含义注释、用法注释和历史注释,注释种类相对较少,表现形式也比较统一,一般可以找到对应的 SKOS 注释属性进行描述。ISO 25964—1 中的 note 种类与 SKOS 的注释属性种类基本对应。

传统分类法中的注释虽然一般分为:含义范围注释、使用说明注释和沿革注释,与叙词表中的注释类型基本对应,但实际上可细分的注释种类很多,表现形式各异,而且还隐含了很多类目与类目之间、类目与附表之间、类目与主题之间的链接关系。这些注释对类目的正确使用至关重要,是类目概念款目中不可缺少的组成部分。如果只采用 SKOS 现有的注释属性进行描述,有些注释在语义上会有所缺失,而且隐含的语义关系也只能供人阅读,机器无法理解。因此,本规范建议进行一些必要的扩展,以明确揭示不同注释的语义和隐含的链接关系。

对于对注释没有细分要求(即对各种注释的处理无区别,只显示给人看)的 KOS,如中文叙词表,建议选用 skos:note(一般注释)、skos:definition(定义注释)、skos:scopeNote(含义范围注释)、skos:historyNote(历史注释)这几个属性描述相应的注释类型。

对于对注释有细分要求的 KOS(需要支持系统对不同的注释类型区别对待,如 CLC,军用电子分类表等),则建议根据需要选用 skos:note 及其相应子属性,甚至扩展 skos:note(或其子属性)的子属性进行描述。具体见以下章节。

10.2 类和属性词汇表

SKOS 词汇 URI	说　明
skos:note	通用注释。当不区分注释种类时,所有注释均可用这个属性描述。
skos:changeNote	变更注释
skos:definition	定义
skos:editorialNote	编辑注释
skos:example	实例
skos:historyNote	历史注释。可进一步揭示与概念前一版本的关系,参见本篇第 11 章。
skos:scopeNote	范围注释

CKOS 词汇 URI	说　明
ckos:crossClassNote	交叉类目注释。以"与'××'交叉。"显示,例如:与"M91 后勤训练"交叉。(军用电子分类表) 扩展 ckos:crossClassEntry 揭示其中隐含的链接关系。
ckos:altClassNote	交替类目注释。以"宜入××。"显示,例如:宜入 X17。(CLC) 扩展 ckos:altClassEntryOf 揭示其中隐含的链接关系(参见本篇第 7 章)
ckos:relatedClassNote	类目参照注释。以"参见'××'。"显示,例 1:参见 E11 战役指挥,F11 战斗指挥,G31 作战指挥。(军用电子分类表)　例 2:参见 G420。(CLC) 使用 skos:related 揭示其中隐含的链接关系(见本篇第 9 章)。
ckos:referenceNote	参考类目注释(关于"类目注释参见关系"的注释)。以"见××注。"显示,例 1:见 T1121.71 注。(军用电子分类表)　例 2:见 A16 注。(CLC) 扩展 ckos:referenceClassEntry 揭示其中隐含的链接关系。

续表

CKOS 词汇 URI	说　明
ckos:classGuideNote	相关类目注释。以"××入××。"显示,"入"字左面为类名或主题,右面为分类号。 　　例1:总论防空武器入此;专论入有关各类,例:高射炮入 V2311.21,防空导弹入 　　V5311-15 地空导弹。(军用电子分类表)　例2:学习心理学入 G442。(CLC) 可以使用 SKOS 的映射属性(如 skos:exactMatch,skos:broadMatch)揭示主题与类目 　　之间的映射关系,以方便自动分类等应用需求。参见本篇第11章。也可以使用 　　skos:related 建立当前类目与这些相关类目之间的链接关系。
ckos:combineNote	复分注释。例1:依"军兵种复分表"组配复分。例如:步兵运用为 E8281＜21＞。 　　(军用电子分类表)　例2:依世界地区表分,如有必要,再仿 F249.2 分。(CLC) 扩展 ckos:combineFrom 揭示类目概念与复分表(组配类目所属附表或概念体系)之 　　间的链接关系。
ckos:imitateNote	仿分注释。例1:仿"E6121 进攻战役"分。(军用电子分类表)　例2:如需细分 　　时,可仿 F301/306 分。例:林业企业经营管理为 F307.26。(CLC) 扩展 ckos:imitateClassEntry 揭示类目概念与仿分类目之间的链接。或析出仿分 　　表,使用 ckos:combineFrom 揭示类目与仿分表之间的链接。
ckos:stopNote	停用注释。例:＜停用;4 版改入 D815.6＞(CLC) 扩展 ckos:useClassEntry 揭示停用类目与改入类目之间的链接。

CKOS 词汇 URI	说　明
ckos:combineFrom	有复分表　(属性) 建立类目概念与复分表或仿分表(即:组配类目所属集合、附表或概念体系)之 　　间的链接。
ckos:facetIdentity	分面标识　(属性) 用于描述组配类号的分面标识符(如通用复分表的区分标识,号码加"0"等)。 　　不同于 Node Label 的描述,参见本篇第12.3节。
ckos:crossClassEntry	有交叉类目　(属性) 揭示交叉类目注释中隐含的链接关系
ckos:referenceClassEntry	有参考类目　(属性) 揭示参考类目注释中隐含的链接关系。也可用来进一步揭示指示性类目的类号 　　范围内包含的各个类目与该指示性类目的关系,可使分类款目更加完整,不丢 　　失必要的注释信息。参见本篇第12.1节。 和类目参照注释"参见××"类目的进一步揭示(用 skos:related)不同,这个属性 　　表示的是要参考客体所指出类目的注释进行分类。

CKOS 词汇 URI	说　　明
ckos:imitateClassEntry	有仿分类目 （属性） 建立类目概念与仿分类目之间的链接,隐含的意思是:仿该类目的下位类目复分。如果是根据独立的仿分表仿分(若仿分的是一组类目,也建议析出为独立的仿分表),则不使用这个扩展属性描述,而是使用 ckos:combineFrom 描述其与仿分表之间的链接关系。
ckos:useClassEntry	改入类目　　（属性） 揭示停用类目与改入类目之间的链接关系

10.3　类和属性定义

序号	定　　义
S16	skos:note, skos:changeNote, skos:definition, skos:editorialNote, skos:example, skos:historyNote 以及 skos:scopeNote 都是 owl:AnnotationProperty 的实例。
S17	skos:changeNote, skos:definition, skos:editorialNote, skos:example, skos:historyNote 和 skos:scopeNote 都是 skos:note 的子属性(sub-property)。

序号	定　　义
C11	ckos:crossClassNote, ckos:altClassNote, ckos:relatedClassNote, ckos:referenceNote, ckos:classGuideNote, ckos:combineNote, ckos:imitateNote 和 ckos:stopNote 都是 owl:AnnotationProperty 的实例。
C12	ckos:crossClassNote, ckos:altClassNote, ckos:relatedClassNote, ckos:referenceNote, ckos:classGuideNote 都是 skos:scopeNote 的子属性(sub-property)。ckos:stopNote 是 skos:historyNote 的子属性。
C13	ckos:combineNote 和 ckos:imitateNote 都是 skos:note 的子属性(sub-property)。

序号	定　　义
C14	ckos:combineFrom 是 owl:ObjectProperty 的一个实例。
C15	ckos:combineFrom 的 rdfs:domain 是 skos:Concept, rdfs:range 是 skos:Collection, skos:ConceptScheme 和 ckos:Auxiliary 的并集(union)。
C16	ckos:facetIdentity 是 owl:DatatypeProperty 的一个实例。其 rdfs:domain 是 skos:Collection, skos:ConceptScheme和 ckos:Auxiliary 的并集。
C17	ckos:crossClassEntry 是 owl:ObjectProperty 的一个实例。其 rdfs:domain 和 rdfs:range 都是 skos:Concept。它是 skos:related 的子属性。
C18	ckos:crossClassEntry 是 owl:SymmetricProperty 的一个实例。(即对称属性)
C19	ckos:referenceClassEntry 是 owl:ObjectProperty 的一个实例。其 rdfs:domain 和 rdfs:range 都是 skos:Concept。它是 skos:related 的子属性,但不继承其对称性。
C20	ckos:imitateClassEntry 和 ckos:useClassEntry 都是 owl:ObjectProperty 的实例。其 rdfs:domain 和 rdfs:range都是 skos:Concept。它们都是 skos:related 的子属性,但不继承其对称性。

10.4 描述示例

例 19 展示了 CLC 中类目注释的描述方法(仅用 SKOS 的注释属性,与例 20 比较)。

例 19
<B 哲学、宗教 >　rdf:type　skos:Concept;skos:prefLabel"哲学、宗教";   　　skos:scopeNote"总论哲学及兼论哲学与宗教的著作入此。","宗教入 B9。","专门科学的哲学理论入有关各类。例:教育哲学入 G40 - 02;历史哲学入 K01。";   　　skos:note"依总论复分表分,- 0 理论与方法论所属类目入 B0。".   <B9 宗教 > rdf:type skos:Concept; skos :prefLabel"宗教";   　　skos:broader　<B 哲学、宗教 >;   　　skos:note"依总论复分表分。"; skos:historyNote"<3 版类名:无神论、宗教 >".

例 20 展示了 CLC 中类目注释的描述方法(扩展使用 CKOS 的注释属性和对象属性),以及附表类号的区分标识符的描述方法。附表的描述参见本篇第 4 章。

例 20
<2 WorldRegionTabel > rdf:type skos:ConceptScheme;   　　ckos:facetIdentity"()".(区分标识符,对附表中的所有类目的类号适用。若附表中的类号已加此标识符,则不必声明,如总论复分表的区分符"- "。)   <1 GeneralTable >　rdf:type skos:ConceptScheme.   <B 哲学、宗教 >　rdf:type　skos:Concept; skos:prefLabel"哲学、宗教";   　　skos:scopeNote"总论哲学及兼论哲学与宗教的著作入此。";   　　ckos:classGuideNote"宗教入 B9。";   　　　skos:related　<B9 宗教 >;   　　skos:scopeNote"专门科学的哲学理论入有关各类。例:教育哲学入 G40 - 02;历史哲学入 K01。";   　　　skos:related　<G40 - 02 教育哲学 >;   　　　skos:related　<K01 史学的哲学基础 >;   　　ckos:combineNote"依总论复分表分,- 0 理论与方法论所属类目入 B0。";   　　　skos:related　<B0 哲学理论 >;   　　　ckos:combineFrom　<1 GeneralTable >.   <B9 宗教 > rdf:type skos:Concept; skos :prefLabel"宗教";   　　skos:broader　<B 哲学、宗教 >;   　　ckos:combineNote"依总论复分表分。";   　　ckos:combineFrom　<1 GeneralTable >;   skos:historyNote"<3 版类名:无神论、宗教 >";   　ckos:previousMatch <3 版/B 无神论、宗教 >.(此时 3 版中的类目概念也必须可以通过 URI 访问,否则不做此映射描述)

例 21 展示了军用电子分类表中类目注释的描述方法。类目注释可由链接关系属性自动生成,可以不做明确声明。交替类目的描述参见本篇第 7 章。

例 21
< J7141 军援与外训 >　rdf:type　skos:Concept; skos:prefLabel" 军援与外训";   ckos:crossClassEntry　< P2141 军事援助 >;   ckos:crossClassNote" 与"P2141 军事援助"交叉". (可选)   < T2181　卫星定位与导航应用 >　rdf:type　skos:Concept;   < [T3191.91]　卫星导航定位装备 >　rdf:type　skos:Concept;   ckos:altClassEntryOf　< T2181　卫星定位与导航应用 >;   ckos:altClassNote" 宜入 T2181　卫星定位与导航应用". (可选)

例 22 展示了 CCT 主题词表部分(CCT_CT)中范围注释的描述方法。

例 22
< 张仲景(150—219) >　rdf:type　ckos:PersonConcept; skos:prefLabel" 张仲景(150—219)";   skos:altLabel" 张机";   skos:scopeNote" 汉末著名医学家。东汉南阳郡涅阳人(今河南省邓县穰东镇)。";   skos:related　<《伤寒杂病论》>.

10.5　说明

对于已存在的分类法,可以使用上述注释属性和对象属性来分别描述已有的注释文本和揭示其中隐含的链接关系。对于未来的分类法,如已规范其注释文本(如"军用电子分类表"的做法),则可以只声明类目间的链接关系,在需要显示注释文本时,由支持系统根据这些链接属性统一生成标准的注释文本。

对于多种子注释类型的组合,用能够涵盖所有涉及子注释类型的父属性描述。如,例 20 中的"专门科学的哲学理论入有关各类。例:教育哲学入 G40 – 02;历史哲学入 K01。"。前面一句应该属于范围注释,后面一句属于相关类目注释,ckos:classGuideNote 是 skos:scopeNote 的子属性,当这两个注释作为整体时,用 skos:scopeNote 描述。

CLC 中的指示性类目实质上是与其后的一组类目有关的统一的注释(指示性类目的类号就是这组相关类目的起止类号),各相关类目中并不包含任何指向其指示性类目的指引,单独使用时很容易丢失这部分注释信息。因此,建议在各相关类目的描述中扩展一个与此指示性类目的关系属性。具体方法详见本篇第 10.2 节中扩展属性 ckos:referenceClassEntry 后面的说明文字,以及本篇第 12.1 节。

11 不同概念体系中概念之间映射关系的描述

11.1 导言

11.1.1 SKOS 的映射属性

SKOS 采用映射属性(Mapping Property)来声明不同概念体系中 SKOS 概念之间的映射(对齐)链接,这些链接是被链接概念的含义中内在固有的。

SKOS 的映射属性包括 skos:mappingRelation 及其子属性:skos:closeMatch(包含子属性 skos:exactMatch),skos:broadMatch,skos:narrowMatch 和 skos:relatedMatch。

属性 skos:closeMatch 用来链接两个足够相似的概念,它们可以在某些信息检索应用程序中交换使用。为了避免当组合跨越两个以上概念体系的映射时出现"复合错误"(Compound Errors)的可能性,skos:closeMatch 没有被声明为是一个传递属性。

属性 skos:exactMatch 用来链接两个概念,表明了一种高度的信心:这两个概念可以在很大范围的信息检索应用程序之间交换使用。它是一个传递属性,而且是 skos:closeMatch 的子属性。

属性 skos:broadMatch 和 skos:narrowMatch 用来声明两个概念之间的一个等级映射链接。

属性 skos:relatedMatch 则用来声明两个概念之间的一个相关映射链接。

11.1.2 SKOS 映射属性的具体应用及扩展

在国内的受控表中,不同分类法的类目概念之间,不同叙词表的叙词(正式主题词)概念之间,以及分类法的类目概念与叙词表的叙词概念之间,都存在概念含义中固有的映射关系。我们可以采用以上所述的 SKOS 的映射属性对它们进行描述,具体使用哪一个属性需要根据具体情况而定。在中国分类主题词表(CCT)中,类目与主题词之间的对应关系分为三种类型:①直接对应;②间接对应;③非主要类目对应。

第一种类型是直接的对应,建议统一使用 skos:closeMatch 来描述。如果选用 skos:exactMatch,需要人工进一步确认其可交换使用的程度,因为即使类名与主题词字面上完全一致,类目的涵盖范围也未必和主题词完全相同(类目的含义是在一个由上位概念、同位概念、下位概念、相关概念和类目注释构成的语义空间中进行限定)。

第二种类型是一种间接的对应,可能是除 skos:closeMatch(含 skos:exactMatch)之外的任何一种映射关系(skos:broadMatch,skos:narrowMatch 和 skos:relatedMatch)。如果要统一描述,现有的 SKOS 映射属性似乎没有完全适用的。若统一使用 skos:mappingRelation 来描述这种间接对应关系,又体现不出主次对应关系的区别。本规范建议,扩展一个与 skos:closeMatch 对应的映射属性 ckos:nonCloseMatch,它是 skos:mappingRelation 的子属性,用于描述 skos:closeMatch(和 skos:exactMatch)之外的所有关系。

第三种类型是用竖线标识的与非主要类目对应的主题词,建议选用 skos:relatedMatch 进行描述。

CCT_CT(主题词—分类号对应表)将主题词对应的分类号区分为等同对应类号、主要类号、次要类号、交替等同对应类号、交替类号。其中主、次、交替是从类号的使用角度进行区分的,主要类号用作排架类号,次要类号不用于排架但可用于检索,交替类号则作为专业机构的一种选择。一个类号可以同时是等同对应类号和主类号。因此建议第一步仍按直接对应(skos:closeMatch)、间接对应(ckos:nonCloseMatch)和非主要类目对应(skos:relatedMatch)的方式对它们分别进行描述,以便与上述类目—主题词对应关系的描述双向统一。例如:等同对应类号、交替等同对应类号、主要类号(直接对应)和交替类号(直接对应)均用 skos:closeMatch描述,间接对应的主要类号和交替类号用 ckos:nonCloseMatch 描述,次要类号用 skos:relatedMatch 描述。映射的类目概念是否是交替类目,会在该类目概念本身的描述中进行声明。

《军用电子分类表编制规则》中将类目对应的主题词分为若干类型,下表列出了这些类型的名称、含义和建议使用的映射属性。

类型名称	含义	建议使用的映射属性
类目对应主题词	与类名的字面和含义完全一致的正式主题词	skos:exactMatch
类目标注主题词	与类目类名字面不一致但含义一致的正式主题词。分为类目等同主题词和类目组配主题词。	skos:closeMatch (类目组配主题词可用 ckos:CompoundConcept 描述,见本篇第 12.2 节)
扩展类目主题词	带有短横(-)连接符类目(分面相关类目)的类目对应主题词	skos:narrowMatch
类目隶属主题词	在某个类目下列出的该类未列类直接下属概念对应的一个或多个正式主题词	skos:narrowMatch

11.1.3 新旧概念的链接描述:前概念映射

根据叙词表或分类法的构建规范,叙词本身或类号类名本身应该是相对稳定的。因人为错误造成的等同修改(即错别字修改或印刷错误等造成的修改,不改变叙词概念或类目概念的内涵和外延)应该非常少,大部分的修改应视为实质性的修改(即改变了叙词概念或类目概念的内涵或外延)。当叙词本身或类号类名发生变化时,一般应视为概念本身发生了变化,URI(或 IRI)也应随之发生变化。此时除了增加相应的 skos:historyNote,还需要在新旧概念之间建立链接,以方便应用程序发现新旧概念之间的关系,作出关联或替换动作。本规范建议扩展skos:relatedMatch 的子属性 ckos:previousMatch 专门描述修改前后概念之间的链接关系(即:<新概念> ckos:previousMatch <旧概念>)。

11.1.4 组配映射

所有 SKOS 映射属性(包括前面扩展的映射子属性 ckos:nonCloseMatch)的 rdfs:domain 和

rdfs：range 都是 skos：Concept。复合概念 ckos：compoundConcept 是 skos：Concept 的子类,因此不同概念体系中的 skos：Concept 与 ckos：compoundConcept 之间的映射关系也可以采用上述已有的映射属性来表示,可以不特别区分组配映射。如 CCT 中主题词串与分类号之间的对应关系,建议使用 skos：closeMatch 进行描述(因为组配之后的复合概念往往是一个更专指的概念)。

11.2 类和属性词汇表

SKOS 词汇 URI	说　明
skos：mappingRelation	映射关系 　（属性）
skos：closeMatch	近似映射 　（属性）
skos：exactMatch	准确映射 　（属性）
skos：broadMatch	上位映射 　（属性）
skos：narrowMatch	下位映射 　（属性）
skos：relatedMatch	相关映射 　（属性）

CKOS 词汇 URI	说明
ckos：nonCloseMatch	非近似映射 　（属性） 相对于 skos：closeMatch,用于揭示 skos：closeMatch(和 skos：exactMatch) 之外的任何一种非近似映射关系。
ckos：previousMatch	前概念映射 　（属性） 揭示修改过 URI 的概念与其前一版本概念之间的链接。

11.3 类和属性定义

序号	定　义
S38	skos：mappingRelation, skos：closeMatch, skos：exactMatch, skos：broadMatch, skos：narrowMatch 和 skos：relatedMatch都是 owl：ObjectProperty 的实例。
S39	skos：mappingRelation 是 skos：semanticRelation 的子属性(Sub‐property)。
S40	skos：closeMatch, skos：broadMatch, skos：narrowMatch 和 skos：relatedMatch 都是 skos：mappingRelation 的子属性。
S41	skos：broadMatch 是 skos：broader 的子属性, skos：narrowMatch 是 skos：narrower 的子属性, skos：relatedMatch是 skos：related 的子属性。
S42	skos：exactMatch 是 skos：closeMatch 的子属性。
S43	skos：narrowMatch owl：inverseOf skos：broadMatch. (即前者是后者的逆属性)
S44	skos：relatedMatch, skos：closeMatch 和 skos：exactMatch 都是 owl：SymmetricProperty 的实例。(即它们都是对称属性)

序号	定　　义
S45	skos:exactMatch 是 owl:TransitiveProperty 的实例。（即 skos:exactMatch 是传递属性）
S46	skos:exactMatch 与 skos:broadMatch 和 skos:relatedMatch 都不相交（Disjoint）。

序号	定　　义
C21	ckos:nonCloseMatch 和 ckos:previousMatch 都是 owl:ObjectProperty 的实例。
C22	ckos:nonCloseMatch 是 skos:mappingRelation 的子属性（Sub – property）。
C23	ckos:previousMatch 是 skos:relatedMatch 的子属性（Sub – property）。但不继承其对称性。

11.4 描述示例

例23展示了 CCT 主题词表部分（CCT_CT）中主题词—分类号对照的描述方法。

例23
<张仲景（150—219）> rdf:type　ckos:PersonConcept; skos:prefLabel" 张仲景（150—219）";
skos:altLabel" 张机";
skos:scopeNote" 汉末著名医学家。东汉南阳郡涅阳人（今河南省邓县穰东镇）。";
skos:related ＜《伤寒杂病论》＞ ;
skos:closeMatch ＜R – 09 医学史＞; skos:relatedMatch ＜K826.2 医学、卫生＞.

注:分类号"R – 09②"和"|K826.2⑤|"中的圈码所表达的语义在相应的映射类目中已有描述。

例24展示了 CCT 分类法部分（CCT_CLC）中分类号—主题词对照的描述方法。

例24
<R – 09 医学史> rdf:type skos:Concept; skos:prefLabel" 医学史"; skos:notation"R – 09";
ckos:combineNote" 依世界地区表分"; ckos:combineFrom ＜2WorldRegionTable＞ ;
skos:closeMatch ＜医学史＞; skos:nonCloseMatch ＜张仲景（150—219）＞……

例25展示了军用电子分类表中类目组配主题词的描述方法。

例25
<T1123　亚洲军事地理> rdf:type skos:Concept; skos:prefLabel" 亚洲军事地理"; skos:notation"T1123";
ckos:combineNote 依" 世界地区表" 组配复分。例如:日本军事地理的分类号为 T1123（313）;
ckos:combineFrom ＜WorldRegionTable＞ ;
skos:closeMatch ＜军事地理＋亚洲＞.
<军事地理＋亚洲> rdf:type skos:CompoundConcept;
ckos:coordinationOf ＜军事地理＞,＜亚洲＞.　　　　　　　　　　（参见本篇第12.2节）

注:如果不希望为那些在 KOS 中并不实际存在的复合概念分配 URI,建议将其描述为一个"blank node"。

11.5 说明

在选择映射属性类型时有必要考虑数据转换或描述过程中人工判断的成本。现有国内受控表中的映射关系比较笼统，一般只分字面直接映射或含义间接映射、主次类号映射。建议先统一转换为较粗的映射类型，因为一般的检索用户可能并不要求映射有多么精确。将来可以在使用过程中细化这些映射类型。

但是，由于主题词和主次类号之间的映射，与类目和主题词之间的直接或间接映射，并没有严格界定和呼应，因此当统一转换为较粗映射类型时（如主类号和直接映射用 skos：closeMatch，次类号用 skos：relatedMatch，间接映射用 skos：nonCloseMatch），可能会出现同一个类目和同一个主题词之间的映射不互逆的问题，如例 23 与例 24 中出现的情况。解决的办法是在使用过程中逐渐细化映射类型，如："＜张仲景（150—219）＞ skos：broadMatch ＜R－09 医学史＞"以及"＜R－09 医学史＞ skos：narrowMatch ＜张仲景（150—219）＞"。

对于国内受控表中还没有网络版本可用的映射分类号，可能有必要先将映射分类号作为一种数据类型属性揭示出来（参见中文叙词表本体 OntoThesaurus 中为中图法分类号和科图法分类号定义的数据类型属性 ont：CLC 和 ont：LCCAS[28]），或使用国际上通行的元数据标准中的分类号元素进行描述（例如，LCSH/SKOS 中采用 dcterms：lcc 表示主题标目对应的国会分类号）。但目前国内外元数据标准中还没有中图法分类号等国内常用分类号的元数据元素，建议相关部门在制定或引进元数据标准（如 DC Terms）时，增加 CLC 等国内常用分类号的元数据元素，使它们能够像 UDC、LCC、DDC 那样，广泛参与国际间交流。

有些映射类号并没有直接相对应的类目概念与之匹配（如例 23 注中所示的带圈码的类号），应映射主类号（即真正存在的类目，如例 23 中的 R－09），圈码等复分提示在相应的类目中会描述和说明。

12　特殊元素的描述

本章对国内受控表中的一些特殊元素，如类目类型、指示性类目、复合概念/组配关系、分面分析及节点标记（Node Label）、类号范围等的描述进行规范或建议。

12.1　类目类型的描述和指示性类目的进一步揭示

12.1.1　导言

传统分类法对类目区分不同的类目类型。如中图法将类目分为使用类目、交替类目、停用类目和指示性类目。另外，网络信息分类法中含有与首选类目具有等同关系的交叉类目，在不同的分类等级中提供多个入口指向首选类目。它与具有交叉关系的交叉类目含义不同［交叉类目（交叉关系）的描述见本篇第 10 章］。

类目类型是人为指定的，并非类目概念所固有的属性。因此，不适合将这些不同类目类型的类目概念定义为 SKOS 概念的子类。本规范建议扩展一个 OWL 数据类型属性 ckos:classEntryType来表示使用类目（首选类目）之外的特殊类目类型。类目类型及其 ckos:classEntryType值如下表。

类目类型名称	ckos:classEntryType 值		CLC Marc 记录相应值
	方案 1	方案 2	
交替类目	y	交替类目	y
停用类目	t	停用类目	t
指示性类目	z	指示性类目	z
交叉类目（等同关系）	c	交叉类目（等同）	

注:方案 1 简洁,但代码含义并不为人所熟知。方案 2 可读性较好。

交替类目和交叉类目(等同关系)与使用类目或首选类目的关系描述见本篇第 7 章。

CLC 中的指示性类目(说明款目)用来说明与一组类目有关的注释。它将一段类号概括起来,该类号只起指示作用,不用来类分文献。语义化描述时如果在各相关类目的描述中扩展一个与此指示性类目的链接属性,则可以避免各相关类目单独使用时遗漏指示性类目中的注释。参见本篇第 10 章中 ckos:referenceClassEntry 的说明和定义。

12.1.2　类和属性词汇表

CKOS 词汇 URI	说　　明
ckos:classEntryType	类目类型　（属性）
ckos:referenceClassEntry	有参考类目　（属性） 可用来进一步揭示指示性类目的类号范围内包含的各个类目与该指示性类目的关系,可使分类款目更加完整,不丢失必要的注释信息。 参见本篇第 10.2 节、10.3 节和 12.4 节(类号范围的进一步描述)。

12.1.3　类和属性定义

序号	定　　义
C24	ckos:classEntryType 是 owl:DataTypeProperty 的一个实例。其 rdfs:domain 是 skos:Concept。
C19	ckos:referenceClassEntry 是 owl:ObjectProperty 的一个实例。其 rdfs:domain 和 rdfs:range 都是 skos:Concept。它是 skos:related 的子属性,但不继承其对称性。

12.1.4　描述示例

例 26 展示了 CLC 中特殊类目及使用类目的描述方法。参见例 13 及其注释。

<table>
<tr><td colspan="1" align="center">例 26</td></tr>
</table>

＜〔Q89〕环境生物学＞ rdf：type skos：Concept；ckos：classEntryType"交替类目"；

skos：prefLabel"环境生物学"；skos：notation"Q89"；

ckos：altClassEntryOf ＜X17 环境生物学＞；skos：broader ＜Q 生物科学＞；

ckos：altClassNote"宜入 X17。". （可选。可由 ckos：altClassEntryOf 链接属性自动生成此注释。）

＜X17 环境生物学＞ rdf：type skos：Concept；skos：prefLabel"环境生物学"；

skos：notation"X17"；skos：scopeNote"环境生物工程入此"；

skos：broader ＜X1 环境科学基础理论＞；

skos：closeMatch ＜环境生物学＞，＜环境工程\生物工程＞；

ckos：nonCloseMatch ＜生物降解＞，＜污染生物学＞，＜生物效应＞，＜卡森（Carson，Rachel 1907—1964）＞．

例 27 展示了 CLC 中指示性类目与其相关类目之间链接关系的进一步描述。参见例 31。

<table>
<tr><td colspan="1" align="center">例 27</td></tr>
</table>

＜U469.1/.79 各种汽车＞ rdf：type skos：Concept；

ckos：classEntryType"指示性类目"；

ckos：notationSpan"U469.1/.79"；　　（参见本篇第 12.4 节）

ckos：notationBegin"U469.1"；　　（参见本篇第 12.4 节）

ckos：notationEnd"U469.79"；　　（参见本篇第 12.4 节）

ckos：combineNote"可依下表分。例：轿车的设计为 U469.110.2。"；

ckos：combineFrom ＜U469.1 – .79 Auxi＞．

＜U469.1 – .79 Auxi＞ rdf：type ckos：Auxiliary；

　＜01 理论＞ rdf：type skos：Concept；skos：inScheme ＜U469.1 – .79 Auxi＞．

　……

　＜09 驾驶与使用＞ rdf：type skos：Concept；skos：inScheme ＜U469.1 – .79 Auxi＞．

＜U469.1 客车＞ rdf：type skos：Concept；

ckos： referenceClassEntry ＜U469.1/.79 各种汽车＞；

skos：scopeNote"长途客车、旅行车入此。"；

skos：broader ＜U469 各种汽车＞；skos：closeMatch ＜客车＞；

ckos：nonCloseMatch ＜旅游车＞，＜低地板客车＞，＜房车＞，＜铰接式客车＞，＜卧铺客车＞，＜休闲车＞．

注：类号范围中的"/."在概念或附表的 URI 中出现会干扰 URI 的解引，建议在 URI 中将"/"转为" – "，如"U469.1 – .79"（缩写形式），或"U469.1 – U469.79"（完整的起止号形式）。

12.1.5　说明

正式类目（即使用类目或首选类目）无需揭示类目类型。

指示性类目中的类号范围的进一步揭示参见本篇第 12.4 节。对类号范围进行进一步揭示之后，可以由支持系统为各相关类目自动生成与指示性类目之间的参考类目链接属性描述

（如例 27 中的粗体字所示）。

12.2 复合概念/组配关系的描述

12.2.1 导言

本规范中所称的复合概念是指由多个 SKOS 概念组配而成的概念，例如：主题词串，组配类号（类目）。本规范扩展了 skos：Concept 的子类 ckos：CompoundConcept 对复合概念进行描述。参见本篇第 5 章。

复合概念与其组配成分概念之间的组配关系，参考 SKOS primer（20090818 版）的建议，本规范扩展一个 OWL 对象属性 ckos：coordinationOf 对其进行描述。

12.2.2 类和属性词汇表

CKOS 词汇 URI	说　　明
ckos：coordinationOf	由…组配而成（属性） 用于揭示复合概念与其组配概念之间的链接关系。

12.2.3 类和属性定义

序号	定　　义
C25	ckos：coordinationOf 是 owl：ObjectProperty 的一个实例。
C26	ckos：coordinationOf 的 rdfs：domain 是 ckos：CompoundConcept，其 rdfs：range 是 skos：Concept。

12.2.4 描述示例

例 28 展示了 CCT 中的主题词串与其组配概念之间链接关系的描述方法。

例 28
＜环境工程\生物工程＞ rdf：type　ckos：CompoundConcept； 　skos：prefLabel"环境工程－生物工程"； 　skos：altLabel"环境工程\生物工程"； 　ckos：coordinationOf ＜环境工程＞，＜生物工程＞．

例 29 展示了组代参照中的主题词串与其组配主题词之间链接的描述方法。参见本篇第 7 章。

例 29
＜数学＋专科词典＞ rdf：type ckos：CompoundConcept； skos：altLabel"数学辞典"； skos：prefLabel"数学－专科词典"； skos：altLabel"数学＋专科词典"； ckos：coordinationOf ＜数学＞，＜专科辞典＞．

12.2.5 说明

本规范从实际应用需求出发，扩展了 ckos：coordinationOf 属性，用于揭示复合概念与其组配概念之间的链接关系。需要注意的是,组代参照中涉及的复合概念本身在原概念体系中可能并不是一个实际存在的概念。应用本规范进行描述,若赋予它独立的 URI(或 IRI),等于为概念体系增加了这个复合概念。考虑到复合概念可以用于标引,对于"Linked Data"是有价值的,所以建议为其分配 URI,但有必要在同一概念体系内统一复合概念在不同情形下的组配符(如将"数学 + 专科词典"、"数学\专科词典"统一为标引形式"数学 – 专科词典",前两种形式可作为 skos:altLabel 存在),以方便做统一的描述。如果确实不希望为那些在 KOS 中并不实际存在的复合概念分配 URI,可以考虑将其描述为一个"blank node"。

另外一个需要注意的问题是,ckos:coordinationOf 揭示了复合概念与其组配概念之间的链接关系,但并未指明这些组配概念的出现顺序和具体角色。参考文献[26]对主题词串与其组配成分主题词之间关系的描述进行了比较详细的研究,基本可以满足叙词表领域对组配关系进一步揭示的需求,如需要,可将这些属性定义改造成 ckos:coordinationOf 的子属性。如要全面考虑分类法中的分面组配关系的揭示,则还需要进行更深入的研究。

本规范未完全采用 SKOS primer(20090818 版)的建议将 ckos:coordinationOf 的 rdfs:domain 定义为 skos:Concept,rdfs:range 定义为 rdf:List(即引入一个集合层次),而是更直接地将其 rdfs:domain 定义为 skos:compoundConcept,rdfs:range 定义为 skos:Concept。此举便于进一步扩展 ckos:coordinationOf 的子属性,降低支持系统的实现复杂度,以及方便支持系统对父子属性进行统一处理。

本规范暂未考虑组配关系的进一步细化揭示。如将来有此需要,可在未来版本中进行扩展。

12.3 分面分析及节点标记(Node Label)的描述

12.3.1 导言

传统叙词表中存在一种比较特殊的结构:由节点标记引导的一组分面。ISO25964—1(参考文献[9]的 12 Facet analysis)中认为叙词表中的分面包含两种类型:①当节点标记显示上位术语的区分特征时,跟随的是真正的下位词;②当节点标记引进新分面时,跟随的往往不是下位关系词。而节点标记本身,并不是叙词表中的术语(term),它们只用作系统显示目的。

为了给这种概念集合结构正确建模,SKOS 引入了 skos:Collection 类。SKOS primer(20090818 版)对分面分析及节点标记(Node Label)的描述提供了两种建议:

(1)将节点标记引导的一组分面叙词概念表示为一个 skos:Collection 的 skos:member,节点标记表示为这个集合的 skos:prefLabel,集合本身定义为一个"blank node"(即,没有为其分配 URI)。类似地,对于需要描述顺序的概念集合,则相应地采用 skos:OrderedCollection 和 skos:memberList 进行描述。由于 SKOS 的数据模型中集合和概念是不相交的,所以采用以上方式描述的集合不可能使用 SKOS 的语义关系直接嵌入到 SKOS 的语义网络中。因此,当分面中的概念是其上位概念的真正下位概念时,还需要使用 skos:broader 或 skos:narrower 属性明确地揭示上下位概念之间的关系。

（2）使用集合会增加应用程序必须处理的表示法的复杂性，因此对于某些案例，例如当KOS主要用作导航等级结构时，以下方法可能更直观：将节点标记或引导术语（Guide Terms）表示为 skos:Concept 的实例，再使用正常的语义关系将它们链接到其他概念上。

本规范建议：国内受控表中如果出现这种概念集合结构，尽量采用后一种方法表示，即当节点标记后跟随的是上位术语的真正下位词时，将节点标记改造为上位概念，采用 skos:narrower 明确表示它与下位概念之间的等级关系，下位概念与上位概念的关系用 skos:broader 表示。当节点标记后面跟随的不是上位术语的下位关系词时，则采用前一种方法将其表示为一个"blank node"集合。因为节点标记不用作标引术语，所以不会影响到"Linked Data"。

12.3.2　类和属性词汇表

SKOS 词汇 URI	说　　明
skos:Collection	集合　　　　（类）
skos:OrderedCollection	有序集合　　（类）
skos:member	成员　　　　（属性）
skos:memberList	成员列表　　（属性）
skos:broader	直接上位概念（属性）
skos:narrower	直接下位概念（属性）

12.3.3　类和属性定义

参见本篇第4.3节的定义 S28—S37，以及第9.3节的定义 S18、S22 和 S25。

12.3.4　描述示例

暂未找到国内受控表中的实例，请参见 ISO 25964—1:12 Facet Analysis[9]中的分面分析及节点标记实例，以及 SKOS Primer（20090818 版）[2]第4.1节中的描述示例。

12.3.5　说明

建议在中文 KOS 中尽量不要采用这种结构，而采用明确的等级结构形式。

12.4　类号范围的描述

12.4.1　导言

传统分类法中的起止类（如 CLC 中的 I3/7 各国文学，I2/I5 各时代作品集，I277.21/.27 各地方歌谣。DDC 中称为 number span 或 centered entries[18]），用类号范围（即起止类号形式）代表一个上位类目概念，实质上包含这组类号的公共部分及其复分方式。如要让机器理解，需进一步形式化揭示，以满足自动分类等应用需求。

本规范建议扩展 skos:notation 的子属性 ckos:notationSpan 和 ckos:notationCommon 来分别描述类号范围以及类号组的共有部分。用扩展的 OWL 对象属性 ckos:combineFrom（参见本篇第10章）揭示类号范围中隐含的复分依据（如注释中包含"按××复分"，则不必重复揭示）。描述示例见例30。

另外,指示性类目中的类号也是一个类号范围,但它表示的是与该指示性类目中的注释相关的一组已存在类目的起止类号,如:

B302/305 亚洲各时代哲学

　　总论性著作入 B3。

U469.1/.79 各种汽车

　　可依下表分。例:轿车的设计为 U469.110.2。

这种缩略形式表示的类号范围只能人工分辨其起止类目。为便于机器理解,可扩展 skos:notation 的子属性 ckos:notationBegin 以及 ckos:notationEnd 来表示起止类号。通过扩展描述,支持系统可以将该指示性类目的注释和组配依据应用于 ckos:notationBegin、ckos:notationEnd 指明的起止类号之间的所有类号对应的类目。还可以据此在各相关类目的描述中扩展一个指向该指示性类目的 ckos:referenceClassEntry 属性。参见本篇12.1节。

12.4.2　类和属性词汇表

CKOS 词汇 URI	说　　明
ckos:notationSpan	类号范围　（属性） 仅排序用,不直接用来标引,可区别于 skos:notation 表示的类号。
ckos:notationCommon	共有类号　（属性） 类号范围中的公共部分,用作组配的基础号码。
ckos:notationBegin	起始类号　（属性） 指明一组类目的起始类号
ckos:notationEnd	终止类号　（属性） 指明一组类目的终止类号

12.4.3　类和属性定义

序号	定　　义
C27	ckos:notationSpan, ckos:notationCommon, ckos:notationBegin 和 ckos:notationEnd 都是 owl:DatatypeProperty的实例。
C28	ckos:notationSpan,ckos:notationCommon,ckos:notationBegin 和 ckos:notationEnd 都是 skos:notation 的子属性。

12.4.4　描述示例

例30 展示了 CLC 中起止类的类号范围的描述方法。

例30
<I3/7 各国文学 > rdf:type skos:Concept; skos:prefLabel"各国文学" ; 　ckos:notationSpan"I3/7" ; ckos:notationCommon"I" ; 　ckos:combineFrom ＜2WorldRegionTable ＞.

例31 展示了 CLC 中指示性类目的类号范围的描述方法。参见例27。

例 31
< U469.1/.79 各种汽车 > ckos:classEntryType"指示性类目";   ckos:notationSpan"U469.1/.79";   ckos:notationBegin"U469.1";   ckos:notationEnd"U469.79";   ckos:combineNote"可依下表分。例:轿车的设计为 U469.110.2。";   ckos:combineFrom < U469.1 –.79Auxi >.

12.4.5　说明

本节关于类号范围的进一步描述虽然是针对分类法的需求进行的扩展,但其他类型 KOS 中的符号系统如果有类似的表示需求,也一样适用。

附录 A　CNKOS 的抽象数据模型

(下列 UML 模型由深圳大学图书馆林伟明根据本篇正文各章节中的类和属性定义绘制。)

A.1　总 UML 模型(概略)

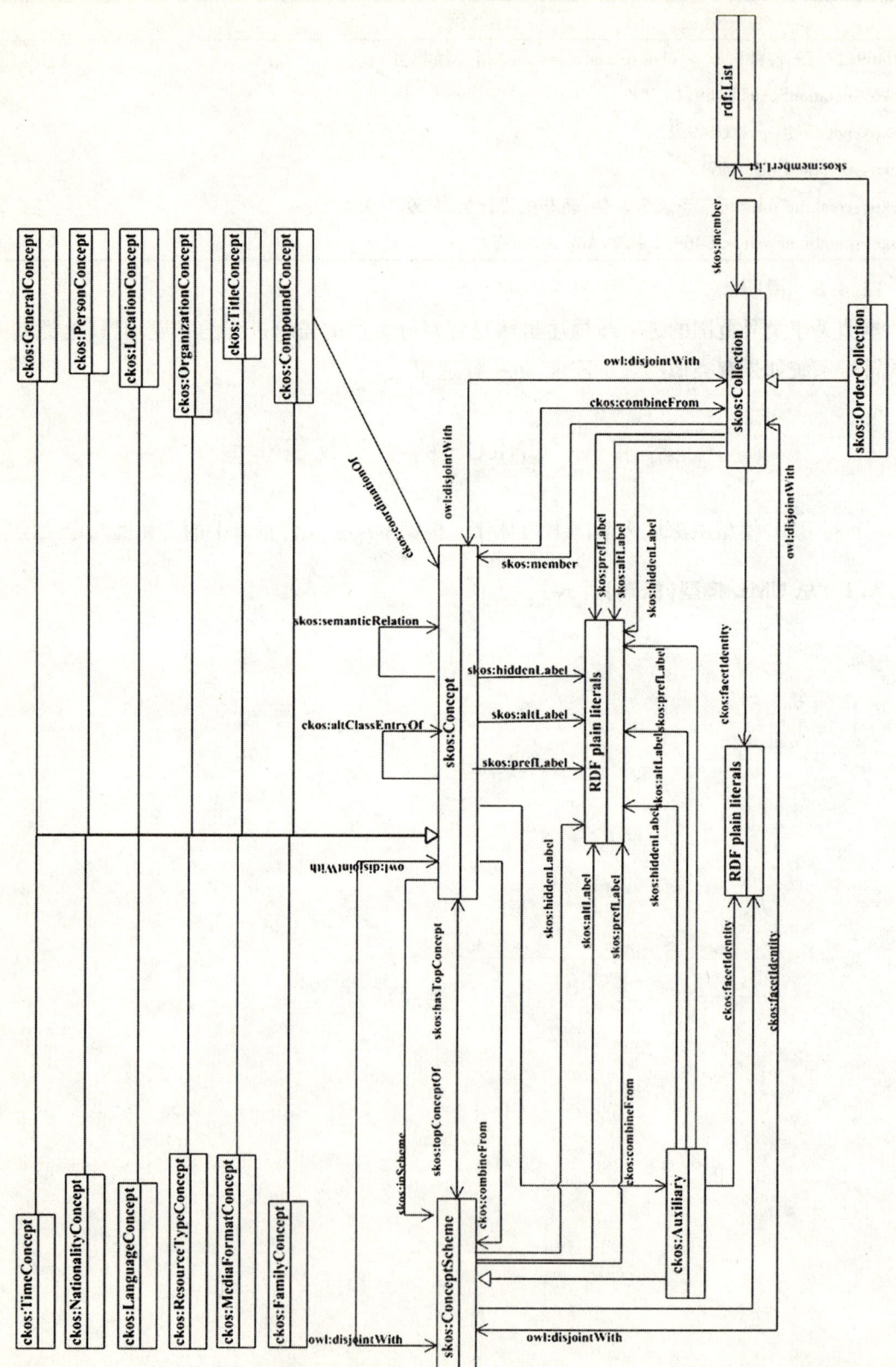

114

A.2 各章对应的分 UML 模型(详细)

3 概念体系层次的描述:定义 S2—S9 的 UML 模型

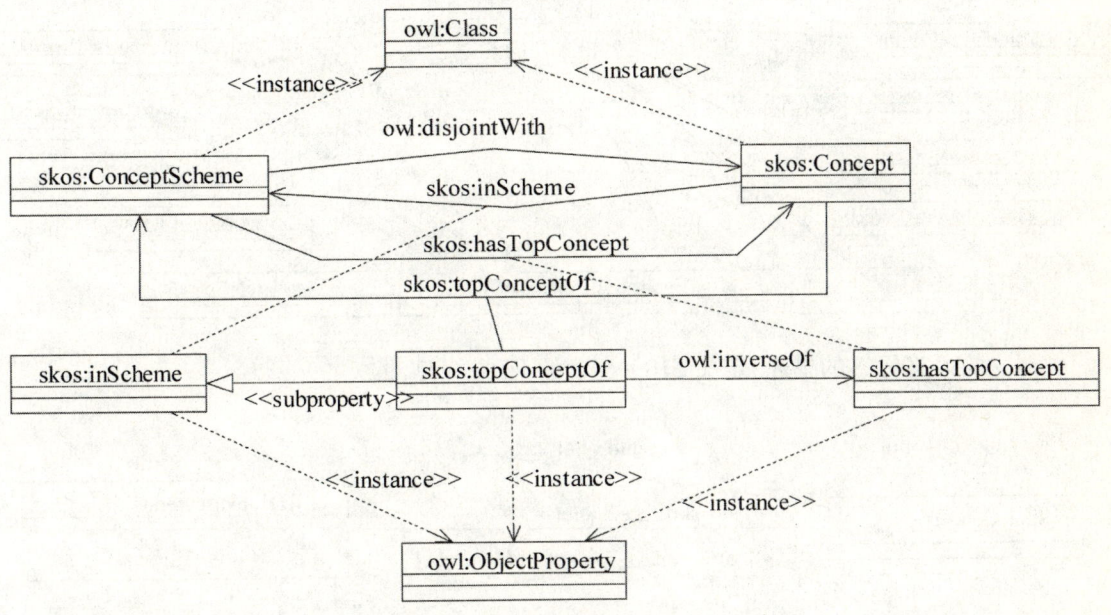

4 附表的描述:定义 S28—S37,C1、C2 的 UML 模型

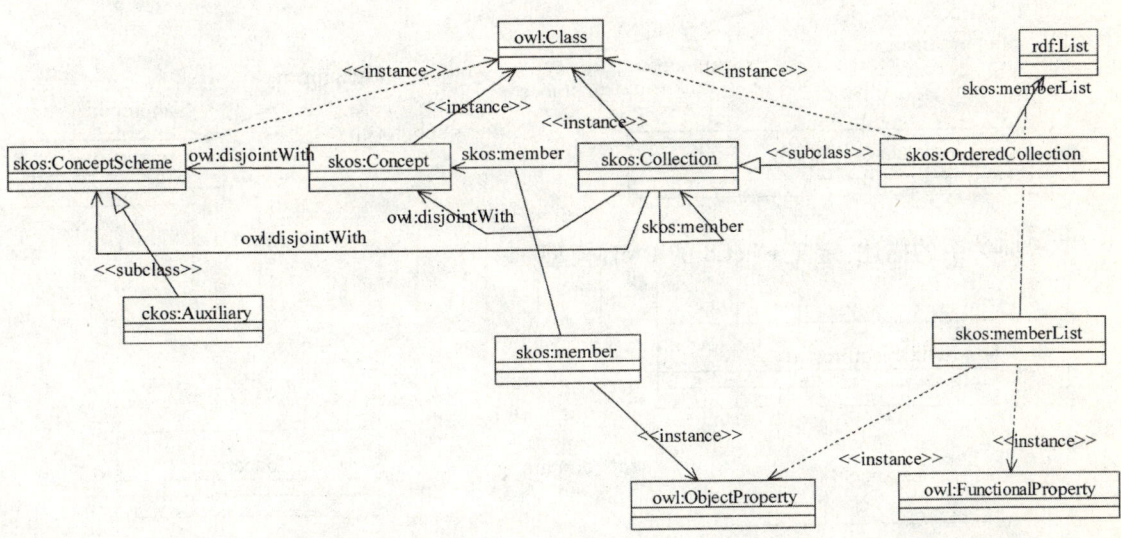

5 概念的描述:定义 S1，C3、C4 的 UML 模型

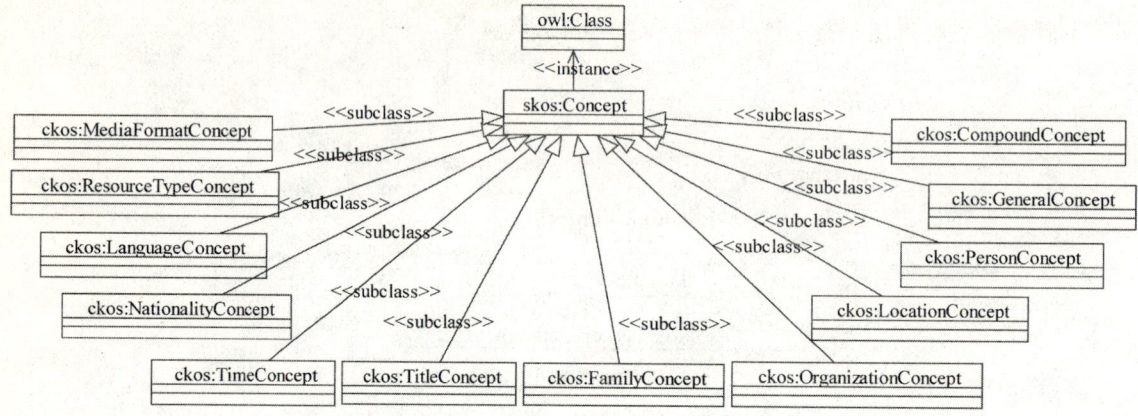

6 概念的语言标签的描述:定义 S10—S12 的 UML 模型

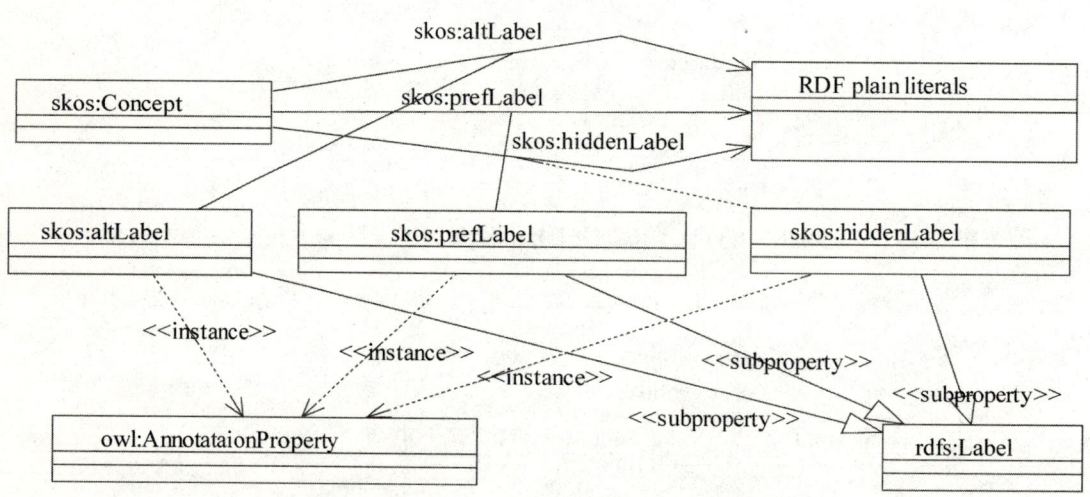

7 等同关系的描述:定义 C7、C8 的 UML 模型

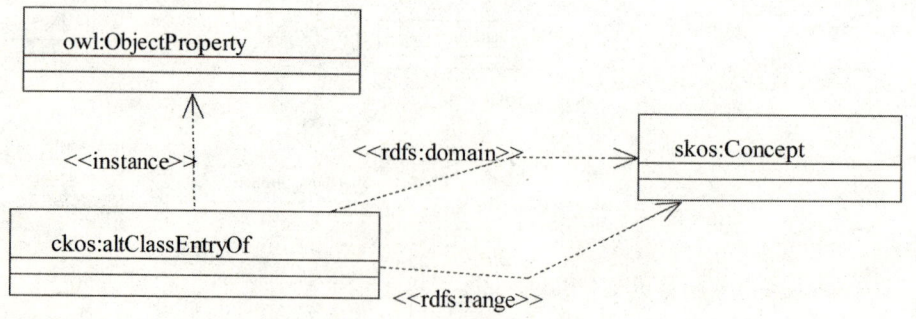

8 概念的标记符号的描述:定义 S15 的 UML 模型

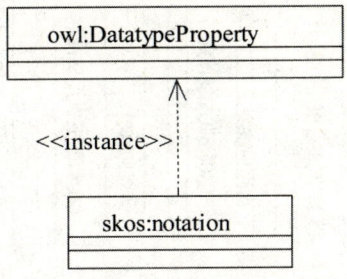

9 概念之间的语义关系的描述:定义 S18—S27,C9、C10 的 UML 模型

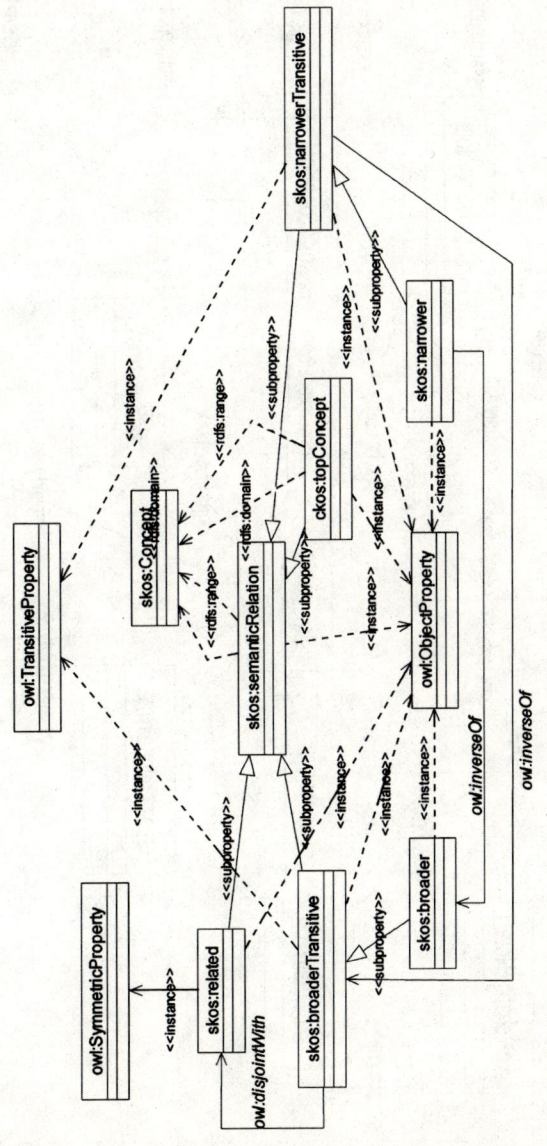

10 注释的描述:定义 S16、S17，C11—C13 的 UML 模型

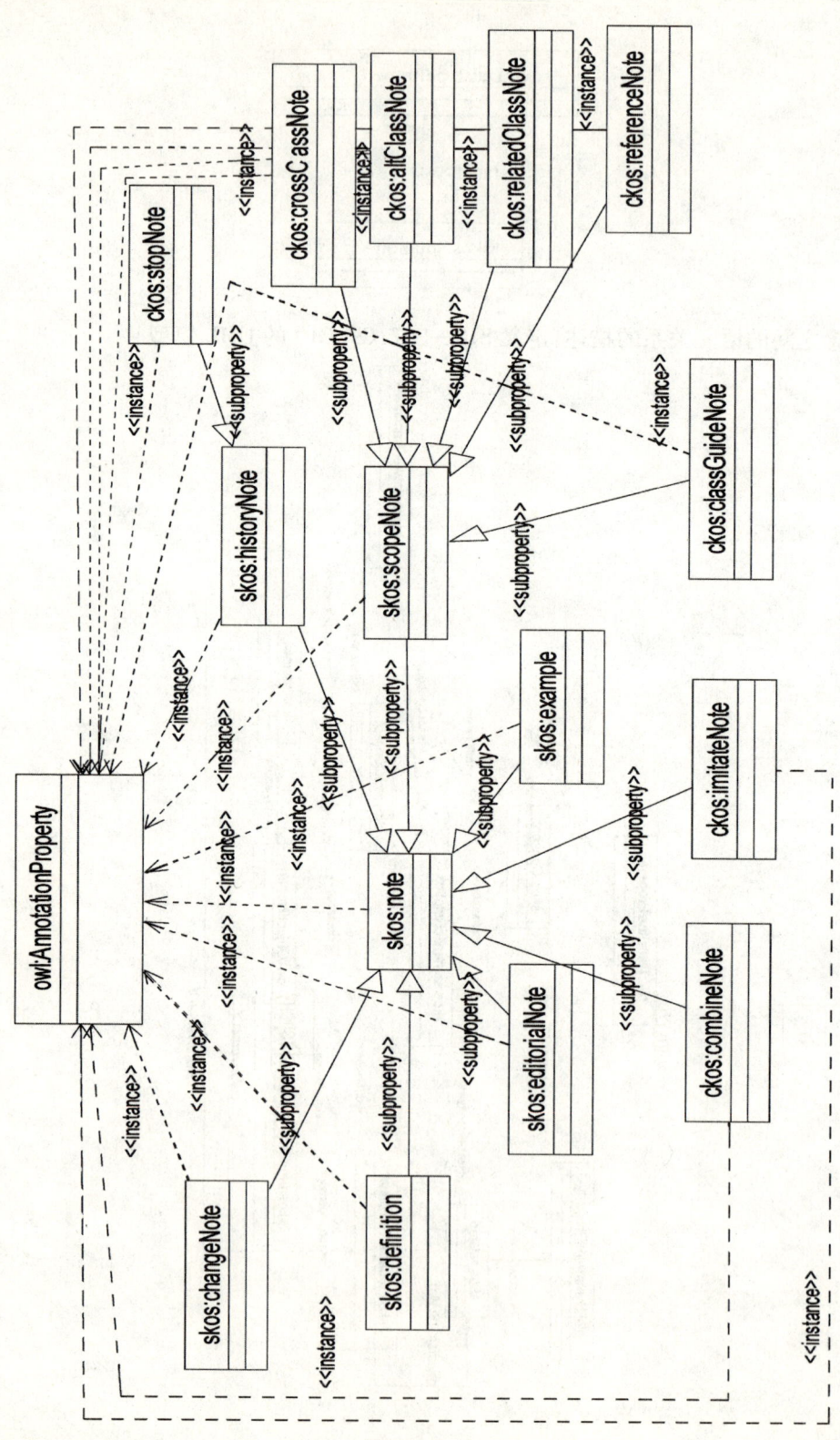

118

10 注释的描述:定义 C14—C20 的 UML 模型

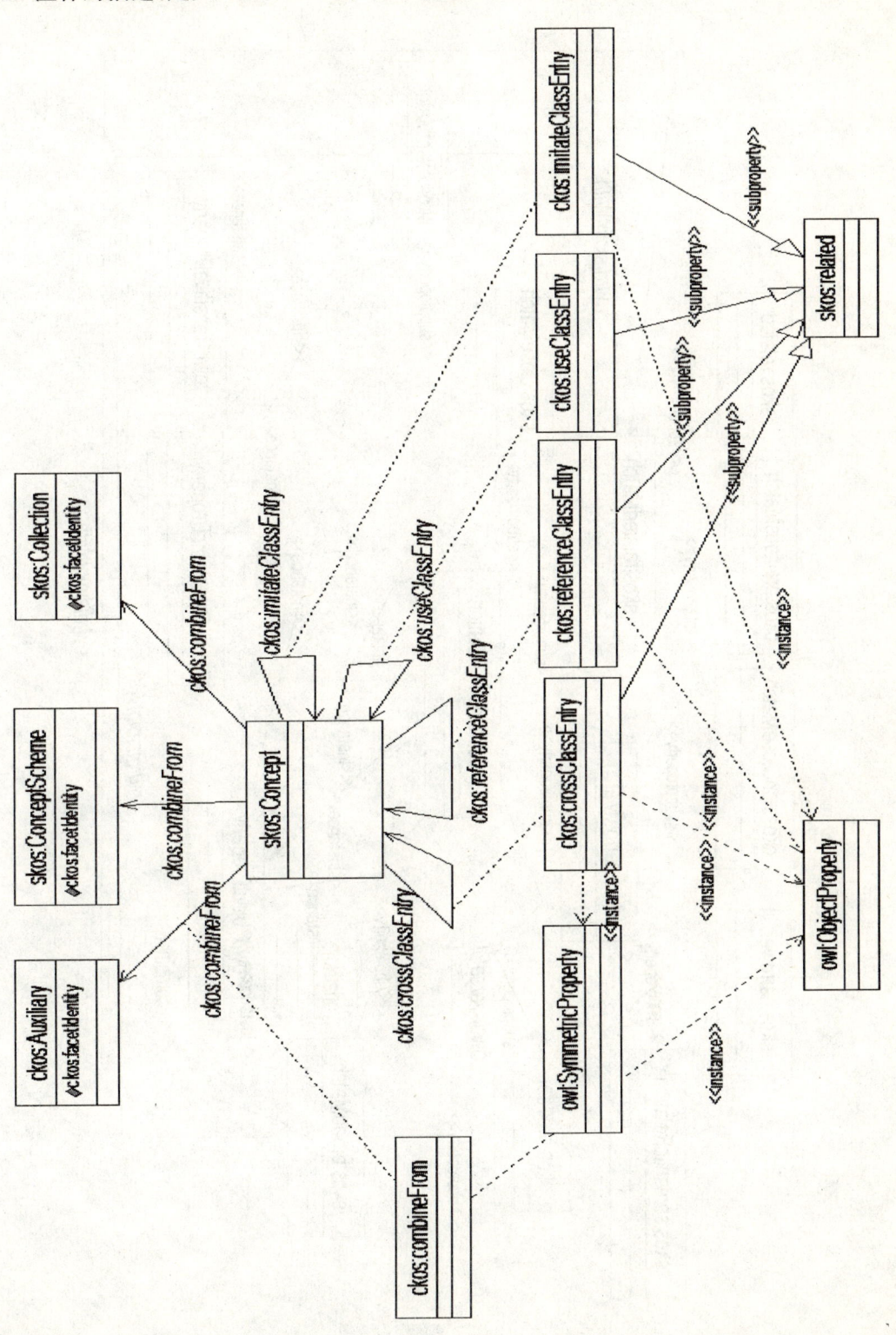

11 不同概念体系中概念之间映射关系的描述:定义 S38—S46,C21—C23 的 UML 模型

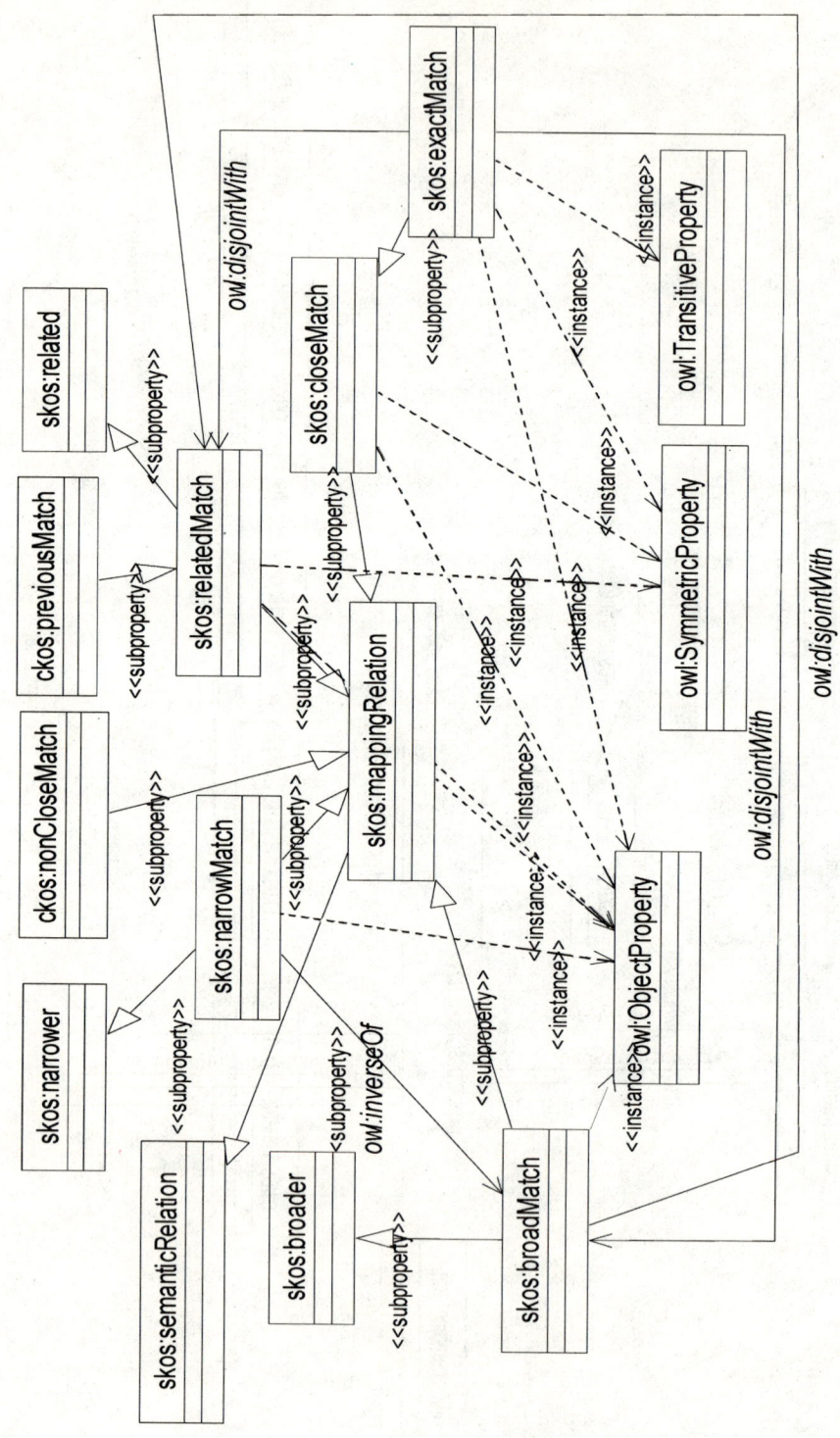

120

12.1 类目类型的描述和指示性类目的进一步揭示：定义 C19 和 C24 的 UML 模型

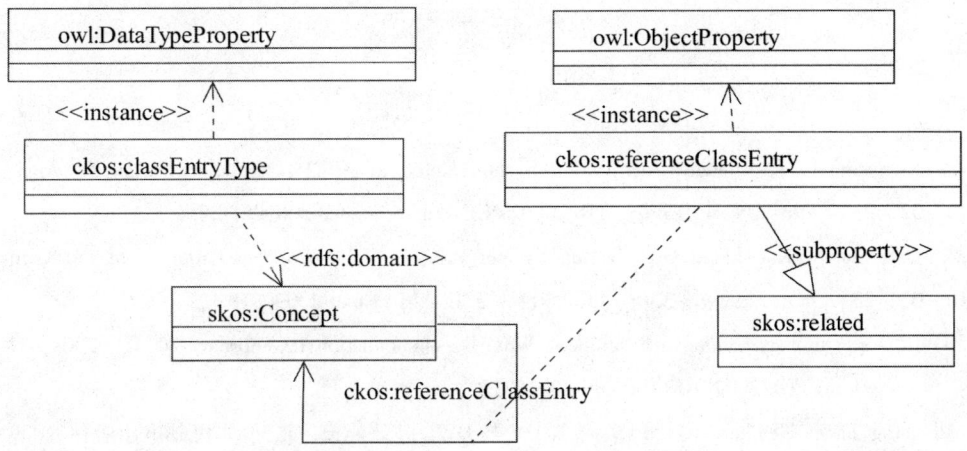

12.2 复合概念/组配关系的描述：定义 C25、C26 的 UML 模型

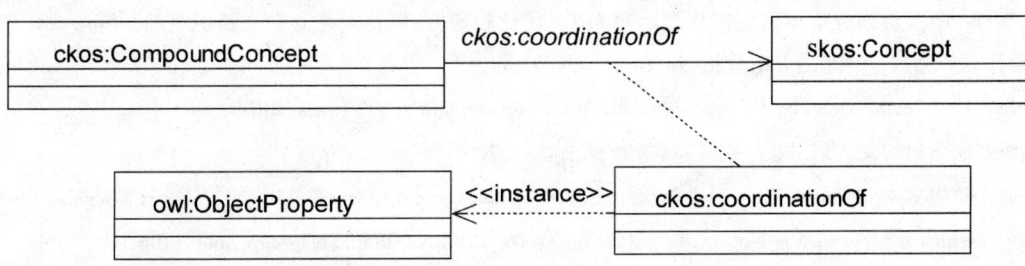

12.4 类号范围的描述：定义 C27、C28 的 UML 模型

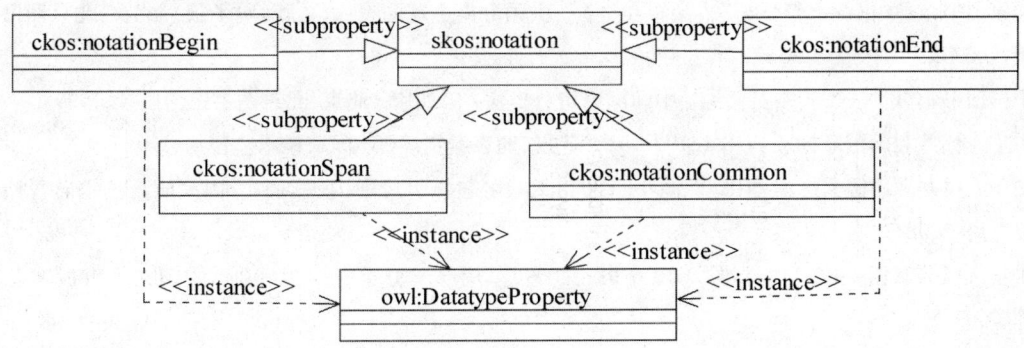

参考文献

［1］W3C. SKOS Simple Knowledge Organization System Reference：W3C Recommendation 18 August 2009. ［2010－02－23］. http://www.w3.org/TR/2009/REC-skos-reference-20090818/

［2］W3C. SKOS Simple Knowledge Organization System Primer：W3C Working Group Note 18 August 2009. ［2010－02－23］. http://www.w3.org/TR/2009/NOTE-skos-primer-20090818/

［3］W3C. OWL Web Ontology Language Reference：W3C Recommendation 10 February 2004. ［2004－04－14］. http://www.w3.org/TR/2004/REC-owl-ref-20040210/

［4］Dean Allemang,James Hendler. 实用语义网：RDFS 与 OWL 高效建模. 北京：人民邮电出版社,2009

［5］曾新红等. 中文叙词表本体共建共享系统 OTCSS 的研究与实现：国家社科基金项目（05CTQ001）结题报告. ［2010－10－20］. http://nkos.lib.szu.edu.cn/OntoThesaurus/05CTQ001Report.pdf

［6］曾新红. 中文叙词表本体的形式化表示与 SKOS 的比较研究：以及对建立中文知识组织系统形式化表示标准体系的建议. 中国图书馆学报,2010(2)：99－106

［7］Robert M Colomb. Ontology and the Semantic Web. Amsterdam : IOS Press,2007

［8］戴维民. 信息组织：第二版. 北京：高等教育出版社,2009

［9］BSI. ISO 25964－1,Information and Documentation—Thesauri and Interoperability with Other Vocabularies—Part 1：Thesauri for Information Retrieval. ［2009－12－09］. http://drafts.bsigroup.com/?d＝517

［10］国家图书馆《中国图书馆分类法》编辑委员会. 中国分类主题词表：第二版. 北京：北京图书馆出版社,2005

［11］国家图书馆《中国图书馆分类法》编辑委员会. 中国分类主题词表：第二版（电子版）. 北京：北京图书馆出版社,2005

［12］中国图书馆分类法编辑委员会编. 中国图书馆分类法：第四版. 北京：北京图书馆出版社,1999

［13］中华人民共和国国家标准. GB 13190—91,汉语叙词表编制规则. 国家技术监督局,1991

［14］中华人民共和国国家标准. GB/T 3860—2008,文献主题标引规则（报批稿）. 国家质量技术监督检验检疫总局,2008

［15］中华人民共和国国家军用标准. GJB 6793—2009,军用电子分类表编制规则. 中国人民解放军总装备部,2009

［16］戴维民等. 网络环境下信息组织的创新与发展：全国第五次情报检索语言发展方向研讨会论文集. 北京：国家图书馆出版社,2009

［17］Michael Panzer,Marcia Lei Zeng. Modeling Classification Systems in SKOS：Some Challenges and Best-Practice Recommendations In：Proc. Int'l Conf. on Dublin Core and Metadata Applications 2009. DCMI,2009：3－14

［18］Marcia Lei Zeng, Jian Qin. CCT2 senariors. ［2010－03－04］. http://www.metadataetc.org/wiki/index.php5?title＝CCT2_senariors

［19］喻菲.《中国分类主题词表》网络化研究：从 MARC 到 SKOS. 见：戴维民,赵建华,汪东波等. 网络环境下

信息组织的创新与发展:全国第五次情报检索语言发展方向研讨会论文集. 北京:国家图书馆出版社,2009

[20] Ed Summers 等. LCSH,SKOS 和关联数据. 现代图书情报技术,2009(3):8 - 14

[21] Ed Summers, et al. LCSH, SKOS and Linked Data. In:Proc. Int'l Conf. on Dublin Core and Metadata Applications 2008. DCMI,2008

[22] OCLC. Dewey Summaries as Linked Data. [2010 - 03 - 04]. http://www.oclc.org/dewey/webservices/default. htm

[23] OCLC. Dewey. info. [2010 - 03 - 04]. http://www.oclc.org/dewey/webservices/default. htm

[24] Antoine Isaac and Aida Slavic. Universal Decimal Classification. [2010 - 03 - 04]. http://www.w3.org/2006/07/SWD/wiki/EucUDC

[25] 曾新红.《中国分类主题词表》的 OWL 表示及其语义深层揭示研究. 情报学报,2005(2):151 - 160

[26] W3C. Cool URIs for the Semantic Web:W3C Interest Group Note 03 December 2008. [2010 - 10 - 05]. http://www.w3.org/TR/2008/NOTE - cooluris - 20081203/

[27] 曾新红. 中文叙词表本体 OntoThesaurus 词汇表. [2010 - 11 - 11]. http://nkos. lib. szu. edu. cn/2010/10/ont/

第三篇　基于元数据的本体构建规范及应用指南

引　言

　　本体,是对共享概念模型明确的、形式化的规范说明。作为一种重要的知识表示和知识组织工具,一经提出,本体就受到了人工智能、计算机和信息领域学者的高度重视。本体根据其应用不同,可以划分为多种类型,如知识表示本体、通用本体、领域本体、任务本体、应用本体等。其中应用最广泛的是领域本体,主要用于描述特定领域的知识(如教育本体、旅游本体),从而支持领域相关的应用(如智能检索、自动问答、知识管理等)。图书馆面对的是多学科、多领域的文献资源,需要建立的是一种通用的、领域无关的文献资源描述和管理方式,在这种背景下仅局限于某个领域的领域本体显然无法胜任。

　　元数据,作为对文献资源的一种通用描述方式,已经在图书馆领域广泛应用。元数据方案从最初的自由文本描述也逐渐向着规范化表示的方向发展,譬如著名的 DC 和 DCTERMS 元数据标准都是采用最简单的本体描述语言 RDFS 进行描述,但是因为 RDFS 语言的局限性,这两个元数据标准还不能精确揭示文献资源之间以及与其他资源(如叙词、人名、地名)之间复杂的关系。近年来采用 OWL 语言描述的书目本体、数字资源结构本体等逐渐在国外出现,这些都属于元数据本体,是对文献资源的书目元数据或者结构特征进行描述的本体,譬如 MarcOnt 本体,其名称就是元数据本体的英文缩写。有鉴于此,笔者提出了基于国家数字图书馆元数据标准构建本体的思想,其目的是采用元数据本体精确地描述文献资源属性以及文献资源之间、文献资源与其他资源之间的相互关系,从而最终实现元数据的语义化表示。对元数据进行语义化描述的优点主要有以下几个方面:

- 采用通用的语义网数据模型 RDF 描述元数据,有利于提高元数据的互操作性;
- RDF 是一种机器可读可理解的语言,采用 RDF 描述的元数据是带有语义信息的元数据,能够实现对元数据的智能检索和操作;
- 语义元数据提供了关联数据的可能,能够将图书馆的各种资源进行相互关联并且在网络上发布。

　　"基于元数据的本体构建规范及应用指南"的主要目的是制定构建元数据本体的规范,从而能够基于构建的元数据本体对数字图书馆中的文献资源进行语义化描述和组织,将不同格式、不同类型的元数据转换成为统一的以 RDF 格式表示的语义元数据。在本规范中,首先以《国家图书馆核心元数据标准》为依据,详细描述了基于已有的核心元数据标准构建核心元数据本体的方法和步骤;然后以古籍文献资源为例,介绍了根据特定类型资源的元数据标准对核心元数据本体进行扩展的原则和方法,从而可以生成面向特定类型资源的专门元数据本体。

　　为了帮助读者对元数据本体的构建目的及应用有更深刻的理解,本规范还同时对元数据本体的应用提供了指南,说明如何根据构建的元数据本体实现元数据的语义化转换。此外,本规范还介绍了以关联数据的形式连接和发布语义元数据的原则和方法。关联数据虽然目前还属于一项新生事物,在国内的应用尚未大量展开,但是关联数据作为语义网的重要实践技术,是语义元数据的一个重要应用方向。通过对图书馆数据进行关联数据化,可以将不同知识单元的数据,即语义元数据、语义化知识组织资源,以及其他相关的语义化资源,以 RDF 链接的形式连接成为一个网状的组织结构,使图书馆的各种资源构成一个统一的有机整体。

1 范围

"基于元数据的本体构建规范及应用指南"是"国家图书馆知识组织标准规范"的重要组成部分。本规范中所构建的本体是对文献资源的元数据进行建模的通用本体,其实质是以形式化语言(即 OWL 语言)对元数据标准(或方案)进行明确的、规范化的描述,其目的是将传统格式的文献资源元数据转化成为机器可读可理解的语义元数据(即以 RDF 格式表示的元数据),从而实现对各种文献资源的统一描述、组织、关联和互操作。基于某种文献资源中描述的领域知识构建领域本体,不属于本规范的讨论范围。

元数据本体的构建是基于国家图书馆已有的元数据标准。目前国家图书馆提供了《国家图书馆核心元数据标准》[1]《国家图书馆元数据标准著录规则》[2]《国家图书馆专门元数据设计规范》[3] 三份文档,因此本规范中所述的元数据本体的构建是基于上述文档中所制定的元数据标准和规范而进行的。虽然也可以直接从空白构建一个全新的元数据本体,但不属于本规范的讨论范围。

2 规范性引用文件

(1)国家图书馆核心元数据标准(1.0 版). 国家图书馆元数据总则项目成果报告,2009.

(2)国家图书馆专门元数据设计规范. 国家图书馆元数据总则项目成果报告,2009.

(3)国家图书馆核心元数据标准著录规则. 国家图书馆元数据总则项目成果报告,2009.

(4)Dublin Core Metadata Element Set 1.1,见 < http://dublincore. org/documents/dces/ >.

(5)DCMI Metadata Terms,见 < http://dublincore. org/documents/dcmi - terms/ >.

(6)W3C Recommendation:RDF Primer,见 < http://www. w3. org/TR/2004/REC - rdf - primer - 20040210/ >.

(7)W3C Recommendation:Resource Description Framework(RDF):Concepts and Abstract Syntax,见 < http://www. w3. org/TR/2004/REC - rdf - concepts - 20040210/ >.

(8)W3C Working Group Note:XML Schema Datatypes in RDF and OWL,见 < http://www. w3. org/TR/2006/NOTE - swbp - xsch - datatypes - 20060314/ >.

(9)W3C Recommendation:RDF/XML Syntax Specification(Revised),见 < http://www. w3. org/TR/2004/REC - rdf - syntax - grammar - 20040210/ >.

(10)W3C Recommendation:RDF Semantics,见 < http://www. w3. org/TR/2004/REC - rdf - mt - 20040210/ >.

(11)W3C Recommendation:RDF Vocabulary Description Language 1.0:RDF Schema,见 < http://www. w3. org/TR/rdf - schema/ >.

(12)W3C Recommendation:OWL Web Ontology Language Overview,见 < http://www. w3. org/

TR/2004/REC – owl – features – 20040210/ > .

(13) W3C Recommendation：OWL Web Ontology Language Guide，见 < http：//www. w3. org/TR/ 2004/REC – owl – guide – 20040210/ > .

(14) W3C Recommendation：OWL Web Ontology Language Reference，见 < http：//www. w3. org/ TR/2004/REC – owl – ref – 20040210/ > .

(15) W3C Recommendation：OWL Web Ontology Language Semantics and Abstract Syntax，见 < http：//www. w3. org/TR/2004/REC – owl – semantics – 20040210/ > .

(16) W3C Working Draft：SKOS Simple Knowledge Organization System Primer，见 < http：//www. w3. org/TR/skos – primer/ > .

(17) W3C Recommendation：SKOS Simple Knowledge Organization System Reference，见 < http：// www. w3. org/TR/2009/REC – skos – reference – 20090818/ > .

(18) W3C Interest Group Note：Cool URIs for the Semantic Web，见 < http：//www. w3. org/TR/ 2008/NOTE – cooluris – 20081203/ > .

(19) W3C Note：URIs，URLs，and URNs：Clarifications and Recommendations 1. 0，见 < http：// www. w3. org/TR/2001/NOTE – uri – clarification – 20010921/ > .

3 术语和定义

3.1 元数据（Metadata）

元数据被称作是关于数据的数据或者关于信息的信息，是一种对信息资源进行描述、解释、定位，或者使其更加易于检索、使用和管理的结构化信息[4]。元数据可分为三种类型：描述性元数据、结构性元数据和管理性元数据[4]。描述性元数据主要描述信息资源的内容和主题特征以帮助发现和识别资源，如书目的题名、主题、作者信息；结构性元数据主要描述信息资源的内部结构，如书目的目录、章节、段落的特征；管理性元数据主要描述与信息资源的管理、存储、访问相关的信息，如文件类型、格式、版权信息、存储信息等。

3.2 本体（Ontology）

在计算机和信息科学领域，本体是指一种"对共享概念模型的明确的形式化规范说明"[5]。本体实质上是一种特殊的、结构化的共享词表，能够对特定领域中的概念以及概念间的相互关系进行形式化的表达。目前最普遍使用的本体建模语言是 OWL 语言。

3.3 元数据本体（Metadata Ontology）

本规范中所述的元数据本体是指以某种形式化语言（通常采用 OWL 语言）对元数据标准或方案进行明确的、规范化的表示而生成的本体。采用元数据本体，不仅可以对信息资源的各种属性和内容特征进行规范化描述，还可以精确描述信息资源之间以及信息资源与其他资源之间的相互关系。

3.4 URI

URI 全称为 Uniform Resource Identifier(统一资源标识符),是标识 Web 资源的标准机制。URI 本身是一种简单字符串,由三部分组成:

- 访问资源使用的协议名称,如 http、https、mailto 等;
- 存放资源的主机名,如 www. nlc. gov. cn 代表国家图书馆的域名;
- 资源自身的名称(即路径),如/onto/core_v1.0.owl 代表本体的路径和文件名。

URI 包含统一资源定位器 URL(Uniform Resource Locator)和统一资源名称 URN(Uniform Resource Name)两个子集[6]。URL 用于标识一个网络上可以访问到的网络途径,是目前 URI 最普遍的形式;URN 是 URI 的一种新形式,不依赖于位置标识资源,可以减少失效链接的个数[6]。

3.5 RDF

RDF 全称为 Resource Description Framework(资源描述框架),是由 W3C① 提出的一种用于描述网络上的信息和资源的标记语言,专门用于描述 Web 资源的元数据[7]。RDF 数据模型采用 URI(统一资源标识符)地址唯一地标识 Web 资源,采用主—谓—宾三元组形式描述资源,其中主体代表资源本身,谓词代表资源的属性,客体代表属性值[7]。目前 RDF 已经成为描述任何可在 Web 上被标识的事物的一种通用框架。

3.6 RDFS

RDFS 全称为 RDF Schema,是由 W3C 提出的 RDF 的词汇描述语言,是对 RDF 在语义上的扩展[8]。RDFS 提供一套命名和描述 RDF 中类和属性的机制,用于定义和描述应用程序专用的类以及类之间的关系[8]。RDFS 可看做是一种最简单的本体描述语言。

3.7 OWL

OWL 全称为 Web Ontology Language(Web 本体语言),是由 W3C 制定的一种本体描述语言,属于知识表示语言家族中的一种,用以描述 Web 文档和应用中固有的类以及其间的逻辑关系[9]。早期的 OWL 语言(OWL 1.0)包括描述能力递增的三种子语言:OWL Lite、OWL DL 和 OWL Full。2009 年 10 月 W3C 发布了 OWL 的新版本,简称 OWL 2.0[10]。OWL 2.0 与 OWL 1.0 兼容,但增加了一些新特性。

---

① W3C,全称是 World Wide Web Consortium(万维网联盟),是负责网络标准制定的一个非营利国际组织,于 1994 年在麻省理工学院创建,创建人包括万维网的发明者蒂姆·伯纳斯·李。

3.8 SKOS

SKOS 全称是 Simple Knowledge Organization System(简单知识组织系统),是由 W3C 制定的一种简单知识组织描述语言,用于描述分类法、叙词表、主题标题表、术语表、规范档等各类结构化受控词表的结构和内容[11]。SKOS 模型的实质是一套由 RDFS 定义的词汇集,采用该词汇集能够以一种机器可理解的方式表达词汇的结构与概念,以供交换和重用。

3.9 语义网(Semantic Web)

语义网是由万维网发明人蒂姆·伯纳斯·李于 1998 年提出的一个概念,是指一种使用可以被计算机理解的方式描述事物的网络[12]。语义网的核心是赋予万维网上所有资源唯一的标识,并为资源添加机器可理解的语义,在资源之间建立起各类语义联系,从而使整个互联网成为一个通用的信息交换媒介。元数据是语义描述的基础,因而也是语义网的语义基础。

3.10 关联数据(Linked Data)

关联数据是由万维网发明人蒂姆·伯纳斯·李在 2006 年提出的一种在 Web 上发布数据的方法,通过使用 URI 标识符和 RDF 数据模型发布、共享、连接各类数据,并能够通过 HTTP 协议进行访问[13]。关联数据的基本宗旨是:①采用 RDF 数据模型在 Web 上发布结构化数据;②采用 RDF 链接连接来自不同数据源的数据[13]。关联数据必须遵循四个基本原则:①使用 URI 命名任何事物;②使用 HTTP URI,使任何人都可以访问这些名称标识;③当有人访问某个 URI 标识时,以 RDF 形式提供有用的信息;④尽可能提供指向其他 URI 地址的链接,使人们可以发现更多的相关信息[13]。

4 总 则

4.1 目标

本规范的目的是基于元数据构建本体,从而可利用元数据本体对数字图书馆中的文献资源进行语义化描述和组织,明确揭示文献资源之间的各种联系,实现对数字图书馆中各种资源统一、有序的组织和管理,使各种类型的资源构成一个有机联系的统一整体,以便解决数量庞大、增长迅速、类型多样、内容和形式复杂、不同来源、不同格式的文献资源的语义互操作和统一访问的问题。

4.2 互操作性

本规范的主要目的是对国家图书馆的文献资源进行语义化描述并解决异构资源之间的语义互操作问题。因此本着互操作这一核心原则,本规范力求能够解决各种元数据标准之间、各种类型文献资源之间的相互兼容问题,实现对文献资源的统一管理和访问。

4.3 规范性和通用性

本规范推荐和使用的各种体系、模型、框架、语言及技术等都是采用目前国际通行和主流的标准,可以针对任何文献资源并在任何系统中使用,与目前国际上相关项目使用的标准完全兼容。譬如,采用统一资源标识符(URI)命名资源,采用资源描述框架(RDF)描述资源,采用简单知识组织语言(SKOS)描述受控词汇,采用网络本体语言(OWL)构建本体。

4.4 灵活性和扩展性

本规范提出了一个层次性的文献资源描述和组织方案,在深度和广度上都具有可扩展性。国家图书馆可根据实际情况灵活选择方案的实施层次和覆盖的资源范围,将来可向更高的层次和更多的资源扩展,不必一步到位。

5 数字图书馆文献资源描述和组织框架图

构建元数据本体的目的是对数字图书馆文献资源进行语义化描述、组织和关联,并提供统一的访问机制,实现异构数据之间的语义互操作。为此,我们提出了一个层次化的数字图书馆文献资源描述和组织框架(如图 3 - 5 - 1 所示),按照以下三个层次对文献资源进行描述、组织和发布。

第一层:元数据层

目前国家图书馆针对不同类型的文献资源(如一般图书、古籍、网络资源等)以都柏林元数据核心元素集①(Dublin Core Metadata Element Set 1.1,简称 DC 元数据)为基础制定了不同的元数据标准(见《国家图书馆专门元数据设计规范》[3]),这些元数据标准之间虽然存在着相似之处(如相同的核心元素),但并不完全兼容。此外,元数据主要是为人而设计的,元素的语义缺乏明确的、形式化的定义,无法利用机器的强大功能对元数据直接进行理解和处理。因此元数据虽然提供了数字图书馆的语义基础,但却无法解决资源描述的异构性和语义性问题[14]。元数据层是对文献资源进行描述和组织的最基本层次,目前国家图书馆文献资源的描述和组织基本上处于这个层次。

第二层:本体层

鉴于元数据的上述局限性,需要在资源元数据描述的基础上构建某种机制,在各种元数据标准间起中介作用,实现不同元数据类型和格式的语义化表示及其语义互操作,这就是本体层的作用。目前通过本体实现元数据的语义化主要有两种方案:一种是对各种元数据标准中的

---

① http://dublincore.org/documents/dces/

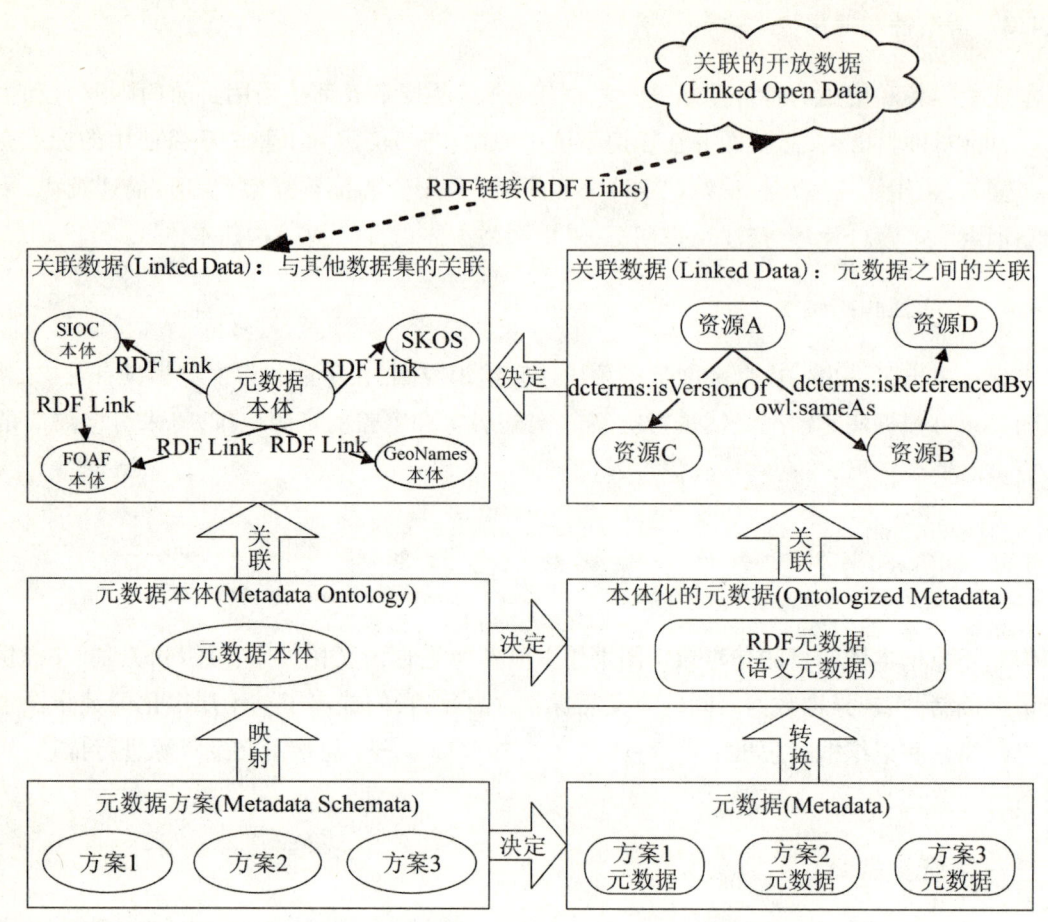

图 3 - 5 - 1　数字图书馆文献资源描述和组织框架

元素进行整合,构建一个共享的集成元数据本体,并基于该本体对各种元数据进行语义化,转换成为统一的具有相同语义的 RDF 格式;另一种是对每种元数据标准进行本体化描述,并基于构建的元数据本体将相应的元数据转换成为 RDF 格式,然后通过不同元数据本体之间的映射关系,实现不同语义的 RDF 元数据的语义互操作。这两种方案各有优缺点。对于第一种方案,如果有新的元数据标准出现,必须修改和扩展集成元数据本体,使它可以包含所有元数据标准的元素,因此灵活性较差,但是在应用层面比较容易实现互操作。第二种方案更具有灵活性,因为当有新的元数据标准出现时,只需对它进行本体化并增加它与其他元数据本体的映射,无需改动已有的元数据本体及它们之间的映射关系,但是在应用层面实现互操作比较复杂,需要借助 OWL 语言的推理功能。因此,针对国家图书馆的实际情况,本规范提出在本体层以 DC 元数据为基础构建一个核心元数据本体,形式化地描述资源的核心属性以及资源之间的相互关系。之所以是一个核心本体,是指该元数据本体并不试图容纳各种元数据标准的所有元素,而只是包含各种不同元数据标准所共有的核心元素(即 DC 元数据)。特定类型资源所特有的元数据元素(如拓片的出土地点)或资源之间特殊的相互关系(如拓片的不同版本)可以动态地加入到核心本体中来,通过对核心本体进行扩展生成特定资源类型的专门元数据本体。这样做的原因是保证元数据本体具有灵活的适应性,可以处理各种不同类型的元数据。通过在元数据标准和相应的元数据本体之间建立映射关系,可以将不同类型和格式的元数据转换成为基于本体的统一的语义化 RDF 表示,既能为机器直接可读可理解,也可以基于核心元数据本体进行统一的检索和其他互操作。

第三层:关联数据层

虽然通过元数据本体,可以在语义层面上描述资源的元数据信息,揭示资源间的相互关系,但是这些资源仅限于文献资源,无法与图书馆的知识组织资源(如名称规范档、分类法、叙词表)或外界的其他信息相沟通,也无法揭示资源间的深层次或隐含的相互关系(譬如两个资源属于同一主题),更无法被读者直接浏览和访问①。因此在关联数据层需要对语义化元数据进行再组织并在 Web 上以关联数据的形式进行发布。这样,在同一资源类型内部,可以识别并关联相同的文献资源;在不同资源类型之间,通过在不同领域和应用的本体间建立关联,可以将数字图书馆不同知识单元的资源,包括文献资源的元数据、知识组织资源、在线网络资源等,在语义层面上相互关联起来;从而使数字图书馆的各种资源构成一个有机联系的统一整体。为了实现数据关联,需要使用 HTTP 协议可参引的 URI 地址命名每个资源,使用 RDF 链接连接相关的资源并语义化地揭示关系的类型(譬如作者关系、主题关系、相同的资源),使得每个资源都可以通过 URI 地址被直接访问,并可以沿着 RDF 链接爬行(如同当前 Web 上的超链接)访问其他相关资源,自由地在不同数据集中进行切换,使数字图书馆的各种数据构成一张数据之网。此外,数字图书馆的关联数据还可进一步与其他数字图书馆的关联数据或其他领域的关联数据相关联,成为整个语义网数据的一部分,更容易被读者所发现。

6 实施规则

图 3−5−1 所示的框架是一个软性的文献资源描述和组织框架,可以根据需要和实际情况决定实施的层次和范围,并不需要一步到位。譬如,在层次上可以先实施到第二层本体层,只利用元数据本体对资源的元数据进行语义化转换,不进行数据关联;在范围上可以只将某种资源类型(如古籍)的语义元数据和《中国分类主题词表》进行关联,从而保证国家图书馆可以灵活地根据实际情况处理各种类型的数字文献资源。

该框架实施的前提和基础是第一层元数据层,即在数字图书馆中已经针对各类文献资源(如一般图书、古籍、学位论文等)制定相应的元数据标准并且使用这些元数据标准对资源进行描述,生成了元数据。该框架的第二层本体层,将基于国家图书馆已有的元数据标准构建元数据本体,并基于该本体将各种元数据转换成为机器可读可理解的语义元数据,即 RDF 表示的

---

① 在传统的文档 Web 中,对数据资源的访问需要采用 API 等方式进行,不能像 Web 文档那样直接访问。

元数据。该框架的第三层关联数据层,将在语义元数据之间以及语义元数据与其他数据(如受控词表数据、人名数据、地名数据)之间建立关联,使数字图书馆中的各类资源构成一个网络状的有机整体。这一层实施的另一个前提是知识组织资源的语义化描述,即采用 SKOS 语言对相关的受控词表(如叙词表、地理名称词表、名称规范档)进行语义化描述,这部分内容请参见本书第二篇"受控表语义描述规范"。

7　结　构

该篇以后的内容按以下结构进行组织:
- 第 8 章为本体及其类和属性命名规范;
- 第 9 章为核心元数据本体构建规范,主要介绍如何基于国家数字图书馆提供的核心元数据规范构建各种文献资源类型共享的核心元数据本体;
- 第 10 章为专门元数据本体构建规范,主要介绍如何基于国家数字图书馆提供的专门元数据规范对核心元数据本体进行扩展而生成针对某种文献资源类型的专门元数据本体;
- 第 11 章为元数据语义化指南,主要介绍如何根据构建的元数据本体将普通元数据转换成为语义化的元数据(即 RDF 格式的元数据);
- 第 12 章为关联数据指南,介绍如何以关联数据发布数字图书馆中以元数据为核心的各种数据。

8　本体及其类和属性命名规范

所有本体均采用 URI 标识符进行唯一命名,URI 标识符的形式需遵循本书第一篇"网络知识组织系统注册与术语服务规范及应用指南"中对 NKOS[①] 的 URI 标识符命名的规定,即 URI 标识符最好能够反映 NKOS 的类型、名称和版本等重要信息。譬如,国家图书馆的核心元数据本体被命名为 < http://www.nlc.gov.cn/onto/core_v1.0.owl >,简称 NLOC,其中:
- http 是资源的访问协议;
- www.nlc.gov.cn 是国家图书馆的域名;
- /onto/core_v1.0.owl 是本体的路径,该路径中 onto 表示本体,core_v1.0.owl 是本体的 OWL 文档名,其中 core 表示是核心元数据本体,v1.0 表示本体的版本。

这个 URI 标识符既可以是一个虚拟的、不可访问的 URI 地址,仅为了标识 NLOC 本体这一 Web 资源;也可以是一个 HTTP 协议可引用的 URI 地址,指向该本体的 OWL 文档。

本体中类和属性建议采用 Hash URI 命名方式进行命名,即采用"#"符号分割 URI 标识符,

---

① NKOS 是网络知识组织系统的缩写,本体是 NKOS 的一种。

该符号之前的部分是本体的 URI 标识符,之后部分是类和属性的本地标识符,"#"符号代表它们是本体资源的一个片段。类和属性的 URI 标识符形式为 < http://www.nlc.gov.cn/onto/core _v1.0.owl#[local_identifier] > 。之所以建议采用 Hash URI 方式命名本体的类和属性,是考虑到将来如果在 Web 上发布本体资源,可以减少访问类和属性时的延时。当然也可采用 Slash URI 方式命名类和属性,即采用"/"符号代替上述地址中的"#"符号,只是在 Web 上访问本体的类和属性时会造成一些延时。这方面的具体信息请参见 W3C 的文档 *Cool URI for the Semantic Web*[15]。

如果本体中的类和属性来自于其他本体或词汇集,可以直接采用它们曾经的标识符进行命名。譬如直接复用 DC 元数据或 DCMI 元数据术语中的元素作为 NLOC 本体中的属性,它们的命名直接采用原标识符,如:

- http://purl.org/dc/elements/1.1/title
- http://purl.org/dc/terms/temporal

类和属性的本地标识符应遵循以下命名规则:

(1)类(Classes)的标识符需首字母大写,如 Person、Organization 等。

(2)如果类的标识符由多个单词构成,每个单词需首字母大写,然后直接连接在一起,如 DocumentResource、PeriodOfTime。

(3)属性(Properties)的标识符需首字母小写,如 creator、subject、language。

(4)如果属性的标识符由多个单词构成,除第一个单词外,其余每个单词均需首字母大写,然后直接连接在一起,如 titleCaption、tableOfContents。

另外一种简单的表示方法是采用命名空间前缀代表命名空间的 URI 地址,如:

- xmlns:nloc = "http://www.nlc.gov.cn/onto/core_v1.0.owl#"
- xmlns:dc = "http://purl.org/dc/elements/1.1/"
- xmlns:dcterm = "http://purl.org/dc/terms/"

因此,类和属性可以简写为"prefix:local_identifier"的形式,如:

- nloc:DocumentResource、nloc:Person、nloc:PeriodOfTime
- dc:title、dc:creator、dc:subject
- dcterms:temporal、dcterms:spatial、dcterms:hasPart、dcterms:isPartOf

9 核心元数据本体构建规范

目前国家图书馆针对不同的文献资源,如普通图书、古籍、音频资源、视频资源等,已经制定或正在制定不同的元数据标准,但所有针对特定资源类型的专门元数据标准都是以《国家图书馆核心元数据标准》[1]为基础来制定的,因此核心元数据标准是各种类型文献资源共享的共同标准。本章详述如何基于《国家图书馆核心元数据标准》构建 NLOC 核心元数据本体。

《国家图书馆核心元数据标准》是基于 DC 元数据制定的,完全复用了 DC 元数据的 15 个元素,但考虑到这些元素比较宽泛,建议同时参考 DCMI 元数据术语中的元素作为必要的补充。本体的编制语言建议选择 OWL Lite 或 OWL DL。如果完全基于核心元数据标准的 15 个元素进行构建,使用 OWL Lite 语言已经足够;如果还需要在这 15 个元素的基础上做进一步扩展,譬如定义比较复杂的书目关系,建议使用 OWL DL 语言。本体编辑器推荐使用斯坦福大学开发的 Protégé – OWL。关于如何使用 Protégé – OWL,请参见 Protégé 网站中提供的 Protégé3. X 操作指南[16]。

9.1 核心元数据本体构建步骤

核心元数据本体是一个描述文献资源的基本模型,定义了文献资源的核心属性、文献资源之间以及文献资源与其他相关资源(如知识组织资源、个人、组织机构、地点)之间的基本关系。因此构建核心元数据本体的关键是:

- 如何定义各种类来表示不同类型文献资源的集合和其他相关资源的集合;
- 如何定义各种属性来描述不同类型的文献资源和其他相关资源的特征以及它们之间的关系。

核心元数据本体的构建需遵循以下几个主要步骤进行:

(1)对元数据标准中元数据元素进行分析,确定它们的类型和取值范围;

(2)基于元数据元素的描述对象和取值范围构建本体的具名类(Named Classes)。如果需要,还需为类添加子类(Subclasses),构建类的层次化分类体系。

(3)基于构建的具名类为本体添加属性(Properties),并描述每个属性的特征、领域(Domain)和值域(Range);

(4)通过添加约束(Restrictions)对类进行详细定义和描述;

(5)为每个类和属性添加注释属性(Annotation properties);

(6)为本体自身添加注释属性;

(7)对构建的本体进行测试和推理性验证(Validation);

(8)对构建的本体进行修改和完善。

9.2 元数据元素分析

元数据的描述对象是文献资源,因此在元数据本体中,最核心的类应是"文献资源",标识为"nloc:DocumentResource",是图书馆中各种文献资源对象的集合。该类还可以包含多个子类,代表各种不同的文献资源类型(详见本篇第9.3节)。

元数据元素的作用是描述文献资源的各种属性特征以及它们之间的相互关系,是构建本体属性和类的基础。有些元数据元素可以直接复用为本体的属性,有些元素则可以分解为多个本体属性。本体有两种属性类型:数据类型属性(Datatype Properties)和对象属性(Object Properties)。数据类型属性的属性值是文字(Literals),表示的是个体和文字之间的关系;对象

138

属性的属性值是对象(Objects),如,王军(个人)、北京大学出版社(组织机构)、北京(地点)等,表示的是个体之间的关系。针对元数据元素取值类型的不同,可以将元素转换为本体的数据类型属性或对象属性。《国家图书馆核心元数据标准》中的 15 个核心元素(即 DC 元数据)的取值类型可以分为四类:自由文本、时间日期、实体对象、来自受控词表的规范术语。建议按照以下规则对这四种不同取值类型进行处理。

(1)自由文本

自由文本可以采用字符串数据类型来表示,因此取值为自由文本的元数据元素可以转换为本体的数据类型属性,其值域就是字符串。

(2)时间日期

时间日期的表示比较复杂,既可以是一个时间点(如"2009 - 12 - 25"),也可以是一个时间段(如"20040615—20040618");既可以是公元纪年(如"1912"),也可以是年号纪年(如"清康熙二十五年")。对于时间日期,最简便的方法是采用字符串数据类型来表示,将取值为时间日期的元数据元素转换为数据类型属性,取值遵循元数据的著录规则。不建议直接采用时间日期数据类型(如 xsd:date、xsd:dateTime、xsd:gYear 等)来表示时间日期,这是因为每种时间日期数据类型的格式都有严格的规定,譬如 xsd:date 要求采用"CCYY - MM - DD"格式表示日期,xsd:gYear 要求采用"CCYY"格式表示日期,不能适应多种不同的时间日期表达方式。但是采用字符串表示时间日期不利于表达的规范性和以后数据的检索。另一种解决方案是定义一个时间日期类(即 PeriodOfTime 类)来表示各种时间日期,那么取值为时间日期的元数据元素则可以转换为对象属性,其值域为所定义的时间日期类。

(3)实体对象

实体对象的集合可采用本体中的类来描述,有三种处理方法:(1)在本体中新定义类来描述实体对象的集合,如,在 NLOC 本体中定义 Agent 类来表示个人、团体和组织机构的集合;(2)在语义匹配的情况下直接借用其他本体中已经定义好的类来描述实体对象的集合,如,直接借用 FOAF① 本体中定义的 Agent 类来表示同样的概念[20]。(3)在本体中先定义好所需的类,然后将它与其他本体中定义的相同含义的类之间建立映射关系,如,将 NLOC 本体中新定义的 Agent 类与 FOAF 本体中的 Agent 类建立"等价类(owl:equivalentClass)"的映射关系。

(4)受控词表中的规范术语

建议采用 SKOS 语言(包括 SKOS 扩展语言 CKOS②)对受控词表进行语义化描述,具体内容请参见本书第二篇"受控表语义描述规范"。这样,一个受控词表可以表示为 skos:

---

① FOAF 本体,一个描述个人或组织机构的属性及相互关系的著名本体,见 http://xmlns.com/foaf/0.1/。

② CKOS 代表 < http://www.nlc.gov.cn/2010/06/ckos# >,是扩展 SKOS 核心模型中定义的类和属性而生成的用于描述受控词表的 SKOS 扩展语言。

ConceptShceme① 类的一个个体(即实例),受控词表中的一个规范术语则表示为 skos:Concept②
类的一个个体(即实例)。因此取值于受控词表的元数据元素可以转换为对象属性,其值域为
skos:Concept 类或它的某个子类。

需要说明的是,并不是国家图书馆所有的受控词表都已经进行了 SKOS 语义化描述。有些
受控词表比较简单,如,ISO639 - 2 语种规范档,没有层次结构,只是一个简单的词表列表,可以
很容易地转换成为 SKOS 表示。但是有些受控词表比较复杂,如,《汉语主题词表》,有复杂的
层次结构,转换并不容易。如果目前还无法对某个受控词表进行 SKOS 化转换,可以将需要取
值于该受控词表的元数据元素暂时转换为本体的数据类型属性,采用字符串表示取自该受控
词表中的规范术语或概念。

9.3 定义具名类(Named Classes)

所谓类是一组具有共同属性的个体(或对象)的集合。类分为具名类(Named Classes)和匿
名类(Anonymous Classes)。具名类是由本体创建者直接定义的类,并且赋予其明确的名称(即
标识符);匿名类则是通过属性限制或者对具名类进行逻辑组配而自动生成的没有明确名称的
类,无需创建者事先定义。

在构建 NLOC 核心元数据本体时,首先需要根据元数据的描述对象和元数据元素的取值
范围定义本体中的具名类。元数据的描述对象是文献资源,因此首先需要定义一个代表文献
资源集合的类 nloc:DocumentResource。根据本篇第 9.2 节中对元数据元素取值范围的分析,有
四种类型的取值范围:自由文本、实体对象、时间日期、受控词表中的规范术语,其中自由文本
直接采用字符串数据类型表示,而其他三种取值范围则需要定义类来表示。因此定义一个表示
时间日期集合的类 nloc:PeriodOfTime;定义一个表示个人和组织机构实体对象集合的类 nloc:
Agent;另外直接采用 SKOS 模型中定义的 skos:ConceptScheme 类表示受控词表的集合,采用
skos:Concept 类表示受控词表中规范术语的集合。

所有新定义的类都是本体中一个预定义类 owl:Thing 的子类。在默认情况下,兄弟类(即
同一个父类下的同级子类)之间是可以相交的,即一个类的个体同时也可以是另一个类的个
体。如果需要定义相互不相交的兄弟类,必须要明确地声明它们是不相交的。

下面将对 NLOC 核心元数据本体中定义的各个具名类进行详细描述。

9.3.1 定义 nloc:DocumentResource(文献资源)类

该类代表的是图书馆中各种文献资源的总集合,然后可以为该类构建各种子类,构成一个
层次化的分类体系,代表不同类型的文献资源。关于"文献资源"的分类有多种途径和标准,建
议参照《国家图书馆核心元数据标准著录规则》[2] 中所附的"信息资源名称规范列表"和
Bibliographic Ontology[17] 中定义的文献资源分类体系进行分类,并根据实际需要进行添加或修

---

① skos:ConceptScheme 是 SKOS 语言中定义的一个类,表示概念体系的集合。
② skos:Concept 是 SKOS 语言中定义的一个类,表示概念的集合。

改,但是每个子类最好对应于同一种元数据标准,这样有利于以后根据相应的元数据标准对 NLOC 核心元数据本体进行扩展从而生成针对这种文献资源子类的专门元数据本体,譬如古籍文献资源元数据本体。表 3 - 9 - 1 给出了 DocumentResource 类的一个不完全分类层次作为示例和参考。

9.3.2 定义 nloc:Agent(代理者)类

该类代表的是个人、团体、组织机构以及服务的集合,与 FOAF 本体中的 foaf:Agent 类相等价,也与 DCMI 元数据术语中的 dcterms:Agent 类相等价。因为在 FOAF 本体中已经对 foaf:Agent 类进行了详细的定义和描述,完全可以借用这些定义和描述以用于 nloc:Agent 类。nloc:Agent 类含有三个不相交的子类,与 foaf:Agent 类的三个相应子类完全等价:

- nloc:Agent owl:equaliventClass dcterms:Agent
- nloc:Agent owl:equaliventClass foaf:Agent
    - nloc:Person owl:equaliventClass foaf:Person(个人)
    - nloc:Organization owl:equaliventClass foaf:Organization(组织机构)
    - nloc:Group owl:equaliventClass foaf:Group(团体)

此外,对个人、团体和组织机构还有另外一种处理方式。在图书馆中常采用名称规范档对人名和组织机构名等名称进行统一的规范化描述。名称规范档是受控词表的一种,可以采用 SKOS 语言对其进行语义化描述,具体请参见本书第二篇"受控表语义描述规范"。在该语义化描述规范中,对 SKOS 核心模型进行扩展生成针对中文网络知识组织系统的 CKOS 模型。在 CKOS 模型中定义了 skos:Concept 类的两个子类分别表示个人和组织机构概念:

- skos:Concept
    - ckos:PersonConcept(表示个人概念的集合)
    - ckos:OrganizationConcept(表示团体和组织机构概念的集合①)

在 NLOC 本体中可以直接借用这两个已经定义好的子类来表示个人、团体和组织机构的集合。

---

① 这里把团体看作是一种非正式的组织机构。

表 3 – 9 – 1　核心元数据本体中 nloc：DocumentResource 类的部分子类

第二层级类	第三层级类	第四层级类
nloc：Document（文档）	nloc：Ancient（古籍文献）*	nloc：RareBook（古籍图书）
		nloc：Chorography（地方志）
		nloc：Rubbing（拓片）
		nloc：Genealogy（家谱）
		nloc：Atlas（舆图）
	nloc：Book（图书）	nloc：Proceeding（会议录）
	nloc：Article（文章）	
	nloc：Image（图像）	nloc：Map（地图）
		nloc：Photo（照片）
		nloc：Picture（书画）
	nloc：Audio（音频文件）	
	nloc：Video（视频文件）	
	nloc：Manuscript（手稿）	
	nloc：Patent（专利文献）	
	nloc：Report（科技报告）	
	nloc：Standard（技术标准）	
	nloc：Thesis（学位论文）	
	nloc：Reference（参考资源）	
	nloc：Slideshow（幻灯片）	
	nloc：Webpage（网页）	
	nloc：PersonalCommunicationDocument（个人交流文档）	nloc：Email（电子邮件）
		nloc：Letter（书信）
	nloc：Website（网站）	
nloc：Collection（文档集合）	nloc：Series（丛书）	
	nloc：Periodical（定期出版物）	nloc：Newspaper（报纸）
		nloc：Magazine（杂志）
		nloc：Journal（期刊）
	nloc：BookSection（书的组成部分）	nloc：Chapter（章节）
nloc：Component（文档部件）	nloc：Excerpt（摘录）	nloc：Quote（引用）
	nloc：Slide（单张幻灯片）	

注：(1) 英文名称是类的本地标识符，括号中是类的中文标签；

(2) nloc 代表 NLOC 核心元数据本体的命名空间"http：//www.nlc.gov.cn/onto/core_v1.0.owl#"。

9.3.3 定义 nloc:PeriodOfTime(时间)类

该类代表各种时间日期表示的集合。时间日期表示可以分为两大类:一类是表示一个时间点,譬如某年、某月、某日;另一类是表示一个时间段,由起始时间点和结束时间点来限定。因此 nloc:PeriodOfTime 类含有两个子类:

- nloc:PeriodOfTime
  - nloc:Instant(表示时间点)
  - nloc:Interval(表示时间段,由起始时间点和结束时间点来限定)

9.3.4 复用 skos:ConceptScheme(概念体系)类

该类是 SKOS 核心模型中的定义的一个类,代表概念体系的集合。在 SKOS 模型中,一个受控词表可以描述为一个 SKOS 概念体系,即 skos:ConceptScheme 类中的一个实例。如果几个受控词表描述的概念相似或相近(譬如均描述地名概念),可以合并在一个 SKOS 概念体系中进行描述。关于受控词表语义化描述的详细信息请参见本书第二篇"受控表语义描述规范"。表 3-9-2 列出了《国家图书馆核心元数据标准著录规则》[2]中所用到的受控词表以及它们相对应的 URI 标识符。

表 3-9-2 《国家图书馆核心元数据标准著录规则》中用到的受控词表及其 URI 标识符

元数据元素	取值的受控词表	SKOS 语义化受控词表的 URI 标识符
language	RFC 4646	http://www.nlc.gov/vocab/RFC4646
	ISO 639—2	http://www.nlc.gov/vocab/ISO639-2
	世界语种代码表(国家图书馆编)	http://www.nlc.gov/vocab/Lang
	中国少数民族文字表(北京大学图书馆编)	http://www.nlc.gov/vocab/EthnicLang
subject	中国图书馆分类法(CLC)	http://www.nlc.gov.cn/vocab/CCT_CLC_v4.0
	汉语主题词表(CT)	http://www.nlc.gov.cn/vocab/CCT_CT_v2.0
	古籍四部分类法(FDC)	http://www.nlc.gov.cn/vocab/FDC
	中科院图书馆图书分类法(LASC)	http://www.nlc.gov.cn/vocab/LASC
type	DCMIType 类型词汇表	http://www.nlc.gov.cn/vocab/DCMIType
	信息资源名称规范列表	http://www.nlc.gov.cn/vocab/IRType
format	Internet 媒体类型 IMT(MIME)	http://www.nlc.gov.cn/vocab/IMT
	CALIS 采用的规范表	—
	科技部项目中的数字资源格式	—
coverage.spatial	地理名称叙词表(TGN)	http://www.nlc.gov.cn/vocab/TGN
	地理科学叙词表(TGS)	http://www.nlc.gov.cn/vocab/TGS
	ISO 3166(国家名称代码)	http://www.nlc.gov.cn/vocab/ISO3166
	中国图书馆分类法地区复分表	http://www.nlc.gov.cn/vocab/CCT_CLC_Place_v4.0

9.3.5 复用 skos:Concept(概念)类

该类是 SKOS 核心模型中定义的一个类,代表概念的集合。在 SKOS 核心模型中,受控词表中的一个规范术语可以描述为一个 SKOS 概念,即 skos:Concept 类的一个个体。概念和概念体系之间的关系用 skos:hasTopConcept 和 skos:inShceme 属性来描述,详细内容请参见本书第二篇"受控表语义描述规范"。在该语义化描述规范中对 SKOS 核心模型进行了扩展,扩展后的模型被称作 CKOS 模型,是针对中文网络知识组织系统进行语义化描述的一个模型。在 CKOS 模型中定义了 skos:Concept 类的一系列子类用以表示特定类型的 SKOS 概念,如下所示:

- skos:Concept
  - ckos:LanugageConcept(表示语种概念的集合)
  - ckos:LocationConcept(表示地名概念的集合)
  - ckos:ResourceTypeConcept(表示资源类型概念的集合)
  - ckos:MediaFormatConcept(表示媒体类型概念的集合)
  - ckos:PersonConcept(表示人名概念的集合)
  - ckos:OrganizationConcept(表示团体名和组织机构名概念的集合)

来源于某些受控词表的概念可能全部属于某个特定的子类,如来源于语种列表的概念全部属于 ckos:LanugageConcept 类,但是也有些受控词表中的概念非常多样,属于整个 skos:Concept 类而不是某个特定的子类,如"汉语主题词表"中的概念。表 3 - 9 - 3 列举了《国家图书馆核心元数据标准著录规则》[2]中所用到的受控词表中以及这些受控词表中的概念所属的 skos:Concept 类的子类。

图 3 - 9 - 1 给出了一个采用 SKOS 语言描述受控词表中规范术语的示例。"ISO 639—2 语种列表"和"世界语种代码表"被分别描述为一个概念体系(skos:ConceptScheme)。"ISO 639—2 语种列表"中的规范术语"Chinese"和"世界语种代码表"中的规范术语"汉语"被分别描述为相应概念体系中的一个 SKOS 概念(skos:Concept)。位于不同概念体系中的这两个概念含义完全相同,因此是精确匹配(skos:extactMatch)的关系。图 3 - 9 - 1 所示的是上述描述的 Turtle① 序列化表示。

表 3 - 9 - 3 《国家图书馆核心元数据标准著录规则》中用到的受控词表及其概念所属的 SKOS 概念类型

受控词表	skos:Concept 类或其子类	注释
- RFC 4646		
- ISO 639 - 2		
- 世界语种代码表	ckos:LanguageConcept	语种概念
- 中国少数民族文字表		
- 其他语种词表		

---

① Turtle 是 RDF 语言的一种简单语法表示形式。

144

受控词表	skos:Concept 类或其子类	注释
– 汉语主题词表(CT) – 其他叙词表 – 中国图书馆分类法(CLC) – 中国科学院图书分类法(LASC) – 古籍四部分类法(FDC) – 其他分类法	skos:Concept	叙词表和分类法中的概念非常多样,因此属于整个 skos:Concept 类,而非特定的子类
– DCMI 类型词汇表 – 信息资源名称规范列表 – 其他资源类型表	ckos:ResourceTypeConcept	资源类型概念
– IMT(因特网媒体类型)词表 – CALIS 采用的规范表 – 科技部项目中的数字资源格式 – 其他媒体类型表	ckos:MediaFormatConcept	媒体类型概念
– 中国图书馆分类法地区复分表 – 地理名称叙词表(TGN) – 地理科学叙词表(TGS) – ISO 3166(国家名称代码) – 汉语主题词表中的地名表 – 其他地名词表	ckos:LocationConcept	地名概念
– 人名/组织机构名规范档	ckos:PersonConcept ckos:OrganizationConcept	个人、团体和组织机构名概念

注:(1)skos 代表 SKOS 核心模型的命名空间"http://www.w3.org/2004/02/skos/core#";

(2)ckos 代表 SKOS 扩展模型的命名空间"http://www.nlc.gov.cn/2010/06/ckos#"。

```
@ prefix iso：＜http：//www. nlc. gov. cn/vocab/ISO639 - 2# ＞.
@ prefix lang：＜http：//www. nlc. gov. cn/vocab/Lang# ＞.
@ prefix skos：＜http：//www. w3. org/2004/02/skos/core# ＞.
@ prefix ckos：＜http：//www. nlc. gov. cn/2010/06/ckos# ＞.
@ prefix rdf：＜http：//www. w3. org/1999/02/22 - rdf - syntax - ns# ＞.

＜http：//www. nlc. gov. cn/vocab/ISO639 - 2＞ rdf：type    skos：ConceptShceme.
＜http：//www. nlc. gov. cn/vocab/Lang＞    rdf：type        skos：ConceptShceme.

iso：chi   rdf：type         ckos：LanguageConcept；
          skos：inScheme     ＜http：//www. nlc. gov. cn/vocab/ISO639 - 2＞；
          skos：notation     "chi"^^＜Notation1＞；
          skos：notation     "zh"^^＜Notation2＞；
          skos：prefLabel    "Chinese"@ en；
          skos：preflabel    "Chinois"@ fr；
          skos：exactMatch   lang：chi .

lang：chi   rdf：type         ckos：LanguageConcept；
          skos：inScheme     ＜http：//www. nlc. gov. cn/vocab/Lang＞；
          skos：notation     "chi"^^＜Notation1＞；
          skos：prefLabel    "Chinese"@ en；
          skos：preflabel    "汉语"@ zh；
          skos：exactMatch   iso：chi.
```

图 3 - 9 - 1   采用 SKOS 语言描述的语种词表中术语的语义化描述示例(Turtle 格式)

9.4 定义属性(Properties)

在定义好本体的类之后,需要定义属性来描述类的特征以及类与类之间的关系。本体的两种主要属性类型(数据类型属性和对象属性)都具有领域(Domain)和值域(Range)。领域指的是属性的应用范围,即哪个(些)类的个体可以具有该属性,反过来也可以说具有该属性的个体属于哪个(些)类。值域指的是属性的取值范围,即哪种数据类型或者哪个(些)类的个体可以作为该属性的属性值。如果是数据类型属性,则值域是字符串、数字、时间日期等文字值;如果是对象属性,则值域是某个(些)类。属性的实质就是描述领域中的个体与值域中的个体之间的相互关系。

9.4.1 领域为 nloc：DocumentResource 类的属性

《国家图书馆核心元数据标准》[1]中定义的 15 个元数据元素就是为描述文献资源的属性而制定的,因此制定"nloc：DocumentResource"类的属性依据就是这 15 个元数据元素。其中大多数元素可以直接复用为本体的属性,但是有些元素需进行分解,转换为多个属性。领域为 nloc：DocumentResource 类的所有属性如表 3 - 9 - 4 所示,具体说明如下。

146

表 3 - 9 - 4　核心元数据本体中 nloc：DocumentResource 类的属性

属性标识符	标签	属性类型	值域	出处
dc：title	名称	数据	xsd：string	DC
dc：description	描述	数据	xsd：string	DC
dc：identifier	标识符	数据	xsd：string	DC
dc：date	日期	对象	nloc：PeriodOfTime	DC
dc：creator	创建者	对象	nloc：Agent 或 foaf：Agent 或	DC
dc：contributor	其他责任者	对象	ckos：PersonConcept +	DC
dc：publisher	出版者	对象	ckos：OrganizationConcept	DC
dc：relation	关联	对象	nloc：DocumentResource	DC
dc：source	来源	对象	nloc：DocumentResource	DC
dc：language	语种	对象	ckos：LanguageConcept	DC
dc：subject	主题	对象	skos：Concept	DC
dc：type	类型	对象	ckos：ResourceTypeConcept	DC
dc：rights	权限	数据	xsd：string	DC
dcterms：temporal	时间范围	对象	nloc：PeriodOfTime	DC Terms
dcterms：spatial	空间范围	对象	ckos：LocationConcept 或 nloc：Location	DC Terms
dc：format	格式	数据	xsd：string	DC
nloc：media	媒体类型	对象	ckos：MediaFormatConcept	新定义

注：（1）dc 代表 DC Metadata Element Set 1.1 的命名空间"http://purl.org/dc/elements/1.1/"；

（2）dcterms 代表 DCMI Metadata Terms 的命名空间"http://purl.org/dc/terms/"；

（3）nloc 代表 NLOC 核心元数据本体的命名空间"http://www.nlc.gov.cn/onto/core_v1.0.owl#"；

（4）dc：identifier 的属性值是除 URI 标识符以外的其他标识符。

（1）添加 dc：title、dc：description、dc：rights 数据类型属性

《国家图书馆核心元数据标准》[1] 中 title、description、identifier、rights 四个元数据元素的取值都是自由文本，可以直接复用为数据类型属性，值域均为字符串。

（2）添加 dc：identifier 数据类型属性及其子属性

《国家图书馆核心元数据标准》中 identifier 元数据元素的取值是自由文本，可以直接复用为数据类型属性，值域为字符串。需要说明的是，因为每个文献资源对象，即 nloc：DocumentResource 类的个体，都将采用 URI 标识符唯一命名，因此 dc：identifier 属性的取值只能是除 URI 以外的其他标识符，如 ISBN、ISSN、DOI 等。针对不同类型的标识符，可以创建一个对应的子属性，如表 3 - 9 - 5 所示。子属性的领域和值域均与父属性 dc：identifier 相同。

表 3 - 9 - 5　核心元数据本体中 dc：identifier 属性的子属性

第二层级属性标识符	标签	注释
nloc：identiferISBN	ISBN 标识符	表示国际标准书号
nloc：identiferISSN	ISSN 标识符	表示国际标准连续出版物编号
nloc：identiferDOI	DOI 标识符	表示数字对象标识符

（3）添加 dc：subject、dc：language、dc：type 对象属性

《国家图书馆核心元数据标准》中 subject、language、type 元素的取值来自受控词表中的规范术语，而这些规范术语可以表示为 skos：Concept 类的个体，因此上述三个元素可以直接复用为对象属性，值域为整个 skos：Concept 类或其某个子类。

- dc：subject　rdfs：range　skos：Concept
- dc：language rdfs rdfs：range ckos：LangaugeConcept（skos：Concept 类的一个子类）
- dc：type　rdfs：range　ckos：ResourceTypeConcept（skos：Concept 类的一个子类）

如果某个元素取值的受控词表暂时还无法进行 SKOS 语义化描述，那么该元素可以转换为数据类型属性，其值域为字符串。

（4）添加 dc：creator、dc：contributor、dc：publisher 对象属性

《国家图书馆核心元数据标准》中 creator、contributor、publisher 三个元素的取值为各种代理者（即个人、团体、组织机构和服务），因此全部可以直接复用为对象属性，值域均为前面定义的 nloc：Agent 类（或者等价的 foaf：Agent 类）。此外，如果是采用 SKOS 描述的人名规范档表示人名、团体名和组织机构名的话，值域则为 ckos：Person 和 ckos：Organization 这两个 skos：Concept 类的子类的并集。

（5）添加 dc：relation 和 dc：source 对象属性或者及其子属性

《国家图书馆核心元数据标准》中 relation 和 source 元素的取值为文献资源对象，描述的是文献资源对象之间的关系。因此可以直接复用为对象属性，值域为前面定义的 nloc：DocumentResource 类。需要说明的是，如果需要描述文献资源个体之间更深入和具体的关系，可以在 dc：relation 属性下添加子属性，表示特定类型的相关关系，如，引用和被引用关系、部分和整体关系、替代和被替代关系等。这些子属性可以复用 DCMI 元数据术语中的某些元素，如表 3 - 9 - 6 所示。因为子属性的值域与父属性相同，所以这些子属性的值域也均为 nloc：DocumentResource 类。

表 3 - 9 - 6　核心元数据本体中 dc：relation 属性的某些子属性

第二层级属性标识符	标签	注释
dcterms：hasPart	含有部分	所描述的文献资源在物理上或逻辑上包含另一个文献资源
dcterms：isPartOf	是一部分	一个文献资源是所描述的文献资源的一部分
dcterms：hasFormat	含有格式	所描述的文献资源的一种格式是另一个文献资源
dcterms：isFormatOf	是一种格式	一个文献资源是所描述的文献资源的一种格式

第二层级属性标识符	标签	注释
dcterms:hasVersion	含有版本	所描述的文献资源的一个版本是另一个文献资源
dcterms:isVersionOf	是一个版本	一个文献资源是所描述的文献资源的一个版本
dcterms:replaces	代替	所描述的文献资源替代了另一个文献资源
dcterms:isReplacedBy	被代替	一个文献资源被所描述的文献资源所替代
dcterms:requires	需要	所描述的文献资源需要另一个文献资源(来保证其功能、连贯性等)
dcterms:isRequiredBy	被需要	一个文献资源被所描述的文献资源所需要
dcterms:references	引用	所描述的文献资源引用了另一个文献资源
dcterms:isReferencedBy	被引用	一个文献资源被所描述的文献资源所引用
dcterms:conformsTo	遵循	被描述的文献资源遵循另一个文献资源(需是"标准"类型的文献资源)

注:dcterms 代表 DCMI Metadata Terms 的命名空间"http://purl.org/dc/terms/"。

(6)添加 dcterms:temporal 和 dcterms:spatial 对象属性

《国家图书馆核心元数据标准》中 coverage 元素描述的是文献资源的时间和空间覆盖范围,这两部分的取值差异较大,因此不建议直接复用 dc:coverage 元素作为对象属性,而是建议将该元素分解为两个属性,分别表示时间覆盖范围和空间覆盖范围。因此复用 DCMI 元数据术语集中的 dcterms:temporal 元素为对象属性,表示时间覆盖范围,值域为前面定义的 nloc:PeriodOfTime 类;复用 DCMI 元数据术语集中的 dcterms:spatial 元素为对象属性,表示空间覆盖范围,值域为 skos:Concept 类的 ckos:LocationConcept 子类。

注:(1)如果空间范围是采用地理坐标表示的地点而非采用受控词表中的地理名称,可以定义一个 nloc:Location 类,该类有横坐标(nloc:xcoordinate)和纵坐标(nloc:ycoordinate)两个属性,用于描述一个地理坐标点,然后以此类作为 dcterms:spatial 属性的值域。(2)不能构建一个 dc:coverage 对象属性,然后把属性 dcterms:spatial 和 dcterms:temporal 作为它的两个子属性,因为这两个子属性的值域完全不同。

(7)添加 dc:format 和 nloc:media 属性

《国家图书馆核心元数据标准》中的 format 元素的取值比较复杂,既包括来自受控词表的媒体类型部分(针对数字资源),也包括以自由文本表达的资源载体形式、尺寸大小、播放时间等部分。因此建议定义一个新的对象属性 nloc:media,用以描述数字资源的媒体类型,其值域是 skos:Concept 类的 ckos:MediaFormatConcept 子类。属性 dc:format 用以描述其余的资源格式信息,是数据类型属性,其值域为字符串。

9.4.2　领域为 nloc:PeriodOfTime 类的属性

nloc:PeriodOfTime 类包含两个子类:nloc:Instant 子类和 nloc:Interval 子类。nloc:Instant 子类表示时间点,因此它的属性是时间点的日、月、年或者年号纪年表示值。nloc:Interval 表示时间段,因此它的属性是时间段的起始时间点和结束时间点的日、月、年或者年号纪年表示值。文献资源的时间日期表示都是以日期和年代表示的粗粒度时间,因此 nloc:PeriodOfTime 类不含有表示时、分、秒等细粒度时间的属性。NLOC 核心元数据本体中领域为 nloc:PeriodOfTime 类的所有属性如表 3-9-7 所示。

表 3-9-7　核心元数据本体中 nloc:PeriodOfTime 类的属性

属性标识符	属性类型	标签	领域（domain）	值域（range）	注释
nloc:dayValue	数据	日	nloc:Instant	xsd:gDay	格式为---DD,如---14
nloc:monthValue	数据	月	nloc:Instant	xsd:gMonth	格式为,如--MM,如--04
nloc:yearValue	数据	年	nloc:Instant	xsd:gYear	格式为 CCYY,如 2010
nloc:eraValue	数据	纪年	nloc:Instant	xsd:string	年号纪年字符串,如:清康熙二十五年
nloc:startDayValue	数据	起始日	nloc:Interval	xsd:gDay	如---01
nloc:endDayValue	数据	结束日	nloc:Interval	xsd:gDay	如---10
nloc:startMonthValue	数据	开始月	nloc:Interval	xsd:gMonth	如--01
nloc:endMonthValue	数据	结束月	nloc:Interval	xsd:gMonth	如--10
nloc:startYearValue	数据	起始年	nloc:Interval	xsd:gYear	如 2001
nloc:endYearValue	数据	结束年	nloc:Interval	xsd:gYear	如 2010
nloc:startEraValue	数据	起始纪年	nloc:Interval	xsd:string	以年号表示的起始年,如:民国元年
nloc:endEraValue	数据	结束纪年	nloc:Interval	xsd:string	以年号表示的结束年,如:民国十一年

9.4.3　领域为 nloc:Agent 类的属性

NLOC 核心元数据本体中的 nloc:Agent 类与 FOAF 本体中的 faof:Agent 类相等价,因此 FOAF 本体[18]中定义的 faof:Agent 类的属性可以完全用于 nloc:Agent 类,如表 3-9-8 所示。如果需要,还可以对 FOAF 本体进行扩展,定义新的属性作为补充。

表 3-9-8　FOAF 本体中 foaf:Agent 类的主要属性

属性标识符	属性类型	领域（domain）	值域（range）	注释
foaf:name	数据	owl:Thing	xsd:string	名称
foaf:title	数据	foaf:Person	xsd:string	个人的头衔
foaf:mbox	对象	foaf:Agent	owl:Thing	代理者的邮箱
foaf:phone	对象	暂无定义	暂无定义	电话信息

属性标识符	属性类型	领域（domain）	值域（range）	注释
foaf:birthday	数据	foaf:Agent	xsd:date	代理者的出生/产生日期,格式 MM – DD
foaf:gender	数据	foaf:Agent	xsd:string	代理者的性别
foaf:holdsacount	对象	foaf:Agent	foaf:OnlineAcount	代理者持有的网络账号
foaf:knows	对象	foaf:Person	foaf:Person	一个人认识的其他人
foaf:schoolHomepage	对象	foaf:Person	foaf:Document	个人学习过的院校的主页
foaf:workInfoHomepage	对象	foaf:Person	foaf:Document	个人的工作信息主页
foaf:workPlaceHomepage	对象	foaf:Person	foaf:Document	个人所在机构的主页
foaf:img	对象	foaf:Person	foaf:Image	个人的图片
foaf:topic_Interest	对象	foaf:Person	owl:Thing	个人感兴趣的主题
foaf:interest	对象	foaf:Person	foaf:Document	个人感兴趣的主题的文档
foaf:publications	对象	foaf:Person	foaf:Document	个人的出版物
foaf:pastProject	对象	foaf:Person	owl:Thing	个人从事过的项目
foaf:currentProject	对象	foaf:Person	owl:Thing	个人正从事的项目
foaf:member	对象	foaf:Group	foaf:Agent	团体的成员
foaf:made	对象	foaf:Agent	owl:Thing	代理者所做过的事情
foaf:weblog	对象	foaf:Agent	foaf:Document	代理者的博客

注:(1)属性 foaf:topic_interest 的值域可缩小到 skos:Concept 类,即采用 SKOS 概念描述个人感兴趣的主题。

(2)FOAF 本体中的 foaf:Document 类与 NLOC 本体中的 nloc:Document 类等价。

9.4.4 领域为 skos:ConceptScheme 和 skos:Concept 类的属性

skos:ConceptScheme 类和 skos:Concept 类都是 SKOS 核心模型中定义的类,它们的属性也已经在 SKOS 核心模型中进行了详细定义,详细内容请参见 *SKOS Simple Knowledge Organization System Primer*[11]。对于 skos:ConceptScheme 类的个体(即受控词表)和 skos:Concept 类个体(即规范术语)的描述属于本书第二篇"受控表语义描述规范"的内容,在此不做详述。

9.5 设定逆属性(Inverse Properties)

本体中每个对象属性都可能有一个相应的逆属性。所谓逆属性,是指:如果属性 p 连接两个个体 A 与 B(p: A→B),那么连接 B 与 A(q: B→A)的属性 q 就是属性 p 的逆属性。一对互逆属性的领域和值域正好相互交换。下列属性对互为逆属性:

- dcterms:hasPart owl:inverseOf dcterms:isPartOf
- dcterms:hasFormat owl:inverseOf dcterms:isFormatOf
- dcterms:hasVersion owl:inverseOf dcterms:isVersionOf

- dcterms：replaces owl：inverseOf dcterms：isReplacedOf

- dcterms：requires owl：inverseOf dcterms：isRequiredBy

- dcterms：references owl：inverseOf dcterms：isReferencedBy

譬如,如果论文 A 引用了论文 B,那么则也可以说论文 B 被论文 A 引用,因为"dcterms：references"和"dcterms：isReferencedBy"是一对互逆属性。其他互逆属性对的关系与之相类似。

9.6 设定属性特征(Characteristics)

属性特征在 NLOC 本体中的应用并不显著。但是在表示文献资源个体之间复杂的书目关系时比较有用,这里进行简单的介绍。数据类型属性只有函数属性这一个特征,对象属性则有四个特征:函数属性、反函数属性、传递属性和对称属性。下面分别介绍这四种属性特征。

9.6.1 函数型属性(Functional Properties)

如果一个属性是函数型属性,则对于任意给定的个体 A,最多只有一个个体通过该属性与 A 相关联。这个属性相当于函数的属性,因此叫做函数型属性。函数型属性可以是数据类型属性或对象属性。下列属性都是函数型属性:

- nloc：eraValue

- nloc：yearValue

- nloc：monthValue

- nloc：dayValue

- nloc：startEraValue

- nloc：endEraValue

- nloc：startYearValue

- nloc：endYearValue

- nloc：startMonthValue

- nloc：endMonthValue

- nloc：startDayValue

- nloc：endDayValue

因此,一个时间日期个体,只能通过上述属性与一个特定的时间日期表示相关联。譬如,一个日期间隔个体,只能有一个"起始日"值和一个"结束日"值。

9.6.2 反函数型属性(Inverse Functional Properties)

如果一个对象属性 p 的逆属性 q 是函数型属性,那么这个属性 p 就是反函数型属性。在 NLOC 本体中没有反函数型的属性。

9.6.3 传递型属性(Transitive Properties)

如果一个对象属性 p 是传递型属性,连接个体 A 与 B,同时个体 B 与 C 也通过该属性连接,那么个体 A 与 C 也一定通过该属性连接。换句话说,对于传递型属性 p,从 p：A→B AND p：B→C 可以推断出 p：A→C。下列属性是传递型属性:

- dcterms：hasPart

- dcterms：isPartOf

因此,如果文档 A 是文档 B 的一部分,并且文档 B 是文档 C 的一部分,那么可以得出文档 A 也是文档 C 的一部分的推断。

9.6.4 对称型属性(Symmetric Properties)

如果一个对象属性 p 是对称型属性,连接个体 A 与 B(即 p：A→B),那么该属性也一定连接 B 与 A(即 p：B→A)。换句话说,对于对称型属性 p,从 p：A→B 能够推断出 p：B→A。如果 dc：relation 属性不含有方向性的子属性(如 dc：references、dc：replaces、dc：conformsTo 等),可以将其设置为对称型属性,如,如果一本书 A 与另一本书 B 相关,那么反过来也可以说 B 与 A 相关。但是如果 dc：relation 属性含有方向性的子属性,则不能进行此设置。因为子属性将继承父属性的特征,也会成为对称性属性,这显然对方向性子属性是不适合的。譬如如果一本书 A 引用了另一本书 B,不能反过来说 B 引用了 A,因为引用关系(dc：references)是有方向性的。

9.7 为类添加属性约束(Restrictions)

在 OWL 本体中,属性可以用于构建属性约束,从而对类进行定义和描述。所谓约束是指对某个类中的个体进行约束,要求个体的某个给定属性的取值必须满足某种限制,如,要求文献资源个体至少有一个题名。属性约束定义了一个新的匿名类,该类中的所有个体均满足限制,所描述的类是这个匿名类的子类,譬如所有具有至少一个题名的个体构成了一个匿名类,nloc：DocumentResource 类是这个类的子类。OWL 本体具有三种属性约束:量词约束、基数约束和取值约束,分别描述如下。

9.7.1 量词约束(Quantifier Restriction)

量词约束由三部分构成:量词、约束所作用的属性、对类进行描述的填充部(Filler)。量词有两种类型:

(1)存在量词(Existential Quantifier),也被称作 someValuesFrom,符号表示为"∃",含义是"至少一个或某些(At Least One 或 Some)"。存在量词约束描述了一类个体的集合,对于某种给定属性(即关系),该集合中的个体与某个指定类的个体具有至少一个这种关系。

(2)全称量词(Universal Quantifier),也被称作 allValuesFrom,符号表示为"∀",含义是"只能(Only)"。全称量词描述了一类个体的集合,对于某种给定属性(即关系),该集合中的个体只能和某个指定类的个体具有这种关系。注意,全称量词也描述了那些不具备该属性的个体,全称量词并没有指明关系的存在,只是说如果关系存在那么它必须和特定类的个体相关联。

在实际构建本体时,存在量词约束和全称量词约束的使用要非常谨慎。对于一个给定的类和属性,只使用全称量词或存在量词,或者两者结合使用,表示的含义是不同的。如,针对 NLOC 核心元数据本体中的 nloc：DocumentResource 类和 dcterms：conformsTo 属性,有以下三种描述：

- 只使用存在量词约束，表示为，"∃ dcterms：conformsTo some nloc：Standard"。其含义是：所有的文献资源个体都必须至少符合一个"技术标准"类文献资源个体，但也可以符合其他事物。

- 只使用全称量词约束，表示为："∀ dcterms：conformsTo only nloc：Standard"。其含义是：所有的文献资源个体如果要符合某种事物的话，那么只能是符合"技术标准"类文献资源个体。但是某些文献资源个体可以不符合任何事物，即没有 dcterms：conformsTo 这个属性的属性值。

- 同时使用全称量词约束和存在量词约束，表示为：
  - ∃ dcterms：conformsTo some nloc：Standard
  - ∀ dcterms：conformsTo only nloc：Standard

其含义是：所有的文献资源个体都必须符合且只能符合"技术标准"类文献资源个体。

在 NLOC 核心元数据本体中采用第二种描述："∀ dcterms：conformsTo only nloc：Standard"，即如果文献资源个体要符合某种事物，只能是符合 nloc：Standard 类中的个体，但也可以不符合任何事物。

9.7.2　基数约束(Cardinality Restriction)

基数约束是用于限制对于某个指定属性个体所具有的关系的数量。它有三种类型：

- 最大基数约束(Minimum Cardinality Restriction)，表示某个类的个体具有某个给定属性的次数最多不超过某个指定值，符号表示为"≤"，含义是"小于或等于"。

- 最小基数约束(Maximum Cardinality Restriction)，表示某个类的个体具有某个给定属性的次数必须大于等于某个指定值，符号表示为"≥"，含义是"大于或等于"。

- 基数约束(Cardinality Restriction)，表示某个类的个体具有某个给定属性的次数必须恰好等于某个指定值，符号表示为"＝"，含义是"等于"。

譬如，如果要求所有的文献资源个体都至少具有一个题名，可以对 nloc：DocumentResource 类的个体设置 dc：title 属性的最小基数约束为 1，表示为"dc：title min 1"。

9.7.3　取值约束(hasValue Restriction)

取值约束，也称作 hasValue，用符号表示为"∋"，描述了一类个体的集合，该集合中的个体的某个给定属性的属性值至少有一个是某个指定的个体。如，如果需要限制所有古籍文献的语种之一必须是汉语这个指定的语种个体，表示为：

- dc：language has ＜http：//www.nlc.gov.cn/vocab/Lang_v1.0#chi＞

再如，如果需要限制 nloc：LanguageConcept 类中的概念必须至少来自 ＜http：//www.nlc.gov.cn/vocab/Lang_v1.0＞[①]这一概念体系，表示为：

- skos：inScheme has ＜http：//www.nlc.gov.cn/vocab/Lang_v1.0＞

---

① 采用 SKOS 语言描述的《世界语种代码表》的 URI 标识符。

更多的关于 skos:Concept 类的子类基于属性 skos:inScheme 的取值约束见表 3 - 9 - 9。

表 3 - 9 - 9　核心元数据本体中 skos:Concept 类及其子类的取值约束

skos:Concept 类及其子类	取值的个体
skos:Concept	所有采用 SKOS 语言表示的受控词表
ckos:LanguageConcept	• http://www.nlc.gov.cn/vocab/Lang_v1.0 • http://www.nlc.gov.cn/vocab/ISO639 - 2 • http://www.nlc.gov/vocab/RFC4646 • http://www.nlc.gov/vocab/EthnicLang
ckos:ResourceTypeConcept	• http://www.nlc.gov.cn/vocab/DCMIType • http://www.nlc.gov.cn/vocab/IRType
ckos:MediaFormatConcept	• http://www.nlc.gov.cn/vocab/IMT.rdf
ckos:LocationConcept	• http://www.nlc.gov.cn/vocab/CCT_CLC_Place_v4.0 • http://www.nlc.gov.cn/vocab/TGN • http://www.nlc.gov.cn/vocab/TGS • http://www.nlc.gov.cn/vocab/ISO3166

9.8　为类和属性添加注释属性(Annotation Properties)

本体中除了数据属性和对象属性之外,还有另外一种属性,称为注释属性。注释属性的作用是对本体中的类、属性和个体(即实例)进行注释说明①。OWL 本体中有五个预定义的注释属性,可以直接使用,对本体中的类/属性/个体提供注释信息。

- owl:versionInfo:类/属性/个体的版本信息,其值是任意字符串;
- rdfs:label:类/属性/个体的人工可识别标签,其值是任意字符串;
- rdfs:comment:类/属性/个体的注释信息,其值是任意字符串;
- rdfs:seeAlso:与类/属性/个体相关的一个资源,该资源能够提供关于类/属性/个体的其他描述或更多信息,其值是该资源的 URI 地址;
- rdfs:isDefinedBy:定义类/属性/个体的本体,其值是本体的 URI 地址。

除上述注释属性外,还可以根据需要定义新的注释属性。譬如,

- nloc:definition 类/属性/个体的定义,其值是任意字符串。

需要注意的是,在 OWL Lite 和 OWL DL 本体中,不允许对注释属性做进一步描述,如定义注释属性的领域和值域,但在 OWL Full 本体中没有此限制。

NLOC 本体中 nloc:DocumentResource 类的注释属性如表 3 - 9 - 10 所示,dc:title 属性的注释属性如表 3 - 9 - 11 所示。

注:虽然是否添加注释属性不影响本体的实际内容,但是建议为构建的类和属性添加

---

① 虽然注释属性也可用于本体的个体(即实例),但本章主要讨论本体的类模型,不包含实例数据。

注释属性,这样可以使本体更容易地被他人可读可理解,有利于本体的共享和重用。

表 3 - 9 - 10　核心元数据本体中 nloc:DocumentResource 类的注释属性

owl:versionInfo	1.0
rdfs:label	文献信息资源(简称文献资源)
nloc:definition	文献信息资源是图书馆中各种纸质文献资源、数字化文献资源和网络信息资源的统称。
rdfs:comment	包括各类纸型和网络信息资源
rdfs:seeAlso	
rdfs:isDefinedBy	http://www.nlc.gov.cn/onto/core_v1.0.owl

表 3 - 9 - 11　核心元数据本体中 dc:title 属性的注释属性

owl:versionInfo	title - 006
rdfs:label	Title
rdfs:label	名称
nloc:definition	A name given to the resource.
nloc:definition	赋予资源的名称
rdfs:comment	Typically, a Title will be a name by which the resource is formally known.
rdfs:comment	一般指资源正式公开的名称
rdfs:seeAlso	http://www.nlc.gov.cn/core/elements/1.0/title
rdfs:isDefinedBy	http://purl.org/dc/elements/1.1/

注:(1)因为 dc:title 属性完全复用于 DC 元数据,因此英文的注释属性值来自 DC 元数据中的定义,中文的注释属性值来自国家图书馆核心元数据标准中的定义。

(2)注释属性 rdfs:seeAlso 给出了国家图书馆核心元数据标准中该属性的 URI 标识符。

9.9　为本体自身添加注释属性(Annotation Properties)

注释属性除了可用于本体的类和属性外,也可以用于本体自身。除了本篇第 9.8 节中所述的五个预定义注释属性同样可用于本体自身的注释外,另外还有三个专用于本体的预定义注释属性:

- owl:priorVersion　识别本体的前一个版本,其值是该版本的 URI 地址;
- owl:backwardsCompatibleWith　识别当前本体与之兼容的前一个版本,其值是该本版本的 URI 地址;
- owl:incompatibleWith　识别当前本体与之不兼容的前一个版本,其值是该版本的 URI 地址。

NLOC 核心元数据本体的注释属性见表 3 - 9 - 12。本体的注释属性可以看做是本体元数据的一种。在本书第一篇"网络知识组织系统注册与术语服务规范及应用指南"中定义了 NKOS 元数据标准，其中也包括本体的元数据标准。根据该元数据标准，可以提供关于本体的更详尽的元数据信息。

表 3 - 9 - 12　核心元数据本体的注释属性

owl：versionInfo	1.0
rdfs：label	国家图书馆核心元数据本体
nloc：definition	--
rdfs：comment	该 OWL DL 本体是基于《国家图书馆核心元数据标准》构建的，主要用于元数据的语义化描述。
rdfs：seeAlso	http：//www.nlc.gov.cn/core/elements/1.0/
rdfs：isDefinedBy	http：//www.nlc.gov.cn/onto/core_v1.0.owl
owl：priorVersion	--
owl：backwardsCompatibleWith	--
owl：incompatibleWith	--

注：因为该版本是 NLOC 核心元数据本体的首个版本，因此大多数注释属性的值为空。

9.10　本体的测试和推理

构建完本体之后，需要对构建的本体进行测试。首先可以利用 Protégé - OWL 编辑器提供的测试框架对本体进行测试。在 Protégé - OWL 编辑器中，选择 OWL 菜单中的"Preferences…"选项，打开 Preference 对话框，然后点击"Tests"标签，可以对测试项目进行配置。测试项目包括稳健测试（Sanity Tests）、OWL - DL 测试、维护测试、限制和风格共五大类。用户可根据需要选择测试大类以及每一大类中的各个小类。在测试配置完成之后，选择 OWL 菜单中的"Run ontology tests"选项运行测试功能，测试结果将呈现在编辑器的底部。测试结果面板包含三列：

- Type　显示错误的类型，如警告、错误等；
- Source　显示测试结果的来源（如类和属性）；
- Test Result　显示错误或警告信息。

其次，对于 OLW - Lite 和 OWL - DL 本体，可以使用推理机对本体进行推理，发现定义中冲突和矛盾的地方。Protégé 3.4 已经内置了 Pettet1.5.2 推理机，可以直接运行。当然也可以使用其他推理机，如 RacerPro 1.9[①]，但需事先安装并启动。点击"Reasoning"菜单中，使用推理机可以进行以下操作：

- 检查一致性（Check consistency）；
- 对本体进行分类（Classify taxonomy）；
- 计算推断的类层次（Compute inferred types）。

---

① 　RacerPro 推理器见 http：//www.franz.com/agraph/racer/racer_features.html。

9.11 本体的修改和完善

本体的构建不是一蹴而就的工作,而是一个循环往复的螺旋式上升过程。本体构建完成之后,需要进行试用,在使用过程中发现问题和不足,并征询相关人员的意见和建议,然后进行不断的修改和完善。

9.12 本体构建总结

核心元数据本体的整个构建流程如图 3－9－2 所示。鉴于核心元数据标准是各种文献资源所共享的元数据标准,因此其对应的 NLOC 核心元数据本体是构建各种文献资源专门元数据本体的基础。不同类型的文献资源可基于 NLOC 核心元数据本体进行语义互操作。

除了前文中详细描述的元数据本体构建规范,在构建元数据本体时还需遵循以下实用原则和要点:

(1)最好不要从空白开始构建本体,而是尽量利用已经存在的相似本体或同类本体,在它们的基础上进行添加和修改以构建新本体;

(2)本体不仅要为机器可读可理解,也应为人可读可理解。因此建议给新建的词汇(类或属性)添加注释信息,如使用 rdfs：comment 属性对词汇进行注解,使用 rdfs：label 属性定义词汇的标签。

(3)尽可能借用他人已经定义好的词汇(类或属性),或者在自己构建的词汇和他人定义的词汇之间建立映射关系。如,直接复用 DC 元数据元素作为元数据本体的属性;在新定义的 nloc：Agent 类和 FOAF 本体的 foaf：Agent 类之间建立映射关系。

(4)尽可能明确地申明重要信息,因为机器是无法猜测隐含信息的。如,明确声明属性的领域和值域。

(5)不要设置过多的属性约束,使得本体变得死板而脆弱,最好给本体留一定的灵活扩展空间,便于它的重用。

(6)如果可能,尽量采用类来描述各种信息,而非自由文本,这样有利于本体的规范化和形式化。

(7)对于来自受控词表的规范术语,尽量描述为 SKOS 概念,以利于术语表示的规范化。

(8)强烈建议为本体本身添加注释属性,说明本体的版本信息和版本的兼容信息,以利于本体的共享和重用。

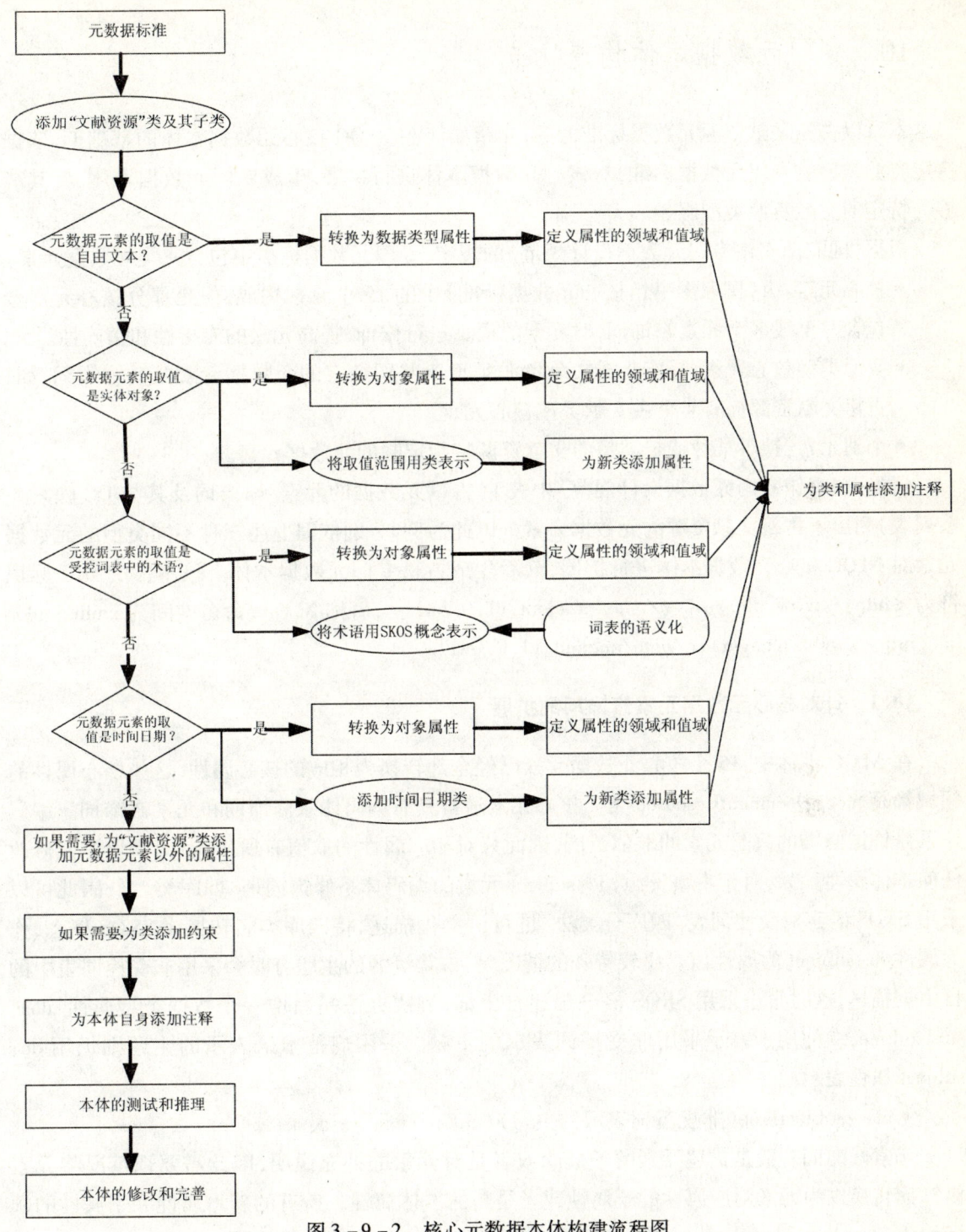

图 3 - 9 - 2　核心元数据本体构建流程图

10 专门元数据本体构建规范

本章以古籍文献资源元数据标准为例,介绍如何在 NLOC 核心元数据本体的基础上,依据特定资源类型的专门元数据标准,对核心元数据本体进行扩展,生成专门元数据本体,使其能够为特定的文献资源类型服务。

根据《国家图书馆专门元数据设计规范》的规定,专门元数据标准中包含三类元数据元素:

- 核心元素:由《国家图书馆核心元数据标准》中的 15 个元素构成,但是部分核心元素会包含一个或多个元素修饰词,对元素的语义进行修饰,提高元素的专指性和精确性。
- 资源类型核心元素:是指某类文献资源类型所共同拥有的元数据元素及其修饰词,如,古籍文献资源拥有 4 个古文献类型核心元素。
- 个别元素:针对某种特定类型的文献资源特别定制的元数据元素。

《国家图书馆专门元数据设计规范》中表 1(古籍元数据的元素、修饰词及其与 DC 映射关系列表)列出了古籍文献资源的元数据元素。以此为例,分别依上述三种不同类型的元数据元素对 NLOC 核心元数据本体进行扩展,最后生成古籍专门元数据本体。该本体的 URI 标识符为 < http://www.nlc.gov.cn/onto/ ancient_v1.0.owl > ,简称 NLOA,命名空间为 xmlns:nloa = "http://www.nlc.gov.cn/onto/ancient_v1.0.owl"。

10.1 针对核心元数据元素修饰词的扩展

在 NLOC 本体中,15 个核心元数据元素已经全部转换为相应的核心属性,这些核心属性的领域都是 nloc:DocumentResource 类。核心元素通常具有编码体系修饰词和元素修饰词。编码体系修饰词修饰的只是元素的取值范围,因此只对相应属性的取值有所影响,无需增添或修改任何本体属性。如,对于古籍资源,dc:subject 元素的编码体系修饰词是"四库类名",因此可以采用 SKOS 语言对受控词表"四库分类法"进行语义化描述,将四库类名转换为 SKOS 概念,作为属性 dc:subject 的属性值。比较特殊的情况是,古籍资源的主题有时会采用非受控词表中的自由词描述,这时很难采用 SKOS 概念描述自由词,解决办法是新增一个数据类型属性 nloa:subjectFree,专门用于表示采用非受控表示的主题。采用规范术语表示的主题则仍用 dc:subject 属性表示。

- nloa:subjectFree(非规范词表示的主题) rdfs:range xsd:string

元素修饰词一般是描述元素的子概念或者是对元素的补充说明,因此需要视情况将元素修饰词转换成为元素对应属性的子属性或者是新的本体属性。所有的新增属性和子属性的领域均为 nloc:DocumentResource 类。如果核心元素的元素修饰词表示的是核心元素的一个子概念,即是"一种(is kind of)"或者"部分(is part of)"的关系,并且取值范围与核心元素相同,建议将元素修饰词转换成为 NLOC 本体中相应核心属性的子属性。如果其他本体或元素集(如 DCMI 元数据术语)中有相匹配的属性,尽量复用已经定义好的属性。子属性与父属性的属性

160

类型相同,并且继承父属性的领域和值域。如果核心元素的元素修饰词不是元素的子概念或者取值范围不同,不宜增加为相对应的核心属性的子属性。这种情况下有两种处理方式:①如果元素修饰词表达的是一个与核心元素相对独立的概念,可以将元素修饰词转换成为一个独立的属性。如,将出版者(publisher)的元素修饰词"印刷者"转换为对象属性 nloa:printer,该属性与属性 dc:publisher 处于同一属性层级。②如果元素修饰词是对核心元素的描述性补充说明,建议将元素修饰词转换为"dc:description"属性的子属性。如,将创建者(creator)和其他贡献者(contributor)的元素修饰词"责任者说明"转换为 dc:description 的子属性 nloa:statementOfResponsibility,将元素修饰词"责任方式"转换为子属性 nloa:typeOfResponsibility。但是这种处理方法的缺点是无法将责任者说明和责任方式直接与责任者一一相对应,因为所有责任者(包括 creator 和 constributor)的责任者说明或责任方式都位于同一属性中。另一种处理办法是在本体中增加一个新类 nloa:Agent2,然后将该类作为属性 dc:creator 和 dc:contributor 的值域。nloa:Agent2 类有三个属性:

- nloa:Agent2
  - nloa:hasAgent   rdfs:range   nloa:Agent(或 foaf:Agent)
  - nloa:statementOfResponsibility   rdfs:range   xsd:string
  - nloa:typeOfResponsibility   rdfs:range   xsd:string

这样处理的优点是可以将责任者和责任者说明及责任方式一一对应,但是具体应用时比较繁琐。这两种处理方式可以根据实际情况选择使用。在本规范的示例中采用的是第一种处理办法。

在 NLOA 古籍元数据本体中根据核心元素的元素修饰词扩展的子属性见表 3 - 10 - 1 所示,扩展的新属性见表 3 - 10 - 2 所示。

表 3 - 10 - 1   古籍元数据本体中根据核心元素的修饰词扩展的子属性

核心属性 (第一层级属性)	新增子属性 (第二层级属性)	标签	值域	出处
dc:title	nloa:titleParallel	并列题名	xsd:string	新定义
	nloa:titleRunning	版心题名		新定义
	nloa:titleInside	内封题名		新定义
	nloa:titleCover	书衣题名		新定义
	nloa:titleCaption	卷端题名		新定义
	dcterms:alternative	其他题名		DC Terms
dc:date	nloa:datePublished	出版日期	nloc: PeriodOfTime	新定义
	nloa:datePrinted	印刷日期		新定义

核心属性 （第一层级属性）	新增子属性 （第二层级属性）	标签	值域	出处
dc：description	nloa：descriptionMissingWord	缺字附注	xsd：string	新定义
	nloa：descriptionCreator	责任者附注		新定义
	nloa：descriptionRelation	相关资源附注		新定义
	nloa：descriptionSeries	丛编附注		新定义
	dcterms：tableOfContents	子目附注		DC Terms
	nloa：appendix	附录附注		新定义
	dcterms：abstract	提要附注		DC Terms
	nloa：statementOfResponsibility	责任者说明		新定义
	nloa：typeOfResponsibility	责任方式		新定义
	nloa：descriptionStone	金石附注		新定义
	nloa：descriptionRubbing	拓片附注		新定义
dc：relation	nloa：relationSeries	丛编	nloc：DocumentResource	新定义
	nloa：relationTableOfContents	子目		新定义
	nloa：relationCoengraved	合刻书名		新定义
	nloa：relationCoenveloped	合函书名		新定义
	nloa：relationCorubbed	合拓书名		新定义
	nloa：relationCocopyed	合抄书名		新定义
	nloa：relationCoprinted	合印书名		新定义
	nloa：relationCoput	合装书名		新定义
	nloa：relationAppendix	单独附录		新定义
	nloa：relationBibliography	书目文献		新定义

注：（1）以上属性的领域均为 nloc：DocumentResource 类；

（2）dc 代表 DC Metadata Element Set 1.1 的命名空间"http：//purl. org/dc/elements/1.1/"；

（3）nloc 代表 NLOC 核心元数据本体的命名空间"http：//www. nlc. gov. cn/onto/core_v1.0. owl#"。

表 3 - 10 - 2　古籍元数据本体中根据核心元素的修饰词扩展的新属性

新增属性 （第一层级属性）	标签	值域	出处
nloa：printer	印刷者	nloc：Agent，或 foaf：Agent，或 ckos：PersonConcept ＋ ckos：OrganizationConcept	新定义
nloa：placePublished	出版地	nloc：Location 或 ckos：LocationConcept	新定义
nloa：placePrinted	印刷地		新定义

10.2 针对资源类型核心元数据元素的扩展

资源类型核心元数据元素如果表示的是一个完全不同于核心元素的新元素,则将其转换为一个新属性;如果表示的是与某个核心元素相似的概念,则将其并入该核心元素相对应的核心属性;如果表示的是某个核心元素的子概念或一部分,则将其转换为该核心元素相对应核心属性的子属性。如,"载体形态"元素表示的是与"格式(format)"这一核心元素相似的概念,因此将其并入已有的"dc:format"属性。对于资源类型核心元数据元素的元素修饰词,处理方式同核心元素的元素修饰词。在 NLOA 古籍元数据本体中根据资源类型核心元数据元素扩展的子属性见表 3-10-3 所示,扩展的新属性见表 3-10-4 所示。

表 3-10-3　古籍元数据本体中根据资源类型核心元素扩展的子属性

核心属性 (第一层级属性)	新增子属性 (第二层级属性)	标签	值域	出处
dc:format	nloa:binding	装订方式	xsd:string	新定义
	nloa:quantity	数量	xsd:string	新定义
	nloa:chart	图表	xsd:string	新定义
	nloa:size	尺寸	xsd:string	新定义
	nloa:stypeForm	行款版式	xsd:string	新定义
	nloa:annex	附件	xsd:string	新定义
	nloa:color	色彩	xsd:string	新定义
	nloa:preservationForm	保存形式	xsd:string	新定义

注:如果古籍文献资源的数量均采用相同的计数单位(如,册),建议将属性 nloa:quantity 的值域设为 xsd:int,方便计数和检索;但如果采用不同的计数单位(如,册、本等),该属性的值域需为 xsd:string。

表 3-10-4　古籍元数据本体中根据资源类型核心元素扩展的新属性

新增属性 (第一层级属性)	子属性 (第二层级属性)	标签	值域	出处
mods:edition		版本类别	xsd:string	MODS
	nloa:editionStatement	版印说明		新定义
dcterms:provenance		收藏历史	xsd:string	DCMI Terms
	nloa:termsOfAvailability	获得方式		新定义
	nloa:colophonSeal	题跋印记		
mods:location	—	馆藏信息	nloc: Organization 或 foaf: Organization 或 ckos:OrganizationConcept	MODS
nloa:callNumber	—	典藏号	xsd:string	新定义
nloa:protection	nloa:relicLevel	文物级别	xsd:string	新定义
	nloa:damageLevel	破损级别		新定义

10.3　针对个别元数据元素的扩展

对个别元数据元素的处理同资源类型核心元素。如,针对舆图,根据个别元数据元素转换而来的新属性见表 3－10－5;针对拓片,根据个别元素转换而来的新属性见表 3－10－6,新增的 nloa:Calligraphy 类的属性见表 3－10－7。

表 3－10－5　古籍元数据本体中根据舆图的个别元数据元素扩展的新属性

新增属性 (第一层级属性)	子属性 (第二层级属性)	标签	值域	出处
nloa:mapping	nloa:scale	比例尺	xsd:string	新定义
	nloa:terrainRepresentation	地形表示		新定义
	nloa:projection	投影方法		新定义
	nloa:profile	图廓范围		新定义

注:以上属性的领域是类 nloa:Atlas(舆图)。

表 3－10－6　古籍元数据本体中根据拓片的个别元数据元素扩展的新属性

新增属性 (第一层级属性)	子属性 (第二层级属性)	标签	值域	出处
nloa:stoneMaterial	—	金石材料	xsd:string	新定义
nloa:stoneType	—	金石类型	xsd:string	新定义
nloa:hasCalligraphy	—	书法特征	nloa:Calligraphy 类	新定义
nloa:placeStone	nloa:placeStoneEngraved	金石刻立地点	xsd:string	新定义
	nloa:placeStoneFound	金石发现地点		新定义
nloa: locationStone Preserved	—	金石收藏地点	nloc:Agent 或 foaf:Agent 或 ckos:OrganizationConcept ＋ ckos:PersonConcept	新定义

注:(1)以上属性的领域只是类 nloa:Rubbing(拓片);

(2)因为一个拓片上可能存在多种书体及其相应的属性特征,因此将 nloa:hasCalligraphy 设为对象属性,其值域是 nloa:Calligraphy 类。类 nloa:Calligraphy 的一个实例代表一种书体及其相应的属性特征。

表 3－10－7　古籍元数据本体中 nloa:Calligraphy 类的属性

类	属性	标签	值域	出处
nloa:Calligraphy	nloa:calligraphyPosition	部位或范围	xsd:string	新定义
	nloa:calligraphyStyle	书体		新定义
	nloa:calligraphyWords	字数		新定义
	nloa:calligraphyForm	铭文行款		新定义
	nloa:calligraphyFeature	书写特征		新定义

11 元数据语义化指南

本章介绍如何根据构建的元数据本体将不同类型、不同格式的元数据转换成为统一的以 RDF 格式表示的语义元数据。首先介绍 RDF 数据模型，然后以两个文献资源的元数据为例说明如何基于元数据本体对普通元数据进行语义化转换。

11.1 RDF 数据模型概述

RDF，全称 Resource Description Framework（资源描述框架），是一种用于描述 Web 资源的框架，在 2004 年 2 月成为 W3C 的推荐标准[①]。所谓 Web 资源是指能够以 URI 地址标识的任何实体或虚拟事物，既包括能够通过 HTTP 协议直接访问的 Web 文档，也包括不能够通过 HTTP 协议访问的其他事物（如一个人、一个地点等）。RDF 的实质是一种标记语言，用来描述 Web 资源的元数据信息，诸如网页的标题、作者、创建日期、文件格式等，是一种元数据模型。

在 RDF 模型中是以主—谓—宾三元组（Triple）的形式来描述 Web 资源。一个三元组也被称为一个声明（Statement），由三部分组成：

- 主体（Subject）：代表一个由 URI 地址标识的资源，如 < http://www. nlc. gov. cn/resource/004106310 > 。
- 谓词（Predicate）：代表资源的一个属性（Property），也由 URI 地址标识，如 < http://purl. org/dc/elements/1. 1/creator > 。
- 客体（Object）：代表属性的属性值，数据类型属性的属性值是文字信息（Literal），如，字符串、数字、日期等，对象类型属性的属性值是一个采用 URI 地址标识的资源，如，人、地点、文献资源等对象。

RDF 的三元组可以表示为图形的形式，称为 RDF 图（Graph）（如图 3 - 11 - 1 所示）。在 RDF 图中，一个椭圆形节点代表一个资源（Resource），一个长方形节点代表一个文字值（Lliteral），一条有向线代表一个属性（Predicate）。代表属性的有向线起始于主体（Subject），指向作为属性值的客体（Object），构成了一个 RDF 三元组。所有的资源和属性均采用 URI 标识符命名。URI 标识符也可采用"prefix : local_identifier"的缩写形式表示，其中 prefix 代表命名空间（Namespace），local_identifier 代表资源和属性的本地标识符。命名空间必须在 RDF 文档的开头进行申明。下面是在语义元数据中常用的一些命名空间：

- @ prefix rdf：< http://www. w3. org/1999/02/22 - rdf - syntax - ns# > .
- @ prefix rdfs：< http://www. w3. org/2000/01/rdf - schema# > .
- @ prefix owl：< http://www. w3. org/2002/07/owl# > .
- @ prefix xsd：< http://www. w3. org/2001/XMLSchema# > .

---

① W3C 推荐标准，是由 W3C 工作组开发并经 W3C 成员评审的稳定规范。

- @ prefix skos: < http://www.w3.org/2004/02/skos/core# > .
- @ prefix ckos: < http://www.nlc.gov.cn/2010/06/ckos# > .
- @ prefix foaf: < http://xmlns.com/foaf/0.1/ > .
- @ prefix dc: < http://purl.org/dc/elements/1.1/ > .
- @ prefix dcterms: < http://purl.org/dc/terms/ > .
- @ prefix nloc: < http://www.nlc.gov.cn/onto/core_v1.0.owl# > .
- @ prefix nloa: < http://www.nlc.gov.cn/onto/ancient_v1.0.owl# > .

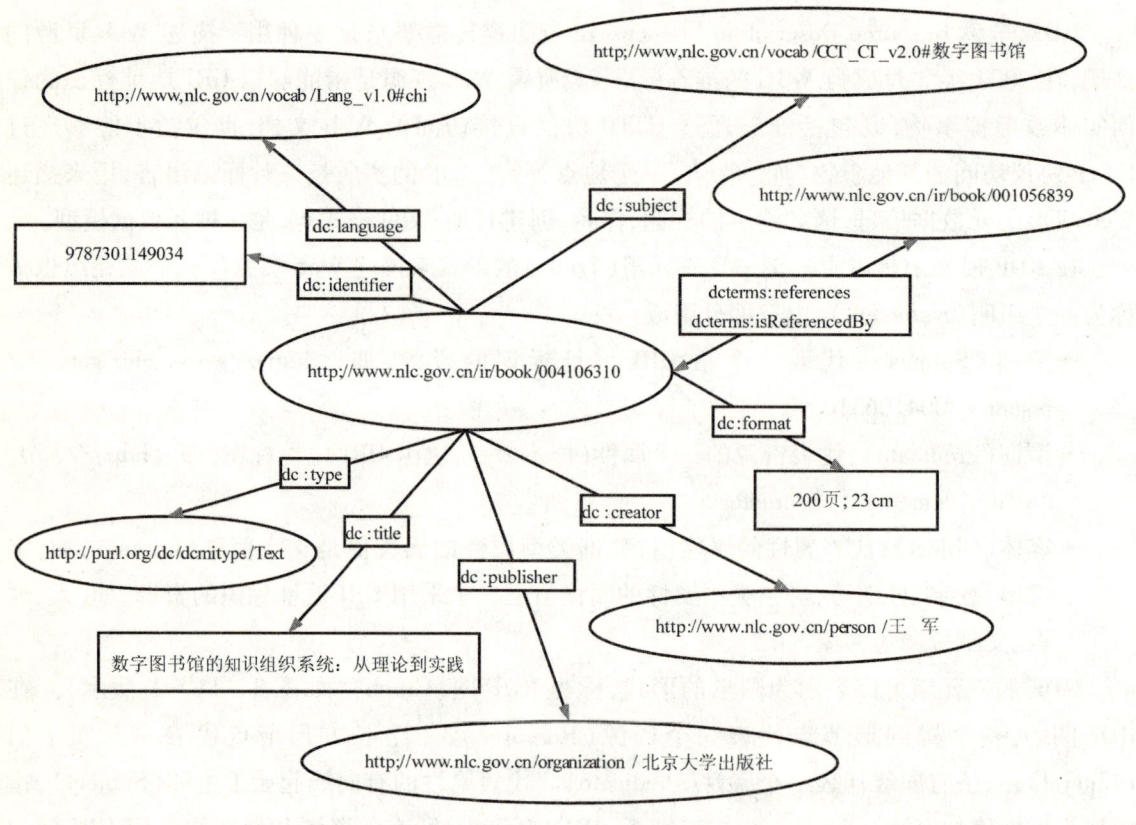

图 3 – 11 – 1　　RDF 图

RDF 图可以序列化为 XML 格式,称作 RDF/XML,该格式主要是用于机器阅读与理解。此外 RDF 还有其他序列化格式,如 N – Triple 和 Turtle,主要是供人类用户阅读。

最简便的编辑 RDF 数据的方式是直接利用 Protege – OWL 编辑器为构建的本体添加实例,这种方法适用于手工输入的少量实例数据,不推荐用于大批量数据的编辑。另外也不推荐将构建的 RDFS/OWL 本体(指类模型)和 RDF 实例数据放在一个文件中进行存储,这样不利于本体的更新和维护。建议采用编辑器编辑 RDF 文档。RDF 数据虽然可以使用任何文本编辑器进行编辑,如记事本、写字板、UltraEdit 文本编辑器等,但是不推荐使用这些普通文本编辑器,因为文本编辑器对 RDF 文档的语法没有任何检测和验证功能,并且难于浏览。进一步的方式

166

是采用 XML 编辑器编辑 RDF 数据,因为 RDF/XML 文档也是 XML 文档,必须首先满足所有 XML 文档的语法要求,好的编辑器可以帮助验证 XML 的语法并且能够可视化显示 XML 文档。目前功能最强大的 XML 编辑器是 Altova 公司的 XMLSpy[①]编辑器,但是该软件是商业软件,只有一个月的免费试用期。其他还有一些免费的 XML 编辑器,如 XML Copy Editor,也比较推荐。最佳的 RDF 文档编辑方式是采用 RDF 编辑器,但是目前这样的编辑器还很少,具有里程碑意义的一款 RDF/OWL 编辑器是来自 Altova 公司的 SemanticWorks[②],但同样只有一个月的免费期。

如果需要编辑和处理大批量 RDF 数据,可以采用计算机程序自动进行,并对 RDF 语法进行自动验证。以 NLOC 核心元数据本体的实例数据为例,自动生成 RDF 元数据的大致流程是:①将 MARC 元数据以 MARC XML 格式输出;②基于《国家图书馆核心元数据标准》构建 XSLT 样式表单,并通过该表单将 MARC XML 元数据转换为基于 DC 的 XML 元数据;③基于 NLOC 核心元数据本体构建 XSLT 表单,并通过该表单将 DC XML 转换为 RDF/XML 格式。此外,以上过程也可全部采用基于 XML Parser 的计算机程序(如,Java 程序)来实现。

11.2　资源对象的命名规则

元数据本体中的类主要有 nloc:DocumentResource、nloc:PeriodOfTime、nloc:Agent(或 foaf:Agent)、nloc:Location、skos:Concept 和 skos:ConceptScheme。这些类的个体(即实例)分别是文献资源对象、时间日期、代理者(包括个人、团体、组织机构)、地点、SKOS 概念和 SKOS 概念体系。所有这些个体对象均采用 URI 标识符进行命名,其中 SKOS 概念和 SKOS 概念体系的命名分别在本书第二篇"受控表语义描述规范"和本书第一篇"网络知识组织系统注册与术语服务规范及应用指南"中进行规定,其他个体对象的命名将在本节中规定。因为个体的数量可以是无限的,有时会非常庞大,建议采用 Slash URI 方式命名,即在 URI 标识符中全部采用"/"符号而不是"#"符号,这一点与本体中类和属性的推荐命名方式不同。下文是对各种个体对象 URI 命名方式的详细规定。

11.2.1　文献资源对象命名规则

所有文献资源对象(即 nloc:DocumentResource 类的所有个体)的 URI 标识符建议采用如下形式:

- http://www.nlc.gov.cn/resources/[local_identifier]

其中:

- www.nlc.gov.cn,常量,表示国家图书馆域名;
- resource,常量,表示文献资源;
- [local_identifier],变量,文献资源对象的本地标识符,建议统一使用某种唯一标识符,如

---

① http://www.altova.com/xmlspy.html
② http://www.altova.com/semanticworks.html

ISBN、ISSN、DOI、馆藏记录号等。本规范采用文献资源在国家图书馆中的记录号作为唯一标识符。

11.2.2 其他资源对象的命名规则

时间对象(即 nloc:PeriodOfTime 类的所有个体)的 URI 标识符建议采用如下形式:

- http://www.nlc.gov.cn/period/instant 或 interval/[local_identifier]

其中:

- period,常量,表示时间日期;
- instant 或 interval,常量,instant 表示各种时间点(如年、月、日),interval 表示有起始和结束时间的时间段;
- [local_identifier],变量,时间点对象的本地标识符可采用"YYYYMMDD"形式的日期表示或者年号纪年表示,如 2010、201005、20100501、清道光 25 年;时间段对象的本地标识符可采用"YYYYMMDD – YYYYMMDD"形式的起始至结束日期表示,如 2001 – 2005、200001 – 201005,如果是朝代或者年号,可直接使用年号纪年,如"清道光"。此外,所有的时间对象也可采用统一的序号表示,如 instant_1、instant_2、interval_1、interval_2,但是这种表示方法的可读性较差。

个人、团体和组织机构对象(即 nloc:Agent 或 foaf:Agent 类的所有个体)的 URI 标识符建议采用如下形式:

- http://www.nlc.gov.cn/person 或 organization/[local_identifier]

其中:

- person 或 organization,常量,person 表示是个人,organization 表示是团体和组织机构;
- [local_identifier],变量,个人、团体和组织机构对象的本地标识符,可以统一采用中文名称、中文名称的拼音或者英文名称表示,如"王军"、"北京大学出版社"。

地点对象(即 nloc:Location① 类的所有个体)的 URI 标识符建议采用如下形式:

- http://www.nlc.gov.cn/location/[local_identifier]

其中:

- location,常量,表示地点;
- [local_identifier],变量,表示地点的本地标识符。如果是有名称的地点,建议统一采用中文地名、中文地名的拼音或者英文名称表示,如 China、Beijing;如果是以坐标表示的地点,建议采用序号表示,如 location_1、location_2。

11.3 RDF 数据构建指南

采用 RDF 语言描述一个资源对象,有两种描述方式可以选择:

(1)标准的 RDF 资源描述方式,采用 rdf:type 属性描述资源的类型,如:

---

① 如果所有地点都是采用 SKOS 地名概念表示的,将无需定义 nloc:Location 类。

< rdf:Description rdf:about = "http://www.nlc.gov.cn/resource/004106310" >

< rdf:type rdf:resource = "http://www.nlc.gov.cn/onto/core_v1.0.owl#DocumentResource" >

描述的内容在这里……

 </rdf:Description >

(2)简明的 RDF 资源描述方式,直接表示资源的类型,如:

< nloc:DocumentResource rdf:about = "http://www.nlc.gov.cn/resource/004106310" >

描述的内容在这里……

 </nloc:DocumentResource >

在 RDF 语言中有两种 URI 表示方式可供选择:

(1)采用 rdf:about 属性和所描述资源对象的绝对 URI 标识符,如:

< rdf:Description rdf:about = "http://www.nlc.gov.cn/resource/004106310" >

(2)采用 rdf:ID 属性和所描述资源对象的相对 URI 标识符,如:

< rdf:Description rdf:ID = "004106310" >

但需在 RDF 文档的开头预先定义基础命名空间: < xml:base = "http://www.nlc.gov.cn/resource/" >

RDF 数据中对象属性的属性值是某个个体的 URI 标识符,根据本体中对每个对象属性值域的定义,取值必须是该值域范围内的一个个体,不同类型个体的 URI 标识符的命名需遵循本篇第 11.2 节中的规定。在 RDF 数据中,使用 rdf:resource 属性指明属性值是一个个体,如:

• < dc:publisher

  rdf:resource = "http://www.nlc.gov.cn/organization/BeijingUniversityPress" >

上述陈述表明属性 dc:publisher 的属性值是用 URI 标识符指代的一个出版社个体。

RDF 数据中数据类型属性的属性值是文字值,根据本体中对每个数据类型属性值域的规定,取值必须是值域规定的数据类型。不同数据类型的取值规则见表 3 - 11 - 1 所示。

表 3 - 11 - 1　RDF 数据中不同数据类型属性的取值规则

数据类型	取值范围	取值格式	示例
xsd:string	任何字符串		信息检索,Web Data Mining
xsd:int	整数(范围在 $-2^{31}-2^{31}$ 之间)		32,0,-1000
xsd:float	小数		123.456,-1.2344e56
xsd:boolean	布尔值		true,false
xsd:gYear	年	CCYY	1900,2010
xsd:gMonth	月份	--MM	--10(表示每年 10 月)
xsd:gDay	天	---DD	---01(表示每月 1 号)

续表

数据类型	取值范围	取值格式	示例
xsd:date	日期	CCYY - MM - DD	2001 - 10 - 26
xsd:dateTime	日期时间	CCYY - MM - DDThh:mm:ss	2001 - 10 - 26T21:32:52

注:如果有不同语言的字符串,最好采用"xml:lang"属性指明字符串的语种,如:
　　"en"—表示任何英文,"zh"—表示任何中文,"zh - CN"—表示中国内地使用的中文(简体字),"zh - TW"—表示台湾使用的中文(繁体字),"zh - HK"—表示香港使用的中文(繁体字)。

11.4　元数据的简单语义化表示

本节介绍如何将 DC 元数据进行简单的语义化转换,以 RDF 的格式进行描述。国家图书馆目前还无法提供基于《国家图书馆核心元数据标准》的元数据,只是提供了文献资源的 CNMARC 记录。因此首先需要根据《国家图书馆核心元数据标准》和《国家图书馆核心元数据标准著录规则》将 CNMARC 记录转换成为 DC 元数据,语义元数据的构建将完全基于转换后的 DC 元数据进行①。表 3 - 11 - 2 是图书《数字图书馆的知识组织系统:从理论到实践》的 CNMARC 记录,表 3 - 11 - 3 是基于《国家图书馆核心元数据标准》将 CNMARC 进行转换后得到的 DC 元数据。

元数据的简单语义化表示是将 DC 元数据简单表示为 RDF 的格式。15 个核心元数据元素中的 13 个元素简单地转换成为数据类型属性,属性值是一个文字值(如字符串或日期);其余两个元素 relation 和 source 转换成为对象类型属性,属性值是使用 URI 标识符表示的一个文献资源个体。图 3 - 11 - 2 是图书《数字图书馆的知识组织系统:从理论到实践》元数据的简单语义化描述,以 RDF/XML 序列化格式表示。该文献资源对象的本地标识符采用其在国家图书馆中的记录标识号 004106310 表示,按照文献资源对象的 URI 标识符命名规则,命名为 < http:// www. nlc. gov. cn/resource/004106310 >。

表 3 - 11 - 2　图书《数字图书馆的知识组织系统:从理论到实践》的 CNMARC 记录

字段	字段值
头标区	——nam0 22——　　450
记录控制号	004106310
记录最后处理	20090403090719.0
ISBN/价格	978 - 7 - 301 - 14903 - 4 : CNY30.00
通用处理数据	20090331d2009　em y0chiy50　　ea
作品语种	chi
国别	CN110000

---

① 在实际应用中,DC 元数据由国家图书馆直接提供,如何将 CNMARC 记录转换为 DC 元数据不属于本规范的讨论范围。

专著	y z 000yy
载体形态项	r
题名责任者项	数字图书馆的知识组织系统［专著］：从理论到实践／王军著
出版发行项	北京：北京大学出版社,2009
载体形态项	200 页；23cm
一般附注项	北京市社会科学理论著作出版基金资助
相关题名附注	封面英文题名：The knowledge organization system in digital libraries
提要	本书分三篇：上篇介绍了网络知识组织系统的发展,重点是如何基于传统的知识组织资源来构造数字图书馆的知识组织系统,以支持概念检索和知识管理等服务；中篇探讨了词表的自动丰富机制；下篇以国际上使用广泛的杜威十进制分类法为例,研究了如何改造图书分类法来实现自动分类。
并列题名	Knowledge organization system in digital libraries
学科主题	数字图书馆—研究
学科主题	数字图书馆
中图分类号	G250.76
个人名称等同	王军(1968.5～)著
排架分类号	G250.7 wj
记录来源	CN 110017 20090309
OWN	ZB301
系统号	004106310

表 3 - 11 - 3　图书《数字图书馆的知识组织系统：从理论到实践》基于 DC 的元数据

元数据元素	元素中文标签	元素值
title	题名	数字图书馆知识组织：从理论到实践 The Knowledge Organization System in Digital Libraries
creator	创建者	王军
publisher	出版者	北京大学出版社
contributor	其他贡献者	—
date	日期	2009 - 03 - 09
language	语种	chi

元数据元素	元素中文标签	元素值
description	描述	本书分三篇:上篇介绍了网络知识组织系统的发展,重点是如何基于传统的知识组织资源来构造数字图书馆的知识组织系统,以支持概念检索和知识管理等服务;中篇探讨了词表的自动丰富机制;下篇以国际上使用广泛的杜威十进制分类法为例,研究了如何改造图书分类法来实现自动分类。
subject	主题	数字图书馆
		数字图书馆—研究
		G250.76
source	来源	—
relation	关联	引用《Data Mining: Concepts and Techniques》 (注:此为举例,非真实数据)
identifier	标识符	9787301149034 （ISBN 号）
type	资源类型	Text （采用 DCMI 类型词表中的术语）
rights	权限	—
format	格式	200 页;23cm
coverage	时空范围	CN
		2009 年

```
< ? xml version = "1. 0" encoding = "UTF – 8"？ >
< rdf：RDF xmlns：dc = "http：//purl. org/dc/elements/1. 1/"
xmlns：rdf = "http：//www. w3. org/1999/02/22 – rdf – syntax – ns#"
xmlns：rdfs = "http：//www. w3. org/2000/01/rdf – schema#" >
< rdf：Description rdf：about = "http：//www. nlc. gov. cn/resource/004106310" >
    < dc：title xml：lang = "zh" >数字图书馆知识组织：从理论到实践 </dc：title>
    < dc：title xml：lang = "en" >The Knowledge Organization System in Digital Libraries </dc：title >
    < dc：creator xml：lang = "zh" >王军 </dc：creator >
    < dc：publisher xml：lang = "zh" >北京大学出版社 </dc：publisher >
    < dc：date rdf：datatype = "http：//www. w3. org/2001/XMLSchema#date" >2009 – 03 – 09 </dc：date >
    < dc：language xml：lang = "en" > chi </dc：language >
    < dc：description xml：lang = "zh" >本书分三篇：上篇介绍了网络知识组织系统的发展，重点是如何基于
传统的知识组织资源来构造数字图书馆的知识组织系统，以支持概念检索和知识管理等服务；中篇探讨了
词表的自动丰富机制；下篇以国际上使用广泛的杜威十进制分类法为例，研究了如何改造图书分类法来实
现自动分类。 </dc：description >
    < dc：subject xml：lang = "zh" >数字图书馆 </dc：subject >
    < dc：subject xml：lang = "zh" >数字图书馆－－研究 </dc：subject >
    < dc：subject rdf：datatype = "http：//www. w3. org/2001/XMLSchema#string" >G250. 76 </dc：subject >
    < dc：relation rdf：resource = "http：//www. nlc. gov. cn/resource/001612880" / >
    < dc：identifier
rdf：datatype = "http：//www. w3. org/2001/XMLSchema#string" >9787301149034 </dc：identifier >
    < dc：type xml：lang = "en" >Text </dc：type >
    < dc：format xml：lang = "zh" >200 页；23cm </dc：format >
    < dc：coverage xml：lang = "en" > CN </dc：coverage >
    < dc：coverage xml：lang = "zh" >2009 年 </dc：coverage >
</rdf：Description >
</rdf：RDF >
```

图 3 – 11 – 2　图书《数字图书馆的知识组织系统：从理论到实践》
元数据的简单语义化表示（RDF/XML 格式）

11.5　基于核心元数据本体的语义元数据构建指南

虽然可以将 DC 元数据转换成为一个简单的 RDF 表示，但这是远远不够的。在这个简单
语义化版本中，元数据元素值中的实体对象（如作者、出版者）、规范术语（如语种、资源类型、主
题）、时间日期等都只是简单地采用字符串进行表示，并没有进行语义化处理。因此元数据的
完全语义化表示必须依据构建的 NLOC 核心元数据本体进行。

下面是依据 NLOC 核心元数据本体对元数据进行完全语义化描述的具体指南：

（1）将元素 title 的值，即题名，直接作为数据类型属性 dc：title 的属性值。一个题名转换为一个属性值，如果有多个题名，则有多个属性值。中文题名的语言属性用 xml：lang = "zh"表示；英文题名的语言属性用 xml：lang = "en"表示。

（2）对于元素 creator、contributor、publisher 的值，即创建者、其他贡献者和出版者名称，如果是个人，转换为 nloc：Person（或者 foaf：Person）类的个体；如果是团体，转换为 nloc：Group（或者 foaf：Group）类的个体；如果是组织机构，转换为 nloc：Organization（或者 foaf：Organization）类的个体，每个个体均依据本篇第 11.2.2 节中所述的个人、团体和组织机构对象的 URI 标识符命名规则进行命名，将 URI 标识符作为相应属性的值。对于这些个体的详细描述，可以采用 FOAF 本体中定义的属性。图 3 - 11 - 3 给出了一个个人和一个组织机构的具体描述示例。

（3）元素 language 的值，即语种，是取自语种受控词表中的规范术语，从 SKOS 表示的某个语种词表中寻找相匹配的术语，如，《世界语种代码表》。在 SKOS 表示的语种词表中，一个语种术语被描述为一个 SKOS 语种概念，将该 SKOS 概念的 URI 标识符作为对象属性 dc：language 的属性值。图 3 - 11 - 4 给出了一个语种规范术语在不同语种词表中的 SKOS 表示。

（4）将元素 description 的值，即自由文本描述，直接作为数据类型属性 dc：description 的属性值，中文描述的语言属性用 xml：lang = "zh"表示，英文描述的语言属性用 xml：lang = "en"表示。

（5）如果元素 subject 的值是主题词，是取自叙词表或主题词表中的规范术语，从 SKOS 表示的某个叙词表或主题词表（如"汉语主题词表"）中寻找相匹配的术语。在 SKOS 表示的词表中，一个术语被描述为一个 SKOS 概念，将该 SKOS 概念的 URI 标识符作为对象属性 dc：subject 的属性值。一个主题词的 URI 标识符是一个属性值，如果有多个主题词就有多个属性值。如果元素 subject 的值是分类号，是取自某种分类法中的符号表示，从相应的 SKOS 表示的分类法中寻找相匹配的类号，譬如"G250.76"是"中国图书馆分类法"中的一个类号。将类号的 URI 标识符也作为属性 dc：subject 的一个属性值。图 3 - 11 - 5 给出了相关的两个主题词和一个类号的 SKOS 描述示例。

（6）将元素 date 的值，即时间日期表示，转换为 nloc：PeriodOfTime 类的个体，每个个体均依据本篇第 11.2.2 节中所述的时间日期对象的 URI 标识符命名规则进行命名，将 URI 标识符作为对象属性 dc：date 的一个属性值，有多个时间日期值（如创建时间、修改时间、提交时间等）就有多个属性值。一个时间点个体采用 nloc：Instant 子类的属性进行描述，一个时间段个体采用 nloc：Interval 子类的属性进行描述。图 3 - 11 - 6 中给出了时间点"20090309"的描述示例。

（7）元素 relation 和 source 的值是另一个文献资源对象，基于本篇第 11.2.1 中所述的文献资源对象的 URI 标识符命名规则进行命名，将 URI 标识符作为相应对象属性 dc：relation 或 ds：source 的属性值。对该文献资源对象的语义化描述同当前正被描述的文献资源对象。

（8）将元素 identiifer 的值，根据其具体的类别，直接作为数据类型属性 dc：identifier 的相应子属性的属性值。如，ISBN 号转换为子属性 nloc：identifierISBN 的属性值，ISSN 号转换为子属性 nloc：identifierISSN 的属性值。

（9）元素 type 的值，即资源类型，是取自资源类型词表中的规范术语，从 SKOS 表示的某个资源类型词表中寻找相匹配的术语。譬如"Text"是来自 DCMI 类型词表（DCMI Type Vocabulary）的一个文献资源类型术语，它的 URI 标识符为 ＜http：//purl. org/dc/dcmitype/Text＞。一个资源类型术语被描述为一个 SKOS 资源类型概念，将该 SKOS 概念的 URI 标识符作为对象属性 dc：type 的属性值。

（10）元素 coverage 的值的空间范围部分是取自地名词表中的规范术语，从 SKOS 表示的某个地名词表中寻找相匹配的术语。一个地名被描述为一个 SKOS 地名概念，将该 SKOS 概念的 URI 标识符作为对象属性 dcterms：spatial 的属性值。图 3 - 11 - 4 也给出了一个地名术语"CN"的 SKOS 描述示列。

（11）元素 coverage 的值的时间范围部分是时间日期表示，转换为 nloc：PeriodOfTime 类的个体，转换方法同（6）。将该时间日期个体的 URI 标识符作为对象属性 dcterms：temporal 的属性值。

```
< ? xml version = "1. 0" encoding = "UTF - 8" ?  >
< rdf:RDF xmlns:dc = "http://purl. org/dc/elements/1. 1/"
xmlns:dcterms = "http://purl. org/dc/terms/"  xmlns:foaf = "http://xmlns. com/foaf/1. 0/"
xmlns:owl = "http://www. w3. org/2002/07/owl#"
xmlns:rdf = "http://www. w3. org/1999/02/22 - rdf - syntax - ns#"
xmlns:rdfs = "http://www. w3. org/2000/01/rdf - schema#"
xmlns:xsd = "http://www. w3. org/2001/XMLSchema#" >

< foaf:Person rdf:about = "http://www. nlc. gov. cn/person/王军" >
   < foaf:name xml:lang = "zh" >王军 </foaf:name >
   < foaf:gender xml:lang = "zh" >男 </foaf:gender >
   < foaf:birthday xml:datatype = "
http://www. w3. org/2001/XMLSchema#gMonthDay" > - -12 -31 </foaf:birthday >
   < foaf:mbox rdf:resource = "mailto:junwang@ pku. edu. cn"/ >
   < foaf:phone rdf:resource = "tel:01012345678"/ >
   < foaf:workplaceHomepage rdf:resource = "http://www. pku. edu. cn/"/ >
   < foaf:workInfoHomepage rdf:resource = "http://vision. pku. edu. cn/teammembers/wj/"/ >
   < foaf:knowns rdf:resource = "http://www. nlc. gov. cn/person/曾新红"/ >
   < foaf:topic_interest rdf:resource = "http://www. nlo. gov. cn/vocab/CCT_CT_v2. 0/数字图书馆"/ >
   < foaf:interest rdf:resource = "http://vision. pku. edu. cn/teammembers/wj/"/ >
   < foaf:publications rdf:resource = "http://vision. pku. edu. cn/teammembers/wj/"/ >
   < foaf:pastProject rdf:resource = "http://162. 105. 11. 13:8080/KVision/index. jsp"/ >
</foaf:Person >

< foaf:Organization rdf:about = "http://www. nlc. gov. cn/organization/北京大学出版社" >
   < foaf:name xml:lang = "zh" >北京大学出版社 </foaf:name >
   < foaf:mbox rdf:resource = "mailto:fd@ pup. pku. edu. cn"/ >
   < foaf:phone rdf:resource = "tel:01062752033"/ >
</foaf:Organization >

</rdf:RDF >
```

图 3 - 11 - 3　根据 FOAF 本体构建的作者和出版者的语义元数据（RDF/XML 格式）

```
< ? xml version = "1. 0"  encoding = "UTF - 8" ?  >
< rdf:RDF xmlns:skos = "http://www. w3. org/2004/02/skos/core#"
xmlns:ckos = "http://www. nlc. gov. cn/2010/06/ckos#"
xmlns:rdf = "http://www. w3. org/1999/02/22 - rdf - syntax - ns#"
xmlns:rdfs = "http://www. w3. org/2000/01/rdf - schema#"
xmlns:xsd = "http://www. w3. org/2001/XMLSchema#" >

< ckos:LanguageConcept rdf:about = "http://www. nlc. gov. cn/vocab/Lang_v1. 0#chi" >
   < skos:preLabel xml:lang = "zh" > 中文 </skos:preLabel >
   < skos:preLabel xml:lang = "en" > Chinese </skos:preLabel >
   < skos:notation rdf:datatype = "http://www. w3. org/2001/XMLSchema#string" > chi </skos:notation >
   < skos:inScheme rdf:resource = "http://www. nlc. gov. cn/vocab/Lang_v1. 0"/ >
</ckos:LanguageConcept >

< ckos:LocationConcept rdf:about = "http://www. nlc. gov. cn/vocab/ISO3166#CN" >
   < skos:preLabel xml:lang = "en" > China </skos:preLabel >
   < skos:notation rdf:datatype = "http://www. w3. org/2001/XMLSchema#string" > CN </skos:notation >
   < skos:inScheme rdf:resource = "http://www. nlc. gov. cn/vocab/ISO3166"/ >
</ckos:LocationConcept >

</rdf:RDF >
```

图 3 - 11 - 4 采用 SKOS 语言描述的"chi"和"CN"两个概念（RDF/XML 格式）

```
<?xml version = "1.0" encoding = "UTF – 8"? >
<rdf:RDF xmlns:skos = "http://www.w3.org/2004/02/skos/core#"
xmlns:ckos = "http://www.nlc.gov.cn/2010/06/ckos#"
xmlns:rdf = "http://www.w3.org/1999/02/22 – rdf – syntax – ns#"
xmlns:rdfs = "http://www.w3.org/2000/01/rdf – schema#"
xmlns:xsd = "http://www.w3.org/2001/XMLSchema#" >

<skos:Concept rdf:about = "http://www.nlc.gov.cn/vocab/CCT_CT_v2.0/数字图书馆" >
   <skos:preLabel xml:lang = "zh" >数字图书馆 </skos:preLabel >
   <skos:altLabel xml:lang = "zh" >数字化图书馆 </skos:altLabel >
   <skos:altLabel xml:lang = "en" >Digital Library </skos:altLabel >
   <skos:broader rdf:resource = "http://www.nlc.gov.cn/vocab/CCT_CT_v2.0/图书馆"/ >
   <skos:closeMatch rdf:resource = "http://www.nlc.gov.cn/vocab/CCT_CLC_v4.0/G250.76"/ >
   <skos:inScheme rdf:resource = "http://www.nlc.gov.cn/vocab/CCT_CT_v2.0"/ >
</skos:Concept >

<skos:Concept rdf:about = "http://www.nlc.gov.cn/vocab/CCT_CT_v2.0/研究" >
   <skos:preLabel xml:lang = "zh" >研究 </skos:preLabel >
   <skos:altLabel xml:lang = "en" >Research </skos:altLabel >
   <skos:inScheme rdf:resource = "http://www.nlc.gov.cn/vocab/CCT_CT_v2.0"/ >
</skos:Concept >

<ckos:CompoundConcept rdf:about = "http://www.nlc.gov.cn/vocab/CCT_CT_v2.0/数字图书馆研究" >
   <skos:preLabel xml:lang = "zh" >数字图书馆--研究 </skos:preLabel >
   <skos:altLabel xml:lang = "zh" >数字图书馆研究 </skos:altLabel >
   <skos:inScheme rdf:resource = "http://www.nlc.gov.cn/vocab/CCT_CT_v2.0"/ >
</ckos:CompoundConcept >

<skos:Concept rdf:about = "http://www.nlc.gov.cn/vocab/CCT_CLC_v4.0/G250.76" >
   <skos:preLabel xml:lang = "zh" >数字图书馆 </skos:preLabel >
   <skos:altLabel xml:lang = "zh" >电子图书馆 </skos:altLabel >
   <skos:notation
rdf:datatype = "http://www.w3.org/2001/XMLSchema#string" >G250.76 </skos:notation >
   <skos:broader rdf:resource = "http://www.nlc.gov.cn/vocab/CCT_CLC_v4.0/G250.7"/ >
   <skos:closeMatch rdf:resource = "http://www.nlc.gov.cn/vocab/CCT_CT_v2.0/数字图书馆" / >
   <skos:inScheme rdf:resource = "http://www.nlc.gov.cn/vocab/CCT_CLC_v4.0"/ >
</skos:Concept >

</rdf:RDF >
```

图 3 – 11 – 5　采用 SKOS 语言描述的"数字图书馆"、
"数字图书馆--研究"和"G250.76"三个概念（RDF/XML 格式）

图 3 - 11 - 6 是以 RDF/XML 序列化格式表示的图书《数字图书馆的知识组织系统:从理论到实践》的元数据的完全语义化版本,即本体化或完全语义化元数据。

```
< ? xml version = "1. 0" encoding = "UTF - 8"? >
< rdf:RDF xmlns:dc = "http://purl. org/dc/elements/1. 1/" xmlns:dcterms = "http://purl. org/dc/terms/"
xmlns:nloc = "http://www. nlc. gov. cn/onto/core_v1. 0. owl#" xmlns:owl = "http://www. w3. org/2002/07/owl#"
xmlns:rdf = " http://www. w3. org/1999/02/22-rdf-syntax-ns #" xmlns:rdfs = " http://www. w3. org/2000/01/rdf-
        schema#"
xmlns:xsd = "http://www. w3. org/2001/XMLSchema#"
< nloc:Book rdf:about = "http://www. nlc. gov. cn/resource/004106310" >
  < dc:title xml:lang = "zh" >数字图书馆知识组织:从理论到实践 </dc:title >
  < dc:title xml:lang = "en" >The Knowledge Organization System in Digital Libraries </dc:title >
  < dc:creator rdf:resource = "http://www. nlc. gov. cn/person/王军" / >
  < dc:date >
    < nloc:Instant rdf:about = "http://www. nlc. gov. cn/period/instant/20090309" >
    < nloc:yearValue rdf:datatype = "http://www. w3. org/2001/XMLSchema#gYear" >2009 </nloc:yearValue >
    < nloc: monthValue rdf: datatype = " http://www. w3. org/2001/XMLSchema # gMonth " >--03 </nloc:
                                monthValue >
    < nloc:dayValue rdf:datatype = "http://www. w3. org/2001/XMLSchema#gDay" >---09 </nloc:dayValue >
    </nloc:Instant >
</dc:date >
< dc:language rdf:resource = "http://www. nlc. gov. cn/vocab/Lang#chi" / >
< dc:publisher rdf:resource = "http://www. nlc. gov. cn/organization/北京大学出版社" / >
< dc:description xml:lang = "zh" >本书分三篇:上篇介绍了网络知识组织系统的发展,重点是如何基于传统的
知识组织资源来构造数字图书馆的知识组织系统,以支持概念检索和知识管理等服务;中篇探讨了词表的自
动丰富机制;下篇以国际上使用广泛的杜威十进制分类法为例,研究了如何改造图书分类法来实现自动分类。
</dc:description >
    < dc:subject rdf:resource = "http://www. nlc. gov. cn/vocab/CCT_CT_v2. 0/数字图书馆" / >
    < dc:subject rdf:resource = "http://www. nlc. gov. cn/vocab/CCT_CT_v2. 0/数字图书馆研究" / >
    < dc:subject rdf:resource = "http://www. nlc. gov. cn/vocab/CCT_CLC_v2. 0/G250. 76" / >
    < dc:identifierISBN rdf:datatype = "http://www. w3. org/2001/XMLSchema#string" >9787301149034 </dc:
                                identifierISBN >
    < dc:type rdf:resource = "http://purl. org/dc/dcmitype/Text" / >
    < dc:format xml:lang = "zh" >200 页;23cm </dc:format >
    < dcterms:spatial rdf:resource = "http://www. nlc. gov. cn/vocab/ISO3166#CN" / >
    < dcterms:temporal >
      < nloc:Instant rdf:about = "http://www. nlc. gov. cn/period/2009" >
        < nloc:yearValue rdf:datatype = "http://www. w3. org/2001/XMLSchema#gYear" >2009 </nloc:yearValue >
      </nloc:Instant >
    </dcterms:temporal >
    < dcterms:references rdf:resource = "http://www. nlc. gov. cn/resource/001612880" / >
</nloc:Book >
</rdf:RDF >
```

图 3 - 11 - 6　根据 NLOC 核心元数据本体构建的语义元数据示例(RDF/XML 格式)

11.6　基于古籍元数据本体的语义元数据构建指南

本节以古籍文献资源《安岳县志》为例说明如何根据 NLOA 古籍专门元数据本体对元数据进行完全语义化转换。表 3－11－4 是古籍《安岳县志》的 CNMARC 记录。

表 3－11－4　古籍《安嶽縣誌》的 CNMARC 记录

CNMARC 字段	字段值
001	001888646
005	20051215111828.0
010	b 綫裝
035	a311998003645
100	a19991112e　1836km y0chiy50　ea
101 0	achi
102	aCN
105	af　z　000yy
106	az
200 1	a 安岳縣誌 9an yue xian zhib 普通古籍 e 道光 e 十六卷卷首一卷 f(清)濮瑗修 g(清)周國頤纂
205	a 刻本 b 後印
210	d[後印年不詳]
215	a10 冊 c 圖
300	a 卷 6 內有金石;據清道光 16 年(1836)刻版重印
305	a9 行 22 字小字雙行同白口四周雙邊單魚尾
316	a05NLC:FGPG:
696	a 地 280.1532pgl
701 0	a 濮瑗 9pu yuanc 清 4 修
702 0	a 周国颐 9zhou guo yic 清 4 纂
801 0	aCNbNLCc19991112

根据《国家图书馆专门元数据设计规范》中表 1(古籍元数据元素、修饰词及其与 DC 映射关系列表)提供的古籍元数据元素,将 CNMARC 记录转换成为基于 DC 的元数据,如表 3－11－5所示。在 DC 元数据的著录过程中如果有任何争议,不属于本规范的讨论范围。在具体实施中,资源的 DC 元数据将以国家图书馆的著录结果为准,语义元数据的构建将完全基于 DC 元数据而非其他元数据格式。

表 3 – 11 – 5　古籍《安嶽縣誌》的基于 DC 的元数据

元数据元素	元素修飾詞	元素值
题名(title)		安嶽縣誌：十六卷卷首一卷
创建者(creator)		濮瑗
	责任者说明	– –
	责任方式	修
其他责任者(contributor)		周國頤
	责任方式	纂
出版者(publisher)		– –
	出版地	– –
日期(date)		清道光 16 年(1836)
	出版日期	– –
语种(language)		chi
描述(description)		卷 6 内有金石
主题(subject)		地方志
		地 280.153
资源類型(type)		普通古籍
		地方志
权限(rights)		– –
标识符(identifier)		– –
来源(source)		– –
关联(relation)		– –
时空范围(coverage)	地点	– –
	时间	– –
版本类别		刻本
	版印说明	據清道光 16 年(1836)刻版重印
载体形态		– –
	装订方式	綫裝
	数量	10 册
	图表	插图
	行款版式	9 行 22 字小字雙行同白口四周雙邊單魚尾
馆藏信息		国家图书馆
	典藏号	001888646

　　在对古籍资源的 DC 元数据进行完全语义化转换过程中,对核心元数据元素值的处理将基于 NLOC 核心元数据本体进行,对核心元数据元素的修饰词、资源类型核心元素和个别元素的

元素值的处理将基于 NLOA 古籍元数据本体进行。操作指南如下：

（1）核心元数据元素

按照本篇第 11.5 节中提供的基于核心元数据本体的元数据语义化指南，将核心元数据元素值转换为 NLOC 核心元数据本体中定义的相应核心属性的值。对于古籍文献资源有以下三点说明。

①如果古籍文献资源的主题是采用非受控词表中的自由词进行描述，需将 subject 元素的值直接作为数据类型属性 nloa：subjectFree 的属性值。如果主题是采用受控词表中的规范术语或分类法中的分类号进行描述，则必须按照本篇第 11.5 节的指南，将元素值转换为 SKOS 概念，并将 SKOS 概念的 URI 标识符作为属性 dc：subject 的属性值。

②在古籍文献资源中，元素 date 的值常用年号纪年表示。对于一个时间点对象，将年号纪年字符串直接作为数据类型属性 nloc：eraValue 的属性值，如"清道光 16 年"。如果这个年号纪年还有对应的公元纪年（如 1836），将其直接作为属性 nloc：yearValue 的值。对于一个时间段，分别用属性 nloc：startEraValue 和 nloc：endEraValue 表示开始的年号纪年和结束的年号纪年。图 3 - 11 - 7 中给出了一个年号纪年的描述示例。

③如果元素 description 的值没有指明元素修饰词或者修饰词难以区分和界定，可将其直接作为属性 description 的属性值，不区分具体的子属性。

（2）核心元素修饰词

大部分核心元素修饰词在 NLOA 古籍元数据本体中有直接对应的核心属性的子属性，可以完全仿照核心元数据元素值进行处理，所不同的是作为核心属性的子属性的值，而非核心属性的值，如，各种题名（title）修饰词、日期（date）修饰词、描述或附注（description）修饰词、相关资源（relation）修饰词等。少部分核心元素修饰词没有直接相对应的核心属性的子属性，需进行一定的转换，具体如下。

①元素 publisher 的修饰词"出版地"和"印刷地"的值均是一个地名，将其描述为 SKOS 表示的地名词表中的一个 SKOS 地名概念，或者转换为 nloa：Location 类的一个个体。将 SKOS 地名概念的 URI 标识符或者地名个体的 URI 标识符作为对应的对象属性 nloa：placePublished 或 nloa：placePrinted 的属性值。

②将元素 creator 和 contributor 的修饰词"责任者说明"的值直接作为属性 nloc：description 的子属性 nloa：statementOfResponsibility 的属性值，将修饰词"责任者方式"的值直接作为子属性 nloa：typeOfResponsibility 的属性值。因为子属性 nloa：statementOfResponsiblity 和 nloa：typeOfResponsiblity 与责任者不是一一对应的关系，因此在这两个属性的属性值中必须明确责任者。如 nloa：typeOfResponsibility 的两个属性值"濮瑗修"和"周国颐纂"中必须包含责任者名。

（3）资源类型核心元素和个别元素的元素值

资源类型核心元素和个别元素的元素值的转换完全依据 NLOA 古籍元数据本体，对每个元素的处理具体描述如下。

①"馆藏信息"元素:

- 修饰词"馆藏地"的值是一个机构名称,将其转换为 nloc:Organization(或 foaf:Organziation)类的一个个体,将该个体的 URI 标识符作为对象属性 mods:Location 的属性值。
- 将修饰词"典藏号"的值直接作为数据类型属性 nloa:callNumber 的属性值。

②将"载体形态"元素的每个修饰词的值转换为相对应的数据类型属性 dc:format 的子属性的值。如果有的值没有指明修饰词或者修饰词难以界定,则直接作为属性 dc:format 的属性值。

- 将修饰词"装订方式"的值直接作为子属性 nloa:binding 的属性值。
- 将修饰词"数量"的值转换为子属性 nloa:quantity 的属性值。如果数量的计数单位相同,可以采用数字作为属性值,如 10;如果数量的计数单位不同,需采用含有计数单位的字符串作为属性值,如"10 册"。
- 将修饰词"插图"的值直接作为子属性 nloa:chart 的属性值。
- 将修饰词"行款版式"的值直接作为子属性 nloa:styleForm 的属性值。

③将"版本类别"元素的值直接转换为数据类型属性 mods:edition 的属性值。

- 将修饰词"版印说明"的值直接作为子属性 nloa:editionStatement 的属性值。

对于古籍资源《安嶽縣誌》,根据其在国家图书馆中的记录号命名为 < http://www.nlc.gov.cn/resource/001888646 >。按照上述指南对其 DC 元数据(见表 3 – 11 – 5)进行语义化转换所获得的语义元数据的 RDF 表示如图 3 – 11 – 7 所示。

```
< ? xml version = "1. 0" encoding = "UTF – 8" ? >
< rdf:RDF xmlns:dc = "http://purl. org/dc/elements/1. 1/"
xmlns:dcterms = "http://purl. org/dc/terms/"
xmlns:nloc = "http://www. nlc. gov. cn/onto/core_v1. 0. owl#"
xmlns:nloa = "http://www. nlc. gov. cn/onto/ancient_v1. 0. owl#"
xmlns:mods = "http://www. loc. gov/mods/v3"
xmlns:owl = "http://www. w3. org/2002/07/owl#"
xmlns:rdf = " http://www. w3. org/1999/02/22 – rdf – syntax – ns#" xmlns:rdfs = " http://www. w3. org/2000/
            01/rdf – schema#"
xmlns:xsd = "http://www. w3. org/2001/XMLSchema#" >
< nloc:Ancient rdf:about = "http://www. nlc. gov. cn/resource/001888646" >
    < dc:title xml:lang = "zh" >安嶽縣誌:十六卷卷首一卷 </dc:title >
    < dc:creator rdf:resource = "http://www. nlc. gov. cn/person/濮瑗" / >
    < dc:contributor rdf:resource = "http://www. nlc. gov. cn/person/周国颐" / >
    < nloc:date >
        < nloc:Instant rdf:about = "http://www. nlc. gov. cn/period/instant/清道光 16 年" >
            < nloc:eraValue rdf:datatype = " http://www. w3. org/2001/XMLSchema#string " > 清道光 16 年
                            </nloc:eraValue >
            < nloc:yearValue rdf:datatype = " http://www. w3. org/2001/XMLSchema # gYear " > 1836
                            </nloc:yearValue >
        </nloc:Instant >
    </nloc:date >
    < dc:language rdf:resource = "http://www. nlc. gov. cn/vocab/Lang#chi" / >
    < dc:description xml:lang = "zh" >卷6 内有金石 </dc:description >
    < nloa:typeOfResponsibility xml:lang = "zh" >濮瑗修 </dc:typeOfResponsibility >
    < nloa:typeOfResponsibility xml:lang = "zh" >周国颐纂 </dc:typeOfResponsibility >
    < dc:subject rdf:resource = "http://www. nlc. gov. cn/vocab/FDC/地 280. 153" / >
    < nloa:subjectFree xml:lang = "zh" >地方志 </nloa:subjectFree >
    < dc:type rdf:resource = "http://www. nlc. gov. cn/vocab/IRType/地方志" / >
    < nloa:binding xml:lang = "zh" >线装 </nloa:binding >
    < nloa:quantity xml:lang = "zh" >10 册 </nloa:quantity >
    < nloa:chart xml:lang = "zh" >插图 </nloa:chart >
    < nloa:styleForm xml:lang = "zh" >9 行 22 字小字雙行同白口四周雙邊單魚尾 </nloa:styleForm >
    < mods:edition xml:lang = "zh" > 刻本 </mods:edition >
    < nloa:editionStatement xml:lang = "zh" >據清道光 16 年(1836)刻版重印 </nloa:editionStatement >
    < mods:location rdf:resource = "http://www. nlc. gov. cn/organization/国家图书馆" / >
    < nloa:callNumber rdf:datatype = " http://www. w3. org/2001/XMLSchema # string " > 001888646
                            </nloa:callNumber >
</nloc:Ancient >
</rdf:RDF >
```

图 3 – 11 – 7　根据 NLOA 古籍元数据本体构建的语义元数据示例(RDF/XML 格式)

11.7 语义元数据应用指南

（1）语义互操作

RDF 为元数据提供了一种统一的语义表达形式,能够在原本基于不同元数据标准的元数据间实现语义互操作。如果图书馆中同时存在 MARC 元数据和 DC 元数据,这两种不同类型的元数据间是无法进行互操作的。即使同样是基于 DC 标准的元数据,也可采用不同的 XML 格式表示,在不同的表示格式间也无法进行互操作。但是基于构建的 NLOC 核心元数据本体,各种文献资源的 RDF 语义元数据能够在很大程度上实现语义互操作。

（2）数据可视化

RDF 语义元数据能够进行可视化浏览。目前已经出现了许多开源的 RDF 数据可视化工具,可以很方便地将 RDF 数据以图形化的方式显示。如,图 3 – 11 – 8 显示了采用 Visual Browser 可视化工具对图书馆书目进行浏览的结果。比较著名的 RDF 数据可视化工具有: Visual Browser[①]、RDF Gravity[②]、IsaViz[③] 等。

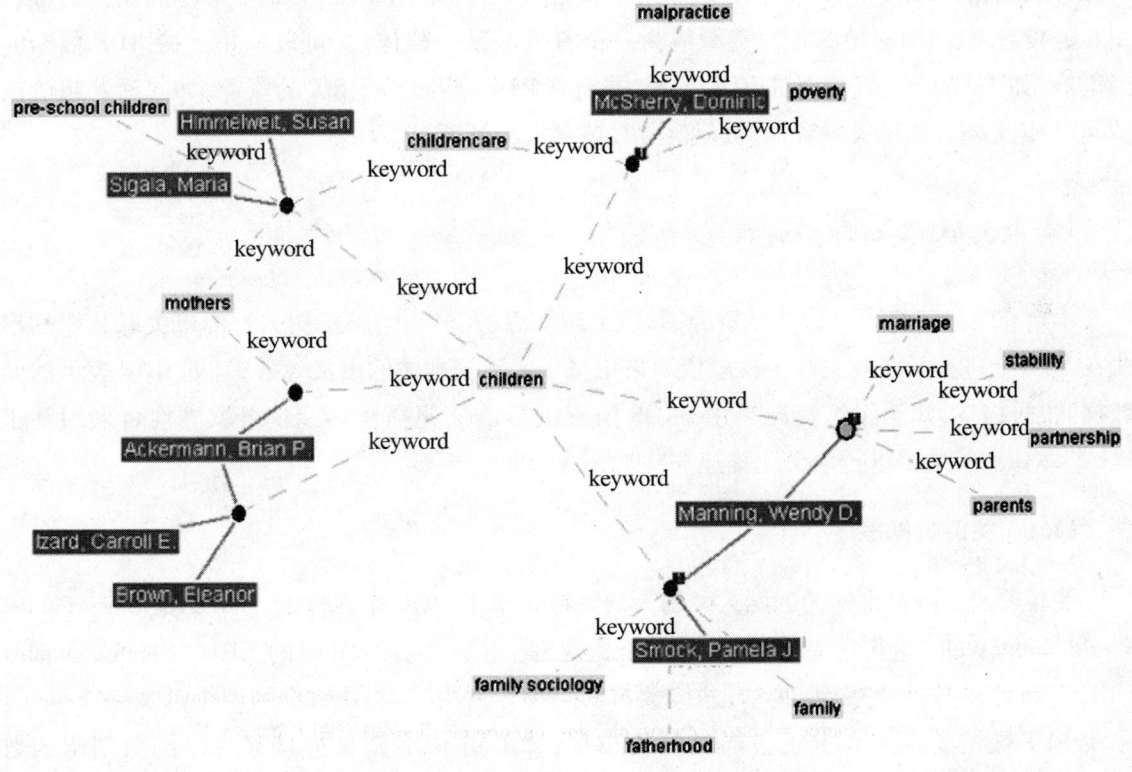

图 3 – 11 – 8　图书馆书目的可视化浏览样例

---

① http://nlp. fi. muni. cz/projekty/vizualni_lexikon/

② http://semweb. salzburgresearch. at/apps/rdf – gravity/index. html

③ http://www. w3. org/2001/11/IsaViz/

（3）智能检索

对于 RDF 语义元数据可以进行基于语义的智能检索，这是普通元数据（如 MARC 元数据和 DC 元数据）所不能实现的。

普通元数据的检索采用的是字符串匹配的检索方式，如，检索"苏东坡"的诗集时，只能匹配"苏东坡"这个字符串，而无法匹配"苏轼"这个字符串，这样就会漏检大量记录。RDF 语义元数据的检索是基于概念的检索，"苏东坡"和"苏轼"表示的是同一个作者概念，采用同一个 URI 标识符进行命名，因此可以同时检索到作者是"苏东坡"和"苏轼"的记录。

针对 RDF 语义元数据，能够进行灵活的扩检和缩检，这也是针对普通元数据所无法达到的。如，检索某个年代的"古籍图书"，但是没有找到任何检索记录，这时系统可以基于 NLOC 核心元数据本体进行扩检，将检索范围从"古籍图书（RareBook）"扩展到它的上位概念"古籍文献（Ancient）"，从而发现相近或相关的记录。

（4）关联数据

RDF 语义元数据是实现图书馆数据关联数据化的基础。通过关联数据化，①可以将文献资源、知识组织资源（如 SKOS 语言表示的受控词表）、个人、组织机构、地点等不同类型的数据相互链接起来，使图书馆的各种资源成为一个有机联系的整体；②可以采用支持 RDF 数据的浏览器（如 Tabulator）直接浏览 RDF 数据，并沿着 RDF 链接访问相关的资源，如同沿着超链接访问 Web 文档。关于关联数据的详细介绍，请参见本篇第 12 章。

12   关联数据指南

本章介绍如何将图书馆文献资源、知识组织资源、人名和组织机构名资源以关联数据的形式在 Web 上进行发布和关联。文献资源采用基于元数据本体的语义元数据（即 RDF 表示的元数据）进行描述，知识组织资源采用 SKOS 语言进行语义化描述，人名/组织机构名采用基于 FOAF 本体的元数据进行语义化描述。

12.1   关联数据概述

关联数据是由万维网的创始人蒂姆·伯纳斯·李于 1996 年在他的" Design Issues for the World Wide Web"笔记中首次提出的一个概念，是指通过可解引用的 URIs（Dereferenceable URIs①）地址在 Web 上展示、共享、连接数据的一种方式[13]。关联数据的两个基本宗旨是：①采用 RDF 数据模型在 Web 上发布结构化数据；②采用 RDF 链接连接来自不同数据源的数据[13]。关联数据必须遵循以下四个基本原则[13]：

- 使用 URI 标识符命名任何事物；
- URI 标识符需是 HTTP URI 地址，使任何人都可以访问这些名称标识；

---

① 一个能够被解引用的 URI 地址是指能够通过 HTTP 协议访问的 URI 地址。

- 当有人访问某个标识名称时,采用 RDF、SPARQL 等标准提供有用的信息;
- 包含指向其他 URI 地址的链接,使人们可以发现更多的相关事物。

在传统的文档 Web 中,对结构化数据的访问主要是通过 Web 应用程序接口(API)来实现。这种方式的缺点是不同的数据源一般都采用不同的访问界面,而且无法在来自不同数据源的数据之间设置超链接,因此各个数据源是孤立地存在着。虽然通过 Mashup① 可以合并若干个数据源然后统一提供服务,但是这种方式也只能在有限的数据源中进行,无法扩展到整个 Web。关联数据提供了在 Web 上发布和访问结构化数据的一种新方式,是一种推荐的语义网最佳实践。通过这种方式,如同访问 Web 文档一样,能够直接通过 HTTP 协议访问结构化数据并且可以沿着数据间的链接在不同数据源间穿行,将所有的数据构成一张数据之网。此外,相比于 Web 文档之间的超链接,数据之间的 RDF 链接更能够指明数据间的语义关系,有益于人机理解语境信息。与传统的基于应用程序接口的数据访问方式相比,关联数据提供了一种统一的、标准的数据访问机制,避免了访问界面和结果格式的纷繁复杂。通过采用关联数据,数据源更容易被搜索引擎抓取,能够采用通用的数据浏览器(即 RDF 浏览器)访问不同的数据源,能够在来自不同数据源的数据间建立链接[19]。

12.2 Web 资源的访问方式

任何采用 URI 标识符命名的资源都是 Web 资源。在 Web 架构中,将 Web 资源分为两种类型:信息资源和非信息资源,它们在 Web 上被访问的方式有所不同[19]。

- 信息资源指的是传统文档 Web 中的资源,如文档、图片、媒体文件。一个信息资源可以有多种格式的表示,如 HTML、RDF/XML、PDF、JPEG 等。当一个信息资源的 URI 地址被 HTTP 协议解引用(Dereference)时,服务器根据浏览器的请求产生该资源的一个表示,并通过 HTTP 响应返回给浏览器。
- 非信息资源指的是 Web 空间之外现实世界中的对象,如人、图书、地点、概念等。这些对象的 URI 地址不能够被 HTTP 协议直接解引(Devefevence)用。因此 Web 架构提供了两种方式来解决非信息资源的 Web 访问问题:一种是 Hash URI 方式,另一种是 303 重定向方式。

Hash URI 方式是采用带有"#"分隔符的 URI 地址命名非信息资源。当一个非信息资源的 Hash URI 地址被浏览器请求时,在向服务器发出请求之前,HTTP 协议会自动将 URI 地址中"#"符号之后的部分剥离掉,因此向服务器真正请求的是一个信息资源的 URI 地址,然后服务器将该信息资源的一个表示返回给浏览器,这个表示包含了对被请求的非信息资源的描述[19]。如图 3 - 12 - 1 所示,当用户请求访问 NLOC 核心元数据本体中"#Book"类的 Hash URI 地址时,浏览器显示的是本体 OWL 文档的代码,它包含了对"#Book"这一概念的描述。

---

① 在 Web 开发中,一个 mashup 是一个网页或应用,它使用和合并来自两个或多个数据源中的数据、表示或功能从而生成新的服务。

在 303 重定向方式中,采用带斜线的 Slash URI 地址命名非信息资源。当一个非信息资源的 URI 地址被浏览器请求时,服务器将其重定向到一个信息资源的 URI 地址,然后浏览器请求这个新的 URI 地址,服务器返回这个信息资源的一个表示,该表示描述了被请求的非信息资源。如,一本图书的地址是 < http://www. nlc. gov. cn/resource/004106310 > ,它的元数据描述文档的 URI 地址是 < http://www. nlc. gov. cn/resource/004106310. rdf > 。当用户请求访问该图书的 URI 地址时,服务器将其重定向到该图书的元数据描述文档的 URI 地址,浏览器最后显示的是该图书元数据的 RDF/XML 代码。

Http://www.nlc.gov.cn/onto/core_v1.0.owl#Book

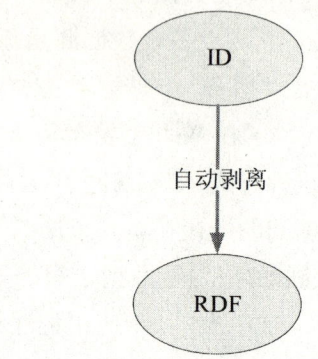

Http://www.nlc.gov.cn/onto/core_v1.0.owl

图 3 – 12 – 1　非信息资源 Hash URI
访问方式示意图

基于元数据本体,每个信息资源对象都有相应的采用 RDF 格式表示的元数据来对其进行描述。如果采用 RDF 浏览器,可以将 RDF/XML 文档显示成可读的文本格式。但是如果采用普通的 HTML 浏览器,浏览器通常将其显示为 RDF/XML 代码,或者干脆不进行显示只是简单地作为 RDF 文件进行下载。这种显示方式显然不利于普通读者的阅览和理解,因此对于非信息资源,除了提供一个 RDF 描述外,最好还提供一个 HTML 描述,根据客户端使用的浏览器来决定发送哪种表示,这可以通过内容协商机制来实现,如图 3 – 12 – 2 所示。

Http://www.nlc.gov.cn/resource/004106310

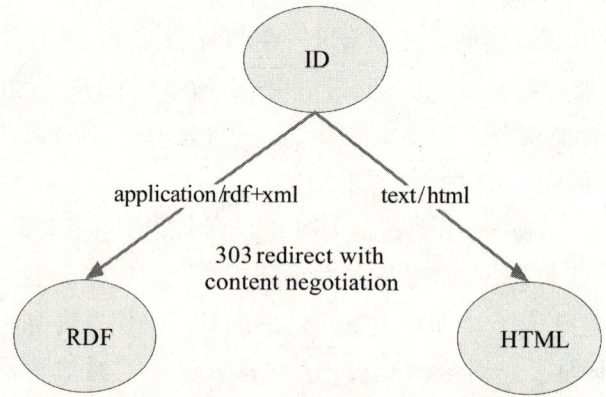

Http://www.nlc.gov.cn/resource/004106310.rdf　Http://www.nlc.gov.cn/resource/004106310.html

图 3 – 12 – 2　采用内容协商的非信息资源 303 重定向访问方式示意图

内容协商是 HTTP 规范中定义的一个强大机制,它能够使同一个 URI 地址服务于 Web 资源的多个不同表示,从而能够将最适合的表示发送给浏览器。下面以图书 < http://www.

188

gov. cn/resource/004106310 > 为例,说明如何采用内容协商机制解引用一个非信息资源的 URI 地址,整个过程如图 3 – 12 – 3 所示。

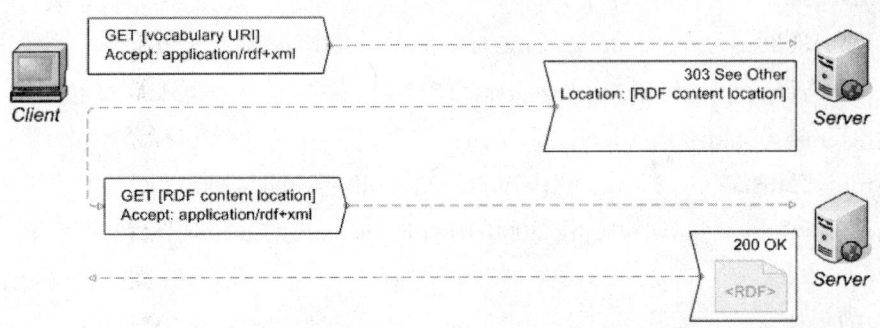

图 3 – 12 – 3　采用内容协商的非信息资源的解引用过程

(1)客户端发送对一个非信息资源的 URI 地址的 HTTP GET 请求。如果客户端是 RDF 浏览器,则倾向采用 RDF/XML 格式表示,那么和 HTTP 请求一起发送一个"Accept:application/ rdf + xml"文件头到服务器;如果客户端是一个 HTML 浏览器,则倾向采用 HTML 格式表示,发送"Accept:text/html"文件头到服务器。

GET /resource/004106310 HTTP/1.1

Host:www.nlc.gov.cn

Accept:text/html;q = 0.5,application/rdf + xml

上面的文件头表明 HTML 和 RDF 表示均可,但是 HTML 的权重是 q = 0.5,表明浏览器更倾向于 RDF 表示。

(2)服务器识别到这是一个非信息资源的 URI 地址,无法返回这个资源的表示。因此服务器使用 HTTP 303 See Other 代码进行回应,发送一个描述该非信息资源的信息资源的 URI 地址给浏览器,因为浏览器更倾向于 RDF 表示,因此返回的是 RDF 文档的 URI 地址。

HTTP/1.1 303 See Other

Location:http://www.nlc.gov.cn/resource/004106310.rdf

Vary:Accept

上面重定向信息表明将该图书元数据的 RDF 文档地址发送给浏览器。

(3)客户端这时向服务器请求获得这个信息资源的一个表示,同样是倾向 application/rdf + xml 表示。

GET /resource/004106310.rdf HTTP/1.1

Host:www.nlc.gov.cn

Accept:text/html;q = 0.5,application/rdf + xml

(4)服务器对浏览器的请求做出反应,将信息资源的 RDF 表示发送给浏览器。

HTTP/1.1 200 OK

189

Content – Type：application/rdf + xml；charset = utf – 8

< ? xml version = "1. 0" ? >

< rdf：RDF

xmlns：nloc = "http：//www. nlc. gov. cn/onto/core_v1. 0. owl#"

xmlns：dc = "http：//purl. org/dc/elements/1. 1"

xmlns：dcterms = "http：//purl. org/dc/terms/"

xmlns：rdf = "http：//www. w3. org/1999/02/22 – rdf – syntax – ns#"

xmlns：rdfs = "http：//www. w3. org/2000/01/rdf – schema#" >

. . .

</rdf：RDF >

HTTP 200 状态码告诉客户端 HTTP 响应中包含一个信息资源的表示，该表示的格式是 RDF/XML，编码是 UTF – 8。

12.3 关联数据中 URI 命名原则

在关联数据背景下，所有资源对象的命名都需遵循以下原则：

(1)采用 HTTP URIs 地址命名任何事物，包括信息资源对象、个人/组织机构/团体、时间日期、地点，以及受控词表中的概念和关系等。

(2)在一个你能够控制的 HTTP 命名空间里定义 URIs 地址，而不是其他人的命名空间。因为在一个能够控制的命名空间，你可以真正使 URIs 地址被解引用。譬如国家图书馆的所有资源均使用国家图书馆的命名空间 < www. nlc. gov. cn > 进行命名。

(3)最好采用比较短小、易于记忆的 URIs 地址。

(4)最好使用稳定、持久的 URIs 地址，因为改变 URI 地址将会使已经建立的数据间的链接被破坏。因此在命名任何事物时，对选择的 URIs 地址的命名规则都要经过慎重考虑，避免以后更改。

(5)选择的 URIs 地址通常要受到技术环境的限制。如，如果服务器不能使用默认的 80 端口作为 HTTP 协议的端口号，则必须在主机名后加上端口号，如 < http：//www/nlc. gov. cn:2020 >，当然可以通过对 Web 服务器进行设置将 URIs 地址重写成比较简单的形式。

(6)对于一个非信息资源，通常要命名三个相关的 URI 地址：

● 资源本身的 URI 地址(建议无任何扩展名)；

● 资源元数据的 RDF/XML 表示(建议以 rdf 作为扩展名)；

● 资源元数据的 HTML 表示(建议以 html 作为扩展名)。

譬如一本图书的上述三个 URI 地址分别为：

● http：//www. nlc. gov. cn/resource/004106310

● http：//www. nlc. gov. cn/resource/004106310. rdf

- http://www.nlc.gov.cn/resource/004106310.html

另一种表示方法是：

- http://www.nlc.gov.cn/resource/004106310
- http://www.nlc.gov.cn/data/004106310（表示 RDF 文档）
- http://www.nlc.gov.cn/page/004106310（表示 HTML 文档）

(7) 如果受控词表不是很大,所含的词表成员(即术语/概念、属性)数量较少,建议采用带有"#"的 Hash URI 地址命名词表成员。"#"号之前的部分是词表文档的 URI 地址,之后部分是词表成员的本地标识符。因为访问 Hash URI 地址时不需重定向,浏览器可以很快地显示包含词表成员的整个词表文档,而且因为文档长度较小,易于浏览。领域本体、简单的小型术语列表等建议采用这种命名方式。

(8) 如果受控词表文档较大,所含的词表成员数量众多,建议采用带斜线的 Slash URI 地址命名,通过 303 重定向方式进行访问。如,"汉语主题词表"、"中国图书馆分类法"、"医学主题词表"等大型词表。

(9) 对于文献资源对象、个人和组织机构、时间日期、地点等数量没有限制的实例数据,建议采用带斜线的 Slash URI 地址命名,通过 303 重定向方式进行访问。

(10) 通常在 URIs 地址中要包含某种主键值来保证每个 URI 地址的唯一性,譬如采用图书馆中的记录号作为文献资源对象的本地标识符, 如 < http://www.nlc.gov.cn/resource/004106310 > ,或者采用 ISSN 和 ISBN 号作为本地标识符。

12.4　关联数据的实施指南

12.4.1　RDF 数据的构建

采用关联数据的形式发布和关联各种数据,前提是所有数据都需采用 RDF 数据模型进行描述。关于如何基于构建的元数据本体对资源进行语义化描述已经在本书第三篇第 11 章中进行了详细说明。这里需要指出的是,在关联数据背景下,构建 RDF 数据时最好要尽量避免以下三点[19],否则会给数据的关联、发布和使用带来麻烦。

(1) 最好不要使用"空节点(Blank Nodes)",因为无法将一个来自外部的 RDF 链接指向一个空节点,这使得不同数据源中数据的合并变得非常困难。所谓空节点,就是 RDF 数据中既不是一个文字值(如字符串、数字等),也没有采用 URI 标识符命名的一个匿名资源。

(2) 最好避免使用"RDF 具体化(Reification)",因为"具体化"的语义不是很明确,而且使用 SPARQL 查询语言查询"具体化陈述"时非常麻烦。所谓 RDF 具体化是指关于 RDF 陈述的描述。RDF 提供了用以描述 RDF 陈述的内置词汇,即 rdf:Statement 类和 rdf:subject、rdf:predicate、rdf:object 属性,用这些词汇对一个陈述的描述称为这个陈述的具体化。

(3) 使用"RDF 集合(Collections)"和"RDF 容器(Containers)"时要慎重考虑,因为使用

SPARQL 查询时比较麻烦。RDF 定义了三种类型的容器(rdf:Bag、rdf:Seq 和 rdf:Alt)用以描述一组事物,但是容器是开放的,即没有办法说明所列举的成员是容器的所有成员。RDF 集合则是封闭的,用于描述仅包含指定成员的组。

12.4.2 RDF 链接的建立

要对不同数据源的数据进行关联,需要在数据间建立 RDF 链接。链接类型有两种:数据层面的链接和语义层面的链接。

数据层面的链接是指相同资源间的链接。在开放的 Web 空间里,经常会出现不同的信息提供者提供同一个非信息资源的情况,他们通常采用各自的命名规则对资源进行命名。譬如,某个出版社基于图书的 ISBN 号对某一图书进行命名,如 < http://www. publisher. com. cn/book/9787301149034 >;而国家图书馆基于馆藏记录号对其进行命名,如 < http://www. nlc. gov. cn/resource/004106310 >,这两个不同的 URI 地址指向的其实是同一个资源——《数字图书馆的知识组织系统:从理论到实践》。对于指向同一个非信息资源的不同 URI 地址,被称为 URI 别名(URI Aliases)。通常采用 RDF 链接"owl:sameAs"连接两个 URI 别名,从而识别不同数据源中的相同资源,如下所示:

    < http://www. publisher. com. cn/book/9787301149034 >

        owl:sameAs   < http://www. nlc. gov/resource/004106310 >

语义层面的链接是指在同一本体的类之间、不同本体的类之间以及本体与概念体系之间建立的链接。在前文构建的元数据本体中已经定义了若干对象属性,用以关联文献资源与人名/组织机构名资源,文献资源与知识组织资源,如表 3 - 12 - 1 所示。

此外,还可进一步将图书馆的文献资源、人名/组织机构名资源、知识组织资源与外界的关联开放数据(Linked Open Data[①])相关联,如 DBPedia[②]、DBLP Bibliography[③]、GeoNames[④]、FOAF[⑤] 等,使国家图书馆的各种资源成为整个 Web 空间数据之网的一部分,更易于被用户发现和浏览。譬如,通过添加"birthplace"链接将人名与 GeoNames 中的地点相关联,构成数据链"文献资源 →(creator)→个人→(birthplace)→地点"。

[①] 该项目是 W3C 的一个开放项目,目的是将开放的数据相互关联,见 http://esw. w3. org/SweoIG/TaskForces/CommunityProjects/LinkingOpenData。

[②] 该项目将维基百科中的数据进行语义化描述后以关联数据形式在 Web 上发布,见 http://dbpedia. org/About。

[③] 该项目将 80 万个科学论文书目数据以关联数据形式在 Web 上发布,见 http://www4. wiwiss. fu - berlin. de/dblp/。

[④] 该项目将全世界超过 650 万个地名信息以关联数据形式在 Web 上发布,见 http://www. geonames. org/。

[⑤] 该项目采用 FOAF 本体描述人或组织的属性及其相互关系并以关联数据形式在 Web 上发布,见 http://www. foaf - project. org/。

表 3 – 12 – 1　关联文献资源、人名/组织机构名和知识组织资源的 RDF 链接

数据集	RDF 链接	数据集
nloc: DocumentResource （文献资源）	dc:creator dc:publisher dc:contributor	foaf:Agent 或 nloc:Agent （人名/组织机构名资源）
	dc:subject dc:language dc:type nloc:media	skos:Concept （知识组织资源）

注:xmlns:nloc = "http://www.nlc.gov.cn/onto/core_v1.0.owl#"

xmlns:dc = "http://purl.org/dc/elements/1.1/"

xmlns:skos = "http://www.w3.org/2004/02/skos/core#"

xmlns:foaf = "http://xmlns.com/foaf/1.0/"

图 3 – 12 – 4 给出了一张将文献资源、人名资源、知识组织资源相互关联构成一张数据之网的示意图。

12.4.3　关联数据的存储和检索

本体和小型受控词表中的成员（术语及其关系）一般采用 Hash URI 标识符命名，建议直接存储在 RDF 文档中。其他大量的实例数据和大型受控词表中的成员一般采用 Slash URI 标识符命名，建议采用专门的 RDF 存储系统进行持久化存储，如 Jena[①] 和 Sesame[②] 等。这些存储工具一般都提供 SPARQL 查询引擎，支持采用 SPARQL 查询从 RDF 数据库中抽取特定的 RDF 三元组。

当从 RDF 数据库中检索以某个 Slash URI 标识符命名的非信息资源时，服务器将通过 303 重定向方式返回以下五种信息给客户端浏览器[21]。

（1）资源的描述：所有以该 URI 标识符作为主体（Subject）的 RDF 三元组。

（2）导入链接：所有以该 URI 标识符作为客体（Object）的 RDF 三元组。

（3）相关描述：与该非信息资源相关的其他资源的描述，如与被检索的图书相关的其他图书的 RDF 描述。

（4）信息资源的元数据：指描述该非信息资源的信息资源的元数据信息，如被检索的非信息资源（即 < http://www.nlc.gov.cn/resource/004106310 > ）的元数据描述文档（即 < http://www.nlc.gov.cn/resource/004106310.rdf > ）的 RDF 元数据。

（5）句法：上述 RDF 三元组的句法表示，如 RDF/XML、N – Triple、Turtle，甚至 HTML。

---

① Jena 是由 HP 实验室开发的一个 Java 语言的语义网工具包，见 http://jena.sourceforge.net/。

② Sesame 是荷兰 Aduna 公司在欧盟研究项目 On – To – Knowledge 中采用 Java 语言开发的一个面向 RDF 和 RDFS 的开源存储、查询和推理框架，见 http://www.openrdf.org/。

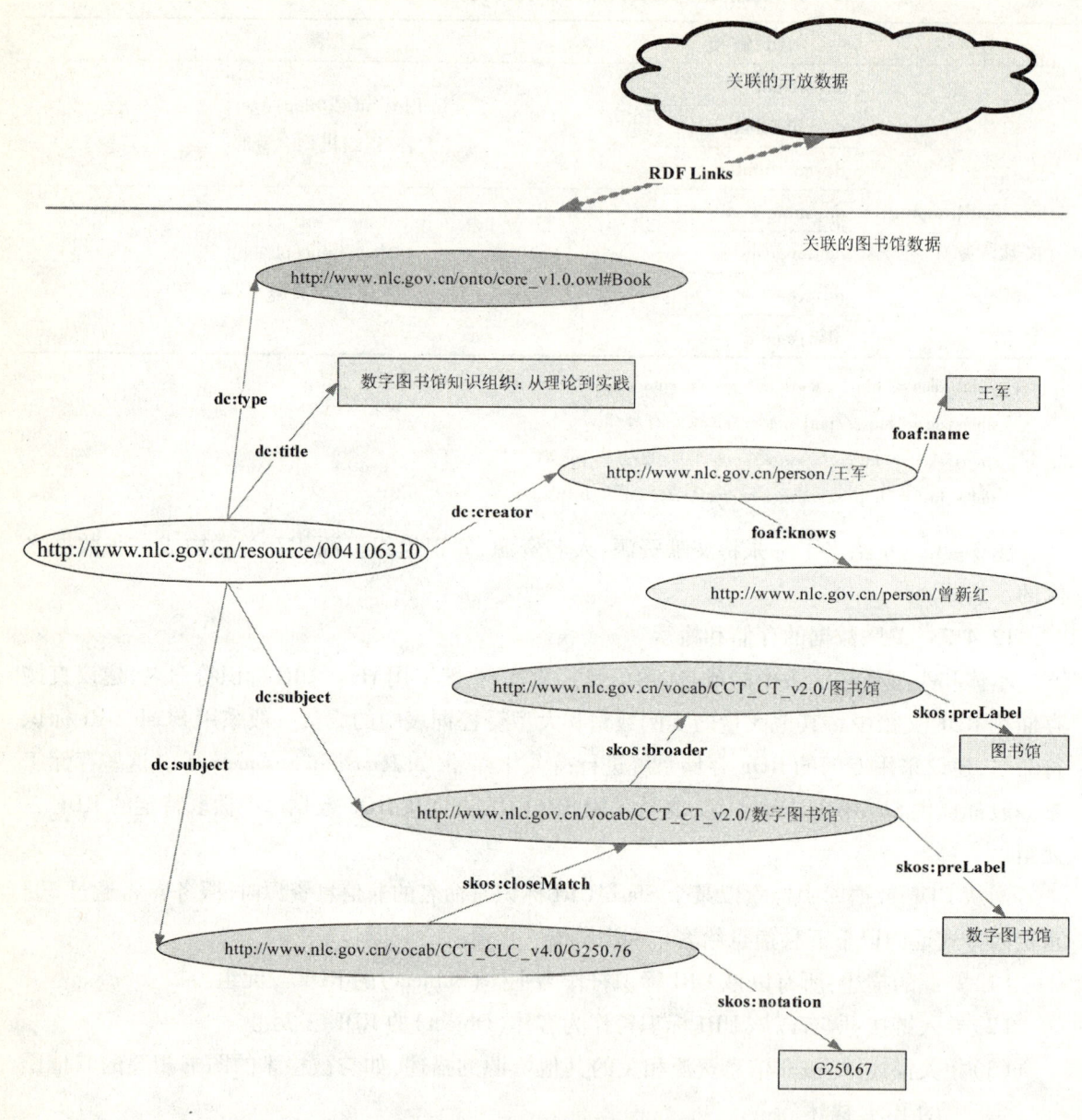

图 3 - 12 - 4　关联数据示意图

　　在实际应用中,选择返回哪几种信息由开发者自行决定。一般第一种"资源的描述"和第五种"句法"是必不可少的。上述这些信息可以通过 SPARQL 查询从 RDF 数据库中动态地抽取出来,并通过内容协商机制自动选择生成某种表示形式返回给客户端浏览器。如果客户端是 RDF 浏览器,任何 RDF 序列化格式都最终能以文本可读的形式显示在浏览器界面上。如果客户端是 HTML 浏览器,最好生成易读的 HTML 格式显示;否则对于大多数 HTML 浏览器来说,如果是 RDF/XML 序列化格式,则直接显示为 RDF/XML 代码;如果是其他 RDF 序列化格式,则直接进行下载。

12.5　关联数据实例

本节以图书《数字图书馆的知识组织系统:从理论到实践》为例,说明关联数据的发布和浏览过程。

该图书的 URI 标识符是 < http://www.nlc.gov.cn/resource/004106310 > ,对于采用 Slash URI 地址命名的非信息资源需采用 303 重定向方式进行访问,访问的过程如图 3 – 10 – 2 和 3 – 10 – 3 所示。采用重定向方式访问的一个缺点是会有一些延迟,一个解决策略是在资源的 URI 标识符后添加"#this"将 Slash URI 地址转换成 Hash URI,然后采用 Hash URI 方式进行访问。如图 3 – 12 – 5 所示,当浏览器向服务器发出对 URI 地址 < http://www.nlc.gov.cn/resource/004106310#this > 的请求之前,HTTP 协议自动将"#this"从 URI 地址中剥离掉,向服务器请求的实际地址是 < http://www.nlc.gov.cn/resource/004106310 > 。该地址代表的是一个信息资源,具有多种表示形式(如 HTML、RDF/XML 和 Text/N3),服务器通过内容协商机制选择合适的表示发送给客户端浏览器。

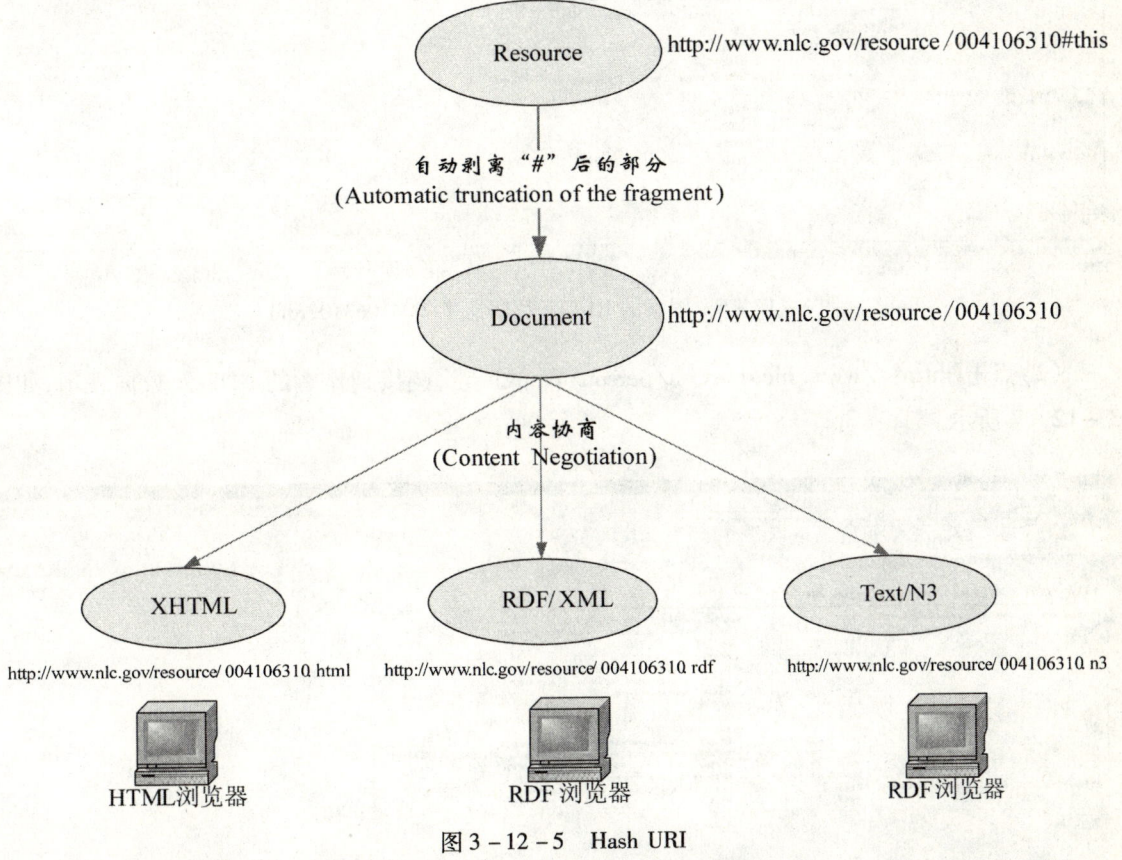

图 3 – 12 – 5　Hash URI

下面详细说明使用内嵌在 Firefox 中的 Tabulator RDF 浏览器①浏览资源 < http://www.nlc.

---

①　Tabulator 是一个数据浏览和编辑器,提供了在 Web 上浏览 RDF 数据的途径,可以作为 Firefox 浏览器的扩展附件与该浏览器一起使用,见 http://www.w3.org/2005/ajar/tab。(目前还无法支持汉字显示)

195

gov. cn/resource/004106310#this >及其相关资源的整个过程。

（1）输入 URI 地址"http://www.nlc.gov.cn/resource/004106310#this"，浏览器显示该图书的 RDF 元数据表示，如图 3 - 12 -6 所示。

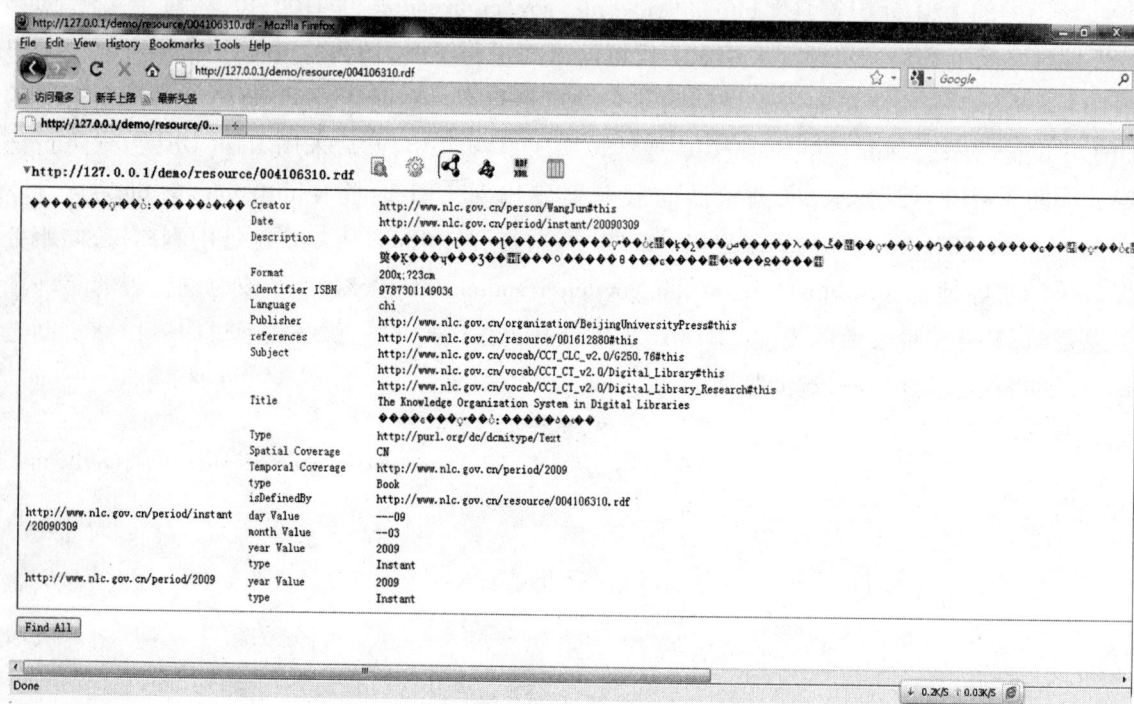

图 3 - 12 - 6　图书的 RDF 元数据描述(004106310. rdf)

（2）点击"http://www.nlc.gov.cn/person/WangJun"，链接到作者的 RDF 元数据表示，如图 3 - 12 - 7 所示。

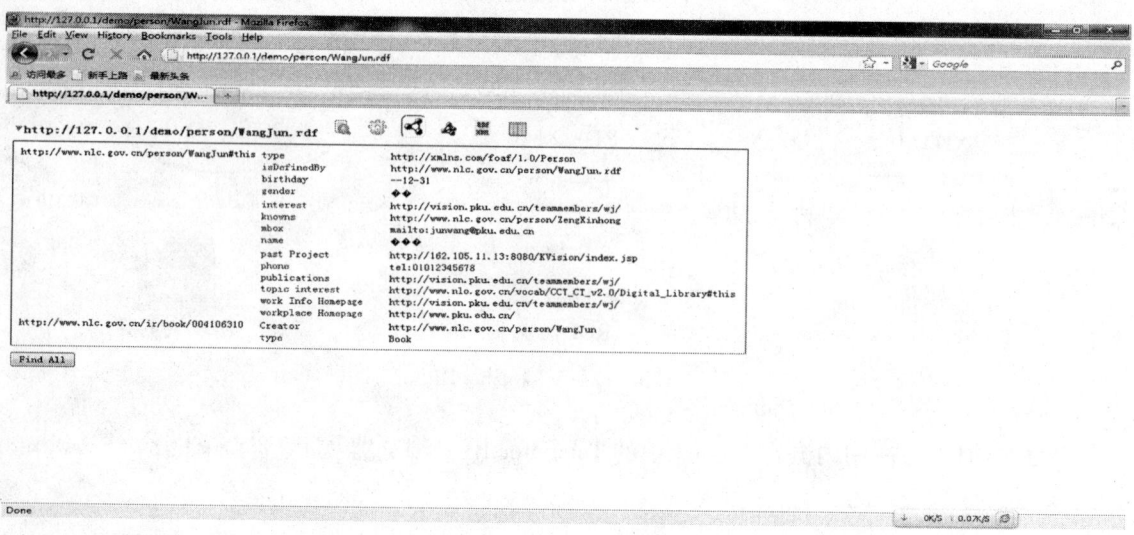

图 3 - 12 - 7　作者的 RDF 元数据描述(WangJun. rdf)

（3）点击"http://www.nlc.gov.cn/vocab/CCT_CT_v2.0/Digital_Library"，链接到"汉语主题词表"中对"数字图书馆"这一概念的 RDF 描述，如图 3–12–8 所示。

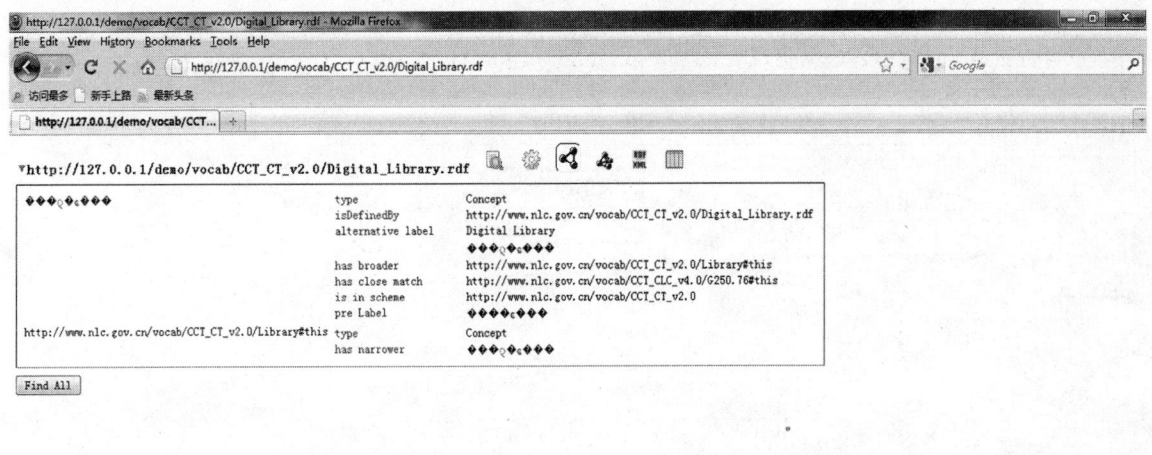

图 3-12-8 "汉语主题词表中"对"数字图书馆"这一概念的 RDF 描述（Digital_Library.rdf）

（4）点击"http://www.nlc.gov.cn/vocab/CCT_CT_v2.0/Library"，链接到"汉语主题词表"中对"数字图书馆"的上位概念"图书馆"的 RDF 描述，如图 3–12–9 所示。

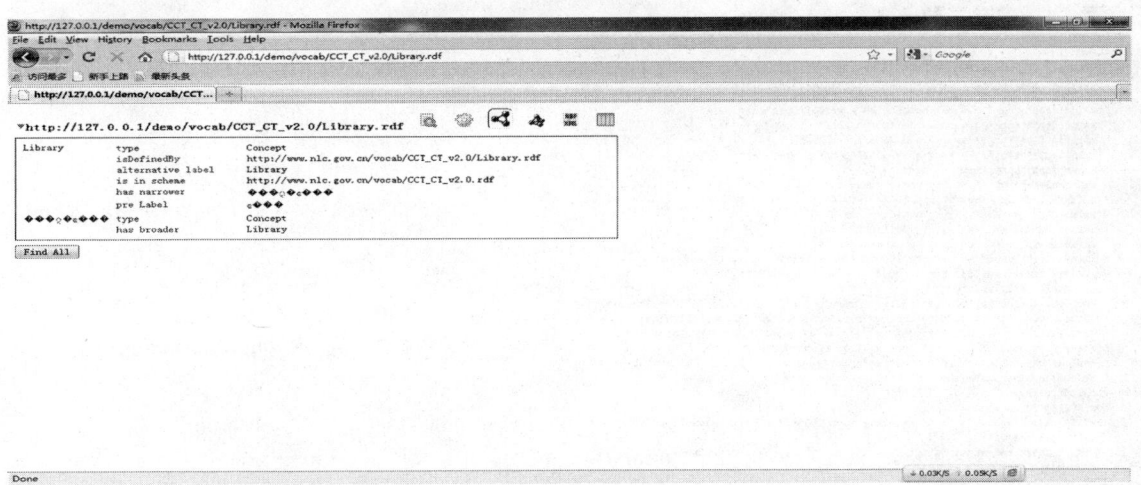

图 3-12-9 "汉语主题词表中"对"图书馆"这一概念的 RDF 描述（Library.rdf）

（5）回到所检索的图书的元数据页面，点击"http://www.nlc.gov.cn/vocab/CCT_CLC_v4.

0/G250.76",链接到"中国图书馆分类法"中对分类号"G250.76"的 RDF 描述,如图 3 – 12 – 10 所示。

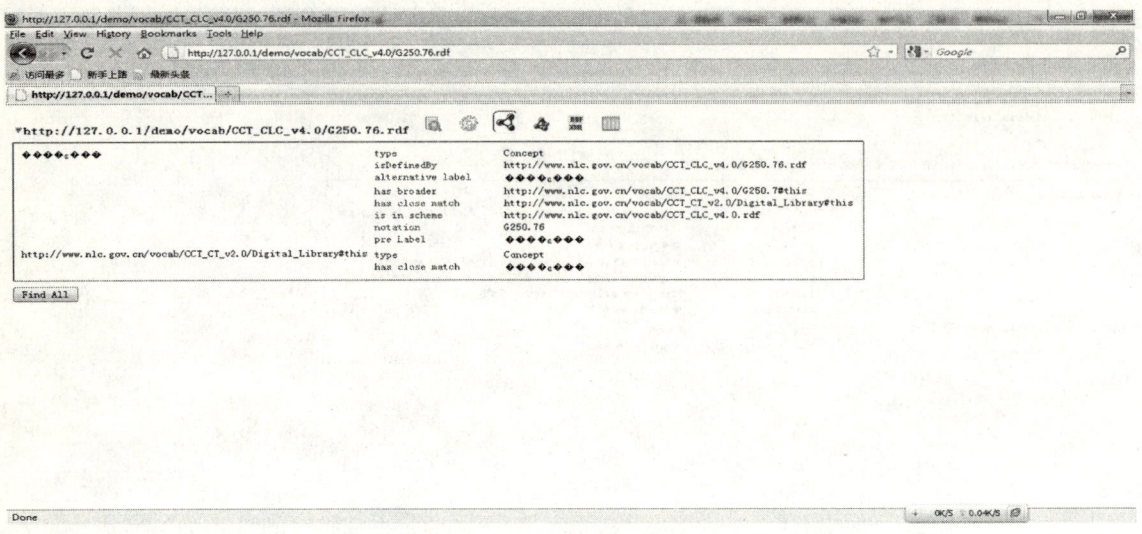

图 3 – 12 – 10 "中国图书馆分类法"中对"G250.76"分类号的 RDF 描述

(6)回到被检索的图书的元数据页,点击"http://www.nlc.gov.cn/onto/core_v1.0.owl# Book",链接到 NLOC 核心元数据本体的 OWL 文档,其中包含了对概念"Book"的 RDF 描述,如 图 3 – 12 – 11 所示。

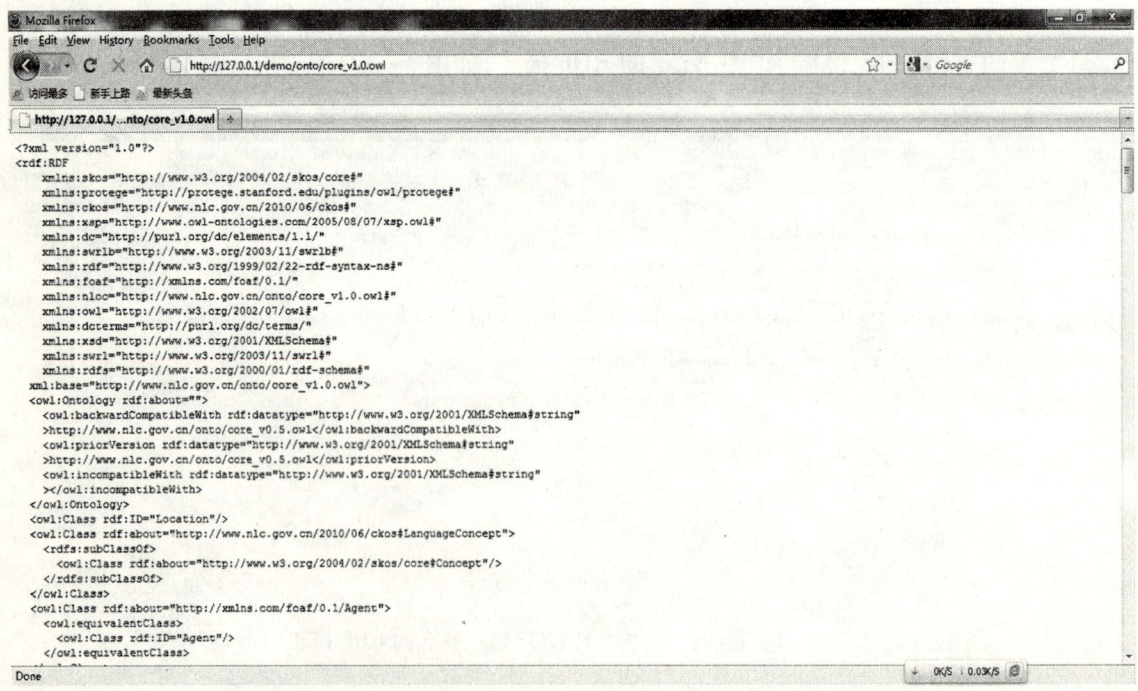

图 3 – 12 – 11 NLOC 核心元数据本体的 OWL 文档的 RDF/XML 表示

参考文献

［1］沈芸芸，裴微微. 国家图书馆核心元数据标准(1.0版). 国家图书馆,2009

［2］沈芸芸，裴微微. 国家图书馆核心元数据标准著录规则(初稿). 国家图书馆,2009

［3］沈芸芸，裴微微. 国家图书馆专门元数据设计规范(修改稿). 国家图书馆,2009

［4］National Information Standards Organizatim (NISO). Understanding Netadata. Bethesda, Maryland：NISO Press,2004

［5］Studer R, Benjamins V R, Fensel D. Knowledge Engineering, Principles and Methods. Data and Knowledge Engineering,1998,25(122):161 – 197

［6］W3C/IETF URI Planning Interest Group. URls, URLs, and URNs：Clarifications and Recommendations 1. 0 (W3C Note 21 September 2001). ［2011 – 04 – 10］. http://www. w3. org/TR/uri-clarification/

［7］Manola F, Miller E. RDF Primer(W3C Recommendation 10 February 2004). ［2011 – 04 – 10］. http://www. w3. org/TR/rdf-primer/

［8］Brickley D, Guha R. RDF Vocabulary Description Language 1. 0：RDF Schema(W3C Recommendation 10 Febraruary 2004). http://www. w3. org/TR/rdf-schema/

［9］McGuinness D, Harmelen F. OWL Web Ontology Langauge Overview(W3C Recommendation 10 February 2004). ［2011 – 04 – 10］. http://www. w3. org/TR/owl-features/

［10］Hitzler P, et al. OWL 2 Web Ontology Langauge Primer(W3C Recommendation 27 October 2009). ［2011 – 04 – 10］. http://www. w3. org/TR/owl2-primer/

［11］Isaac A, Summers E. SKOS Simple Knowledge Organization System Primer(W3C Working Group Draft 21 February 2008). ［2011 – 04 – 10］. http://www. w3. org/TR/skos-primer/

［12］Berners-lee T, Hendler J, Lassila O. The Semantic Web. ［2011 – 04 – 10］. http://www. jeckle. de/files/tblSW. pdf

［13］Berners-Lee T. Linked data—design issues. ［2010 – 07 – 01］. http://www. w3. org/DesignIssues/LinkedData. html

［14］刘炜，李大铃，夏翠娟. 元数据与知识本体. 图书馆杂志,2005(6)：50 – 54

［15］Sauermann L, Cyganiak R. Cool URIs for the Semantic Web. W3C Interest Group Note 03 December 2008. ［2010 – 05 – 08］. http://www. w3. org/TR/cooluris/

［16］Horridpel M, et al. A Practical Guide To Building OWL Ontologies Using The Prot′eg′e-OWL Plugin and CO-ODE Tools Edition 1. 0. ［2010 – 05 – 08］. http://owl. cs. manchester. ac. uk/tutorials/protegeowltutorial/

［17］D'Arcus B, Giasson F. Bibliographic Ontology Specification. ［2010 – 04 – 28］. http://bibliontology. com/specification

［18］Brickley D, Miller L. FOAF Vocabulary Specification 0. 97 (Namespace Document 1 January 2010 – 3D Edition). ［2010 – 04 – 28］. http://xmlns. com/foaf/spec/

［19］Bizer C, Cyganiak R, Heath T. How to Publish Linked Data on the Web. ［2010 – 07 – 01］. http://www4. wiwiss. fu-berlin. de/bizer/pub/LinkedDataTutorial/

第四篇　面向数字图书馆环境的分众分类法需求分析和功能设计书

1 绪论

1.1 研究背景

1.1.1 分众分类法简介

分众分类法(Folksonomy),是在 Web2.0 环境下发展起来的一种基于大众的、采用自由标签、用户共同参与进行的一种网络资源信息组织工具。Folksonomy 有多个名称,包括大众分类、协同分类、社会分类、公众分类、民俗分类等[1],在本篇中被称为分众分类法。分众分类法的最大特点在于它采用用户的词汇来自由标注网络信息资源[2]:

(1)它允许任何用户采用任意标签(即自由关键词)来对网络资源进行标注,极大地降低了应用的门槛。

(2)它是一种大众协同参与的、社区式的、自底向上的分类方法,突破了依赖少数专业人员手工分类的瓶颈,允许用户根据个人兴趣和需要来灵活地组织资源。

(3)词汇直接来自于用户,能及时反映信息的增长和更新,满足了不同用户的需要,可以反映信息组织的多重视角,兼容并蓄。

2004 年,分众分类法开始流行[3],现在已经成为 Web 上各类应用的必备工具,无论是博客、社会网络、购物网站,还是照片和视频分享站点都集成了社会书签的功能,通过汇集用户的标签反映网站上汇集资源的主题,辅助用户管理资源,提高检索效率。作为 Web 上流行的信息组织工具,分众分类法引起了数字图书馆领域的关注。人们希望分众分类法能应用于数字图书馆中,解决日益膨胀的数字资源组织与服务问题。

1.1.2 数字图书馆应用分众分类法的需要

信息组织是图书馆的基础性和关键性工作。到目前为止,这一工作依然遵循传统的信息组织模式进行,即,依据主题词表、分类法等规范的知识组织工具对图书、期刊等文献资源的主题和形式进行全面的、规范的描述。其特点是:

(1)依据主题词表、分类法等规范的知识组织工具、采用受控词汇对文献进行主题标引和分类。

(2)传统知识组织工具是对学科知识体系的系统化、规范化描述,需要领域专家来制定和更新,权威性强,但是时新性差,不能及时反映新出现的概念。

(3)与分众分类法直接赋予标签的方式不同,传统的知识组织过程中的分类标引是自上而下进行的,即,遵循学科的属分关系或者概念的范畴包含关系,从上级概念逐级细化以确定描述主题。只有经过相当程度的专业学习和训练才能掌握,成本较高。

这种在传统文献信息环境下发展起来的信息组织模式在数字图书馆中面临诸多困境:

(1)信息资源海量化。图书馆内数字化信息资源的急剧膨胀,远远超出了传统的信息组织手段的处理能力,超出了图书馆的人力资源可以承担的范围。

(2)类型丰富化、结构复杂化。图书馆收藏的数字资源的类型越来越丰富,数据库、电子图书、图片集、音视频资料等。新技术的应用带来了数字对象结构的复杂化,如电子图书的一个章节可以单独下载、信息对象可以跨库链接。这使得传统的信息组织方式很难处理。

(3)数字馆藏建设特色化。各地区、各级图书馆纷纷将数字图书馆作为发展目标,重点建设各自的特色资源,出现了一批数字化的特藏和专藏资源,如地方志、家谱、舆图、拓片等。但是,这类特色资源的标引和组织工作却远比数字化本身要复杂,迟迟不能跟上,使得花大力气数字化的资源不能及时提供用户使用。

(4)用户广泛化、组织要求个性化。网络环境下,每个网民都成为图书馆的潜在用户,不同背景、不同层次的用户对信息组织提出了不同的要求。日益丰富的数字馆藏资源,使得用户要求根据个人兴趣和个人需要来组织资源的需求更为明显和迫切。词表、分类法这类面向特定知识体系的知识组织工具无能为力。

在此情况下,分众分类法这种低门槛的、基于大众协同的信息组织工具引起了数字图书馆的研究者和建设者的关注。特别是它基于大众词汇的特色,能够满足对快速增长与更新的数字化馆藏进行及时的、低成本的信息组织的要求。但是,在 Web 环境下产生并发展起来的分众分类法,应用于数字图书馆环境又须克服它固有的缺陷。

相对于传统知识组织工具,分众分类法既是一种前进,也是一种倒退。正是由于它允许最终用户参与分类、直接采用用户词汇的机制,分众分类法不可避免地带来了语义模糊、标引混乱和分类不一致等问题。而这些问题正是传统信息组织工具应用词汇控制手段致力于解决的。

(1)失去了词汇控制的屏障,自然语言词汇所固有的同义、多义、歧义给信息描述带来了混乱。

(2)允许任何用户标注资源,用户所加的标签具有很大的随意性,即便对于相同的内容不同的用户也可能添加不同的标签,引起分类标引的不准确和不一致。

(3)分众分类法不提供词汇间关系的管理,特别是等级关系。这种平面分类的模式,其规模随着标签数量的增加而逐渐失去控制。如,在著名的社会书签系统 Del. icio. us 中,有的用户的标签有数千之多。标签云的可视化显示,既是一种创新,也是一种缺乏等级控制的无奈选择。

学术界称分众分类法是"最好的"和"最糟糕的"的信息组织工具[4]。它的"最好"在于允许最终用户直接参与分类、自由地应用关键词进行标引。它的"最糟糕"在于没有任何词汇控制手段,随着参与的用户、分享的资源和添加的标签的数量增长,其分类组织的功能逐渐丧失,退化成一种单纯标注手段,需要完全依赖搜索技术来发现资源,失去了信息组织的功能。

综上所述,数字图书馆的应用环境对分众分类法提出了以下的改良要求:

(1)在图书馆内应用分众分类法,用户不仅仅是普通读者和网民,还有训练有素的图书馆员。分众分类法需要在词汇控制、语义一致性、等级结构管理等方面有所提升,以满足图书馆员的应用要求。

（2）分众分类法是用来标记和注释 Web 网页的。Web 网页是一种半结构化数据,松散、灵活的标签(Tag)足以满足其要求。图书馆内的数字馆藏都是高度结构化的数据,将分众分类法应用其上,灵活自由、大众参与、平面标注就变成了用词混乱、标注不一致和缺乏结构控制。

（3）词表、类表等传统知识组织系统是图书馆的基础构件,其地位和作用毋庸置疑。在图书馆内应用分众分类法,是将其作为一种信息组织的补充手段。这就要求二者能进行有效的互操作,使得分众分类法和已有的知识组织工具形成互相补充、互相辅助的关系,而非互相替代与互相排斥。

总之,为了解决目前图书馆在信息组织方面面临的困境,图书馆之所以寄希望于分众分类法,看中的是它的大众参与、协同标引的模式。但是,大众参与所带来的随意、松散、无结构、语义混乱、不一致却是在图书馆内应用分众分类法需要克服的。现实、可行、有效的解决之道是将分众分类法与已成为图书馆基础构件的传统知识组织系统相结合,实现二者的相互补充与相互增强。

1.2　项目目标与原则

本项目的目标是提出在数字图书馆环境下应用分众分类法的设计方案。要求该方案在坚持分众分类法基于大众、自由标注路线的前提下,融入传统知识组织传统的词汇控制、等级结构管理等语义控制机制。设计原则和要求如下:

（1）保留并发挥分众分类法的基本特色。分众分类法的特色在于立足于普通用户、采用自由词汇、在网络环境下协同标注。无论对分众分类法实施何种改造,都不能损害分众分类法的这些特色。否则,便失去了在数字图书馆中引入分众分类法的意义。

（2）加强分众分类法的信息组织功能。在不损害分众分类法本身特色的前提下,引入词汇控制、等级结构管理等语义控制机制,加强它的信息组织能力,以应用于数字图书馆这样一个以规范信息资源为主要馆藏、拥有较高信息素养用户群的信息环境。

（3）同时满足普通用户与专业图书馆员的需求。将分众分类法应用到数字图书馆中,一方面要满足普通用户的需求,顺应他们在 Web 环境下已经形成的标注和管理信息资源的习惯;另一方面,也需满足专业图书馆员的需要。经过图书馆工作的熏陶,多数图书馆员在信息组织过程中习惯于进行严格的词汇控制、精确标引,并应用等级结构管理。要同时满足这两个用户群体的使用需求,就要求实现分众分类法和传统知识组织系统间的良好结合。

（4）与规范的知识组织工具相集成。分众分类法的优点是直接采用用户词汇,能及时反映信息的增长和分布情况;缺点是自由标签所引发的语义模糊、标注混乱和不一致性等问题。而传统知识组织系统能提供准确的概念定义和严格的语义关系描述,但缺点是不能及时更新。可通过双向增强机制来实现二者的集成和优势互补:一方面基于规范知识组织工具向分众分类法实施词汇控制,在不给终端用户强加任何限制的前提下,增强分众分类法的信息组织能力；另一方面从分众分类法系统中提取新鲜词汇和词间关系来及时更新和丰富传统知识组织工具。这种集成机制也就是大众分类法系统与规范组织系统系统间的协同工作机制。

(5) 具备跨仓储、跨平台应用的灵活性，以及与馆内外各类系统交互的开放性。第一，分众分类法是一个自由的标注工具，因此，无论是已有的书目数据，还是自主开发的数字化古籍，都可以应用大众分类法系统；第二，参与的用户越多，分众分类法就越强大，因此，应能便利地将分众分类法扩展到其他的数字图书馆平台之上；第三，应设置开放的接口和协议，使得分众分类法能与馆内外的各类系统进行交互，包括，已有的知识组织系统、图书馆管理系统，甚至搜索引擎。

1.3 术语定义

为了避免概念混淆，方便报告的撰写，本节对下文中用到的一些词汇进行定义和说明。

(1) 社会标签系统（Social Tagging System, CTS）：大众参与的超链接收藏、标注和分享的系统，是形成和运行分众分类法（Folksonomy）的支持软件系统。文中有时交替使用"分众分类法系统"这一名称，有时用缩写 CTS 来指代。

(2) KOS（Knowledge Organization System）：在图书馆中应用的传统知识组织系统，包括分类法、主题词表、叙词表等。有时也使用"规范知识组织系统"。

(3) 标签（Tag）：社会书签系统中用户用来标注网络资源的词汇。

(4) 标注（Tagging）：在社会书签系统中用户应用标签标注数据的行为。这种行为类似于图书馆中所进行的标引行为（Indexing），但是没有标引正式和规范。

(5) 资源（Resource）：用户应用标签所标注数据对象的统称，可以是网页，也可以是图书馆中的一条书目记录、一份学位论文或一张数字图片。

(6) C/S 构架（Client/Server）：客户端/服务器构架是一种软件体系结构，将任务合理地分配到客户端和服务端，降低系统的通信开销，以充分利用两端硬件环境的优势。

(7) B/S 构架（Browser/Server）：浏览器/服务器构架是一种在 Internet 的环境下对 C/S 改进的一种软件体系结构。在这种结构下，用户界面完全在 WWW 浏览器中实现，一部分事务逻辑在前段实现，但是主要的事务逻辑在服务端实现。

(8) 客户端（Client）：在本篇中是指社会书签系统中在用户本地的计算机上运行的程序，它可以是独立的程序（Standalone Program），也可以是浏览器的插件（Plugin）或类似 iGoogle Gadget 的小程序。

(9) 后台：指社会书签系统的服务端（Server）。

1.4 本篇结构

本篇共由五章组成。第一章是引言，说明本篇研究的背景、目标，并给出了若干关键词汇的定义。第二章是对国内外分众分类法目前应用现状的调研和分析，重点介绍了目前在数字图书馆中应用分众分类法的实例,并分析了它们的不足。第三章从数字图书馆应用分众分类法的需求入手分析,说明了对分众分类法进行改造的必要性。第四章从系统构架、客户端、网站和接口协议四个 方面详细说明了与规范知识组织系统相结合的新型分众分类法的设计方案。第五章展示了本篇所设计的分众分类法系统的若干典型应用场景。

2 分众分类法国内外应用现状分析

2.1 分众分类法起源和发展

1998 年,美国人 Joshua Schachter 在做一个网站时,手头有大量的链接需要保存。随着保存内容的增多,为了更快地找到某个链接,他开始在链接后面加上一个单词做备忘,这就是后来的标签(Tags)。随后他创建了第一个在 Web 上管理与分享标签的站点 Delicious[5]。

标签技术很快在一类称为"协同标签系统"(Collaborative Tagging System, CTS)或"社会标签系统"(Social Tagging System)的网络应用中流行开来。在这类应用中,有用户(Users)、资源(Resources)、标签(Tags)三种元素。一般地,用户根据自己的需要自由选择词汇对资源进行标引,每添加一个词汇被称为对资源添加一个 Tag(标签);每个 Tag 相当于用户对资源的一个分类,资源根据不同的 Tag 被组织到不同的分类之下;所有用户的资源存在于一个共享的平台上,相同的 Tag 还能够聚合不同用户相同分类下的资源。这样,大众用户的分享和标引就形成了一种由底而上(Bottom – up)的网络分类法——Folksonomy。在这类网络应用中,常使用标签云(Tag Cloud)来形象的表示 Folksonomy。

2004 年 8 月,信息构建专家 Thomas Vander Wal 首次提出"Folksonomy"的概念。Folksonomy 是 Folk 和 Taxonomy 的混合词,即分众分类法或自由分类法,它又被称为"社会分类法"(Social Classification)、"社会化标引"(Social Indexing)、"社会化标注"(Social Tagging)、"协作标注"(Collaborative Tagging)等。在随后的博文中,他给出更为明确的定义:分众分类法是"个人用户为满足其检索的需要,对信息或对象自由添加标签的结果";而且,用户添加标签的行为是"在一个社会化的环境中进行,即这个环境是开放和共享的"[6]。

随着 Web2.0 概念的出现和 Web2.0 类站点(社交网络、图片分享、视频分享、博客等)迅速增长,CTS 扮演着非常重要的角色——从广义而言,只要采用共享标签的系统都可以视为 CTS。协同标签的出现使得以往关键字无法实现的应用成为可能,如多媒体资源分享等。很难想象,如果图片分享站点 Flickr 中用户上传的图片没有使用标签标记;用户将如何才能发现自己感兴趣的信息资源。更为重要的是,CTS 为用户提供了一种灵活、快捷的资源管理、发现的途径,鼓励了用户对于资源的利用和共享,从而促成了上述互联网应用的广泛流行,推动了 Web2.0 的发展。

2.2 分众分类法在数字图书馆的应用现状分析

随着分众分类法在 Web 上的流行和发展,分众分类法在数字图书馆领域也逐渐得以应用。

目前,已有一些图书馆和图书馆的信息提供商为用户提供标签服务,并支持分众分类法这种新型的信息组织工具。经过较广泛调研,本篇选取了 PennTags、Encore、LibraryThing、CiteULike 和厦门大学的 iLib 这 5 个系统作为分众分类法在数字图书馆中应用的典型系统案例进行介绍和分析。之所以选择这 5 个系统作为分析样本,主要基于如下两条原则:

（1）所选系统须表现较好、性能稳定、有较多用户、有较高知名度;

（2）综合考虑起源、地域分布、应用模式、系统功能和使用效果等因素。

下表给出了这 5 个系统的基本情况和选择它们的理由。

表 4 - 2 - 1 样本系统的基本情况和被选择理由

名称	所属	选择理由
PennTags①	宾州大学图书馆	• 最早实现标签服务的图书馆之一 • 由图书馆员设计和开发,表现良好
Encore②	Innovative Interfaces（商业公司）	• 由 Innovative 公司为图书馆部署 • 通过升级 Aleph、Voyager、Millenium 等图书馆自动化系统,提供检索和标签服务
LibraryThing③	Library Thing（商业公司）	• 为用户提供标签服务,"读书者的俱乐部" • 通过在图书馆 OPAC 中嵌入代码为图书馆提供标签服务
CiteULike④	Springer（出版商）	• 以学术论文为资源,向全网用户提供服务 • 资源丰富,用户多,在学术界知名度高
厦门大学图书馆 iLib 书目检索系统⑤	厦门大学图书馆	• 国内最早实现标签服务的图书馆之一 • 在汇文 OPAC 系统基础上进行了二次开发

下面对上述 5 个样本系统进行详细介绍和分析。对每个系统的介绍,都会从起源与发展、系统要素、系统功能与特色等方面进行,其中系统与原图书馆系统的关系、系统功能与特色是着重考察的内容。

2.2.1 PennTags

（1）总体介绍

2005 年,由宾州大学图书馆的 Laurie Allen、Michael Winkler 等馆员开发的 PennTags（http://tags. library. upenn. edu/）投入使用,向该校 23 000 多名学生和 13 200 多名教职工提供标签服务（图 4 - 2 - 1）。它允许用户收藏和分享各类在线资源,主要是宾州大学图书馆的在

---

① http://tags. library. upenn. edu/

② 主页:http://encoreforlibraries. com/;示例系统:http://encore. scottsdaleaz. gov/iii/encore/home? lang = eng

③ http://www. librarything. com/

④ http://www. citeulike. org/

⑤ http://210. 34. 4. 28/opac/

线资源。它允许用户通过添加标签、创建项目（Project）等方式实现对这些资源的组织。作为图书馆领域最早实现标签服务的系统之一，PennTags 体现了在 Web2.0 这一新信息环境下图书馆界对用户需求的关注，也体现了对新技术应用的积极探索。

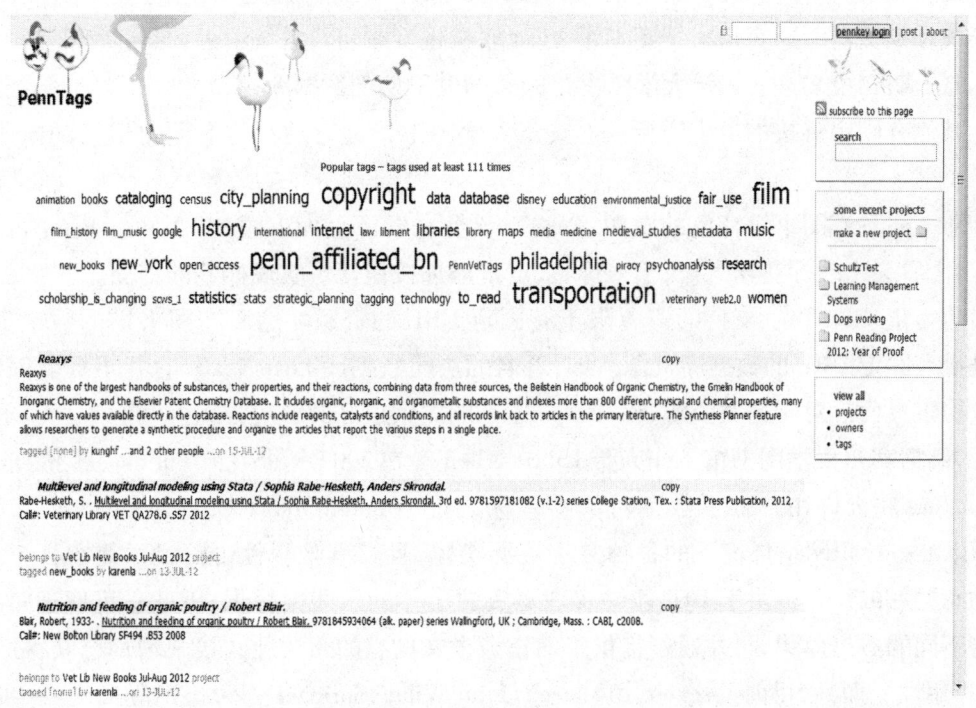

图 4-2-1　PennTags 网站首页

　　创建者在 PennTags 网站上明确指出他们对 PennTags 的定位：①希望 PennTags 成为方便宾州大学师生收藏、组织、分享各类在线资源（尤其是宾州大学图书馆的在线资源）的有效工具；②同时也设想用户使用情况能够反映宾州大学师生的兴趣（尤其是学术兴趣），希望 PennTags 成为宾州大学师生兴趣信息的储存库。

　　PennTags 系统中，用户在收藏或分享资源时需要提供这个资源的 URL，因此，PennTags 本质上是一个社会书签系统（Social Bookmarking Systems）。然而，与一般的社会书签系统相比，出自图书馆的 PennTags 在用户和资源上有明显的不同。

　　1) 用户——PennTags 仅向宾州大学师生开放。虽然每一个接入互联网的用户都可以访问 PennTags 的网站，甚至可以浏览到网站上的所有用户（Owners）、标签（Tags）和项目（Project），但实际上 PennTags 的标签服务只向宾州大学师生开放。要想使用 PennTags 的收藏、组织、分享资源等服务，必须使用 Pennkey 登录，而 Pennkey 是宾州大学师生访问图书馆的唯一账号。PennTags 的用户权限设置，显然考虑了该系统"为宾州大学师生提供标签服务"的定位，同时也避免了向全网用户开放带来的成本增加。

　　2) 资源——融入图书馆特色的多种在线资源。PennTags 支持多种在线资源的收藏与管理。一方面,如 Del. icio. us(http://del. icio. us)一样,PennTags 的用户可以对公共网络资源(Public Web Resources,即互联网上的各个网页)进行收藏和管理。另一方面,PennTags 还提供了宾州大学图书馆的多种在线资源,供用户收藏和管理,具体包括:

a. 馆藏书目——宾州大学图书馆 Franklin 联机书目系统中的记录;

b. 视音频资料——宾州大学图书馆 VCat 联机视音频目录系统中的记录;

c. 电子期刊全文——宾州大学图书馆购买的电子期刊数据库;

d. 其他有固定链接的电子资源——宾州大学图书馆拥有的其他有固定链接的电子资源,如电子图书。

针对上述具有图书馆特色的资源,PennTags 会在资源页面上添加"Add to PennTags"的链接,点击之后会出现标签输入框,输入标签,点击添加按钮就可实现标签的提交。

目前为止,PennTags 支持的资源限于有固定 URL 的资源。然而在图书馆的数字资源中,很多是没有固定 URL 的数据库资源。如,著名的法律数据库 LexisNexis,它并不提供固定 URL 和开放检索页面。对于这类资源,PennTags 还不能提供很好的解决方案。

另外,据宾州大学图书馆工作人员 Laurie Allen 等在 2007 年 JSTOR Publishers Meeting 上介绍,PennTags 将允许用户标引数字对象唯一标识符(Digital Object Unique Identifier,DOI)[7]。DOI 可以唯一标识网络环境下的各种数字资源实体,且具有唯一性、持久性、兼容性互操作性和可动态更新的特点。由于 DOI 能够实现对资源实体的永久性标识,因此它可以通过标准的方式将不同的数据库集成,并通过提供指向馆藏全文信息的永久性链接来增加已获得的"暗资源"的可用性。而且,目前 Elsevier、Blackwell、John Wiley、Springer 等大型出版商使用 DOI 对数字资源进行标识,并形成了比较完整的命名、申请、注册、变更等管理机制。因此,如果 PennTags 允许用户对 DOI 的收藏和组织,将会大大增加这些资源的可用性,无论对用户,还是对图书馆都有许多益处。

(2)与图书馆原有系统的关系

虽然拥有相同的用户群,但技术上 PennTags 独立于宾州大学图书馆原 OPAC 系统(http://www. libraries. psu. edu)。它并不是在其基础上修改和添加标签功能完成的,而是拥有独立的数据存储、服务处理程序和页面代码。仅就 PennTags 系统而言,它是一个典型的 PERL + AJAX + Oracle 轻量级应用。此外,在服务方面二者的关联也不大。具体地,二者在业务方面联系如下:

1)OPAC 系统中的资源可以通过特殊的链接或按钮添加到 PennTags 之中;

2)PennTags 中资源的标签和注释会在 OPAC 该资源的页面被显示,但不作为 MARC 记录的一部分;

3)PennTags 中通过标签检索,OPAC 通过标题词检索,二者互不交涉。

不难看出,PennTags 并不是图书馆 OPAC 的替代,它们是技术上独立的、功能上互为补充的两个系统。

(3)系统功能

1)收藏与标引。前面已经提到,PennTags 的用户可以对喜爱资源进行收藏,并通过添加标签的形式进行组织和管理。具体,PennTags 提供三种添加资源和标签的方式:①对图书馆已有资源,用户在原图书馆系统浏览该资源时,可以通过页面上的"Add to PennTags"链接或"PennText menu"按钮实现收藏和标引;②对不属于图书馆但有固定 URL 的资源,PennTags 提供一个功能性书签,提供收藏和标引;③对 Firefox 浏览器的用户,PennTags 还提供了一个浏览器插件,点击工具条上的按钮便可实现收藏和标注。需要指出的是,在收藏和标引时,PennTags 并不提供标签提示。

2)使用项目(Project)管理个人资源。除了标签之外,PennTags 还提供一个称为"项目"(Project)的功能供用户管理个人资源。当用户的标签多了之后,标签和资源都变得难以管理。一个项目允许用户把一些资源(连着它的标签)放到一个集合里,这个集合有唯一的 URL,也有一个"标签"。这样用户可以把各种各样的资源(如书目、数据库、网页、期刊文章等)和它们的标签放到一起管理。图 4-2-2 所示是 PennTags 里的一个项目。项目右侧的标签列表,是这个项目里的资源用标签类聚的结果。

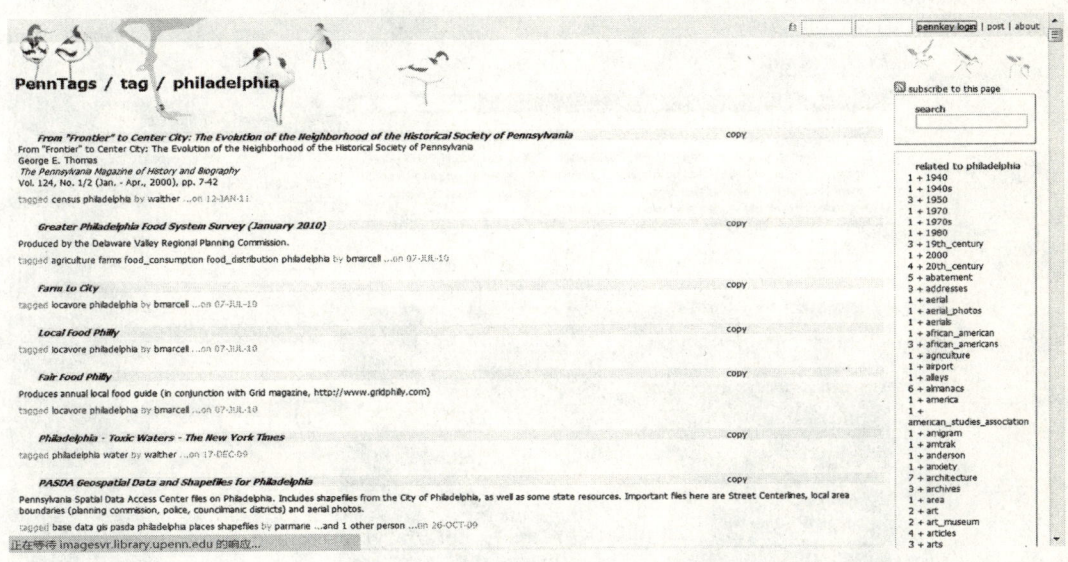

图 4-2-2　PennTags 的一个项目①

3)资源浏览与获取:PennTags 主要提供四种渠道的资源浏览和获取方式:①标签云图;②标签聚合、用户聚合、项目聚合;③基于标签的搜索;④RSS 订阅。协同标签系统的特色是使用标签云对资源进行组织。这是一种简便的组织方式,它一般根据一段时间的用户热度选择某些标签进行展示。但经过观察发现,PennTags 系统的标签云图变化非常缓慢,这与其标签选择的算法有关——"选择使用次数在 110 次之上的标签"。在 PennTags 系统中,由于用户量少,标引活动也不活跃,因此标签云图更新非常慢。除了

---

① http://tags. library. upenn. edu/project/13955

标签云图之外,PennTags 中的资源还通过标签聚合、用户聚合、项目聚合的方式进行展现。其中,标签聚合和项目聚合中都提供"相关标签"的功能,增强了系统和资源的连通性。

4)其他。PennTags 的搜索功能非常简单,仅支持标签搜索。除了用户主动浏览资源之外,PennTags 还允许用户使用 RSS 订阅某个标签下的资源、某个用户收藏的资源、某个用户的某个或某些标签下的资源,支持资源订阅服务。虽然 PennTags 提供了多种渠道的资源浏览和获取方式,但 PennTags 并没有与图书馆原 OPAC 系统结合起来,提供传统的、具有图书馆特色的学科导航、主题词搜索、作者检索等资源获取方式。

2.2.2　Encore

（1）总体介绍

对于图书馆而言,他们倾向使用小的系统更换成本来向用户提供更好的服务。Encore（http：//encoreforlibraries.com/）正是基于图书馆自动化系统的升级为用户提供标签服务,升级服务由 Innovative Interface 公司提供。

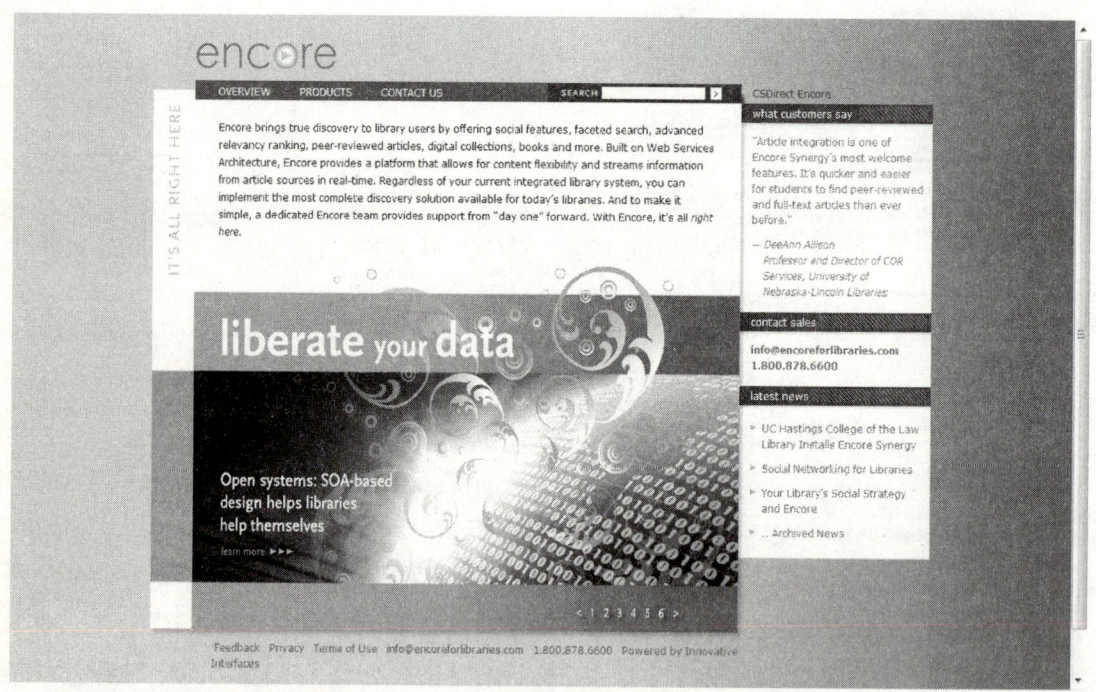

图 4 - 2 - 3　Innovative Interface 公司的 Encore 主页

Encore 可以用来整合或升级 Aleph、Voyage 和 Millennium 等图书馆自动化系统,在其基础上提供标签服务,将图书馆的资源、用户社区和搜索发现整合在一起,从而为用户提供全新体验的搜索服务平台。至 2008 年 4 月,已经有 70 多家分布在美、英、加拿大等地的学术、公共、法律和公司图书馆选择使用 Encore。经 Encore 升级过的图书馆自动化系统,其标签功能类似。

下文就仅以 Scottsdale 公共图书馆的 Encore 系统为例进行介绍和分析①。

（2）与图书馆原有系统的关系

Scottsdale 公共图书馆的标签服务，是在其图书馆自动化系统基础上通过升级方式实现的。升级后标签服务融入图书馆新的 OPAC 系统之中。由于 Encore 与 Aleph、Voyage 和 Millennium 等图书馆自动化系统的兼容较好，故升级后该标签系统与图书馆自动化系统之间结合得非常紧密，在这一点上，其表现好于 PennTags。同时，为了照顾老用户，Scottsdale 图书馆也保留了其旧的 OPAC 系统②，但图书馆主页上的搜索功能默认采用升级后的系统提供的搜索功能。

（3）系统功能

Scottsdale 的 Encore 系统也仅向其图书馆用户开放。Encore 系统也为用户提供基于标签的个人信息资源管理，但其社会化功能很弱。用户可以给感兴趣的图书等添加标签进行管理，被添加标签的资源会自动放入用户的收藏夹。但 Encore 中一个用户的收藏并不能与其他用户分享，也不提供群组等交流功能。Encore 的特色在于其强大的搜索功能。它融合了标签云、多面检索、纠错提示、评论评分、热门图书、相关检索等功能。下面以"digital library"为检索词，进行介绍。

图 4 - 2 - 4　Scottsdale 的 Encore 系统的检索页面

①　http://encore. scottsdaleaz. gov/iii/encore/home

②　http://libcat. scottsdaleaz. gov/search * eng

如上图所示,在提交检索词后,系统会给出"Did you mean: digital libraries"的纠错提示。此外,在页面底部还会以标签云的方式给出相关检索。这些都方便用户对现有检索结果不满意时进入下一个检索环节。页面中部的检索结果,可以按照相关性、标题和时间进行排序。对每一条结果,不仅可以查看该图书的封面、标题、作者、出版年限等,还可以通过"Reviews"和"Annotation"查看其他用户对该书的评论和注释。另外,若用户对该条结果满意但又不想中断搜索过程,可以通过"Add to cart"将这本书先放入暂存架以备查看。另外,检索结果的左右两侧是结果的自动聚类和一些缩检建议。左侧按照检索字段、资源格式、馆藏位置等对结果进行聚类,右侧则提供标签云方式的聚类。此外,右侧还会根据检索词向用户直接推荐图书。

通过使用,作者认为 Encore 系统通过添加标签的方式为用户提供了基本的个人资源管理,但其分享、好友、群组等社会化功能存在不足。Encore 系统将标签和搜索结合起来的特色功能,对数字图书馆应用分众分类法是一个很好的启示。

2.2.3 LibraryThing

（1）总体介绍

LibraryThing(http://www.librarything.com/)是 Tim Spalding 在 2005 年 8 月创建的一个个人网站,它希望通过标签来进行书目分类和分享,为用户提供一个简单易用的图书管理站点。由于 LibraryThing 系统功能简单实用、界面友好,以及与图书馆目录、网上书店的集成,很快成为世界上最大的网上图书俱乐部。

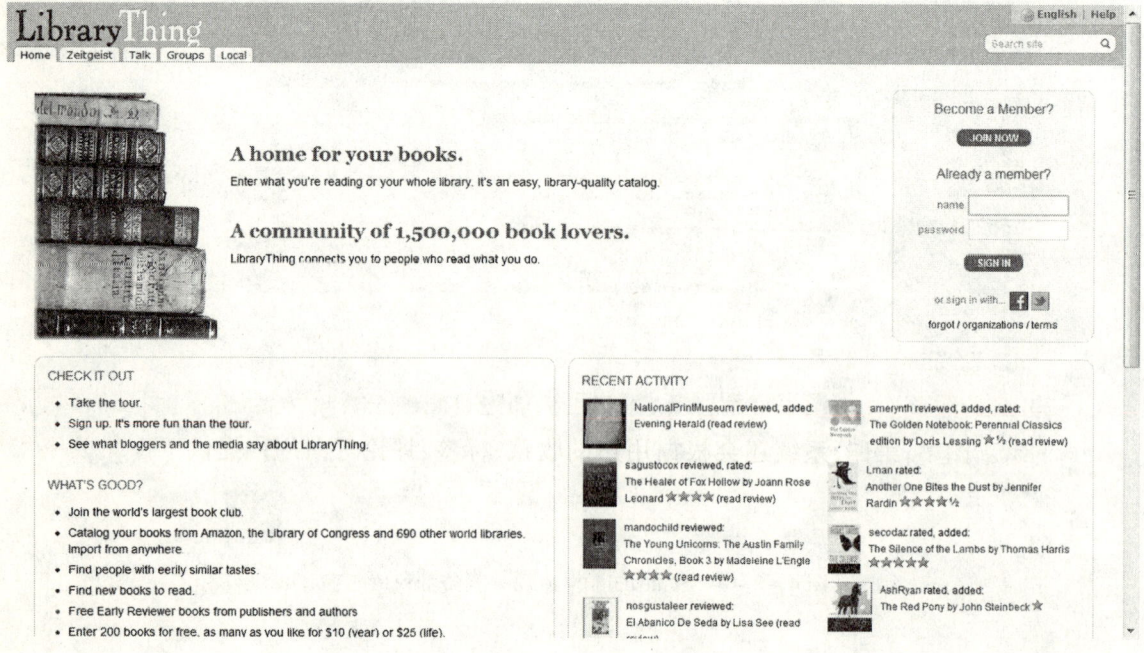

图 4 - 2 - 5　LibraryThing 网站主页

至 2010 年 5 月,LibraryThing 已经集成了包括亚马逊、美国国会图书馆在内的 690 多个机

214

构的图书资源,拥有 110 万用户、530 万册图书和 6400 万个标签。LibraryThing 不仅为个人用户提供图书收藏和标签服务,还为图书馆、出版商、在线书店、图书作者等多类用户提供标签等服务。下文仅介绍 LibraryThing 提供为图书馆和个人用户提供的服务。

(2)为图书馆提供的服务

2007 年 4 月,Library Thing 基于其海量书目数据,正式推出 Library ThingforLibraries (LTFL),为图书馆提供标签等 Web2.0 功能以提升图书馆的服务。具体地,LTFL 采用在图书馆 OPAC 系统中嵌入 HTML 代码的形式,直接为图书馆提供图书封面、标签、评论、评分、相关版本、相似图书等功能。在图书馆部署了 LTFL 的服务之后,当图书馆的读者浏览 OPAC 的某一书目信息时,可以看到由 LibraryThing 的用户为这本书标注的标签;当读者点击其中一个标签之后,页面将会执行一次基于标签的搜索。然而,图书馆的读者并不能在图书馆的系统里添加标签以管理个人收藏;图书馆的读者如希望在图书馆书目信息页上看到自己的标签,必须注册成为 LibraryThing 的用户,并在 LibraryThing 中对感兴趣的图书进行标引。

另外,对图书馆而言,LTFL 提供的是低成本和可以定制的服务。对图书馆而言,获得 LibraryThing 这些服务的成本很低:首先,图书馆需要将馆藏书目数据或者书目数据的 ISBN 号发给 LibraryThing;随后,LibraryThing 会提供给图书馆一个应用指南,这包括图书馆的 ID、应用的脚本引用说明和 HTML 代码;最后,图书馆只要根据自己的需要,按照 LibraryThing 的应用指南将相关的脚本和 HTML 代码添加到自己的 OPAC 模板页面就完成了部署。

(3)为图书馆提供的服务

起源于网络的 LibraryThing,没有像 PennTags 那样受到传统图书馆资源和用户的限制,从一开始面向的就是大众用户,其功能设计上也处处体现出 Web2.0 应用的注重互动和交流的特征。如图 4 - 2 - 6 所示,可以从个人图书管理、图书检索与浏览发现、个人主页展示、好友和群组交流四个方面介绍 LibraryThing 为个人用户提供的服务。

1)个人图书管理:主要包括基于标签的组织、基于标签的搜索、个人图书统计等常规功能。

2)图书检索与浏览发现:首先,提供基本的搜索功能,允许用户基于书名、作者和标签检索图书;第二,提供标签云式的浏览,允许用户浏览最新、最多评论、最高评分的图书,也允许用户通过浏览最热门标签和最热门作者、用户来间接地浏览这些标签、作者和用户下的图书;第三,提供图书订阅服务,用户可以通过订阅标签、作者等获得该标签和作者下的最新图书;第四,系统还会根据用户的收藏、标签、评论等向用户提供个性化的图书推荐。

3)个人展示、好友和群组交流:LibraryThing 不仅为用户提供个人图书管理以及图书的搜索和浏览发现的功能,还为用户提供个人主页、好友和群组等功能,方便用户交流。

LibraryThing 不仅为用户提供了一种简单易用的图书管理工具,更为用户提供了个性化的展示平台和社会化的交流共享平台。不仅如此,LibraryThing 的特色还包括:通过接口服务,它将网站上用户自由标引的成果以一种很灵活的方式提供给图书馆使用。在逻辑上,它搭了一个灵活、可扩展的接口框架。这对分众分类法应用在数字图书馆之中的解决多个图书馆间的

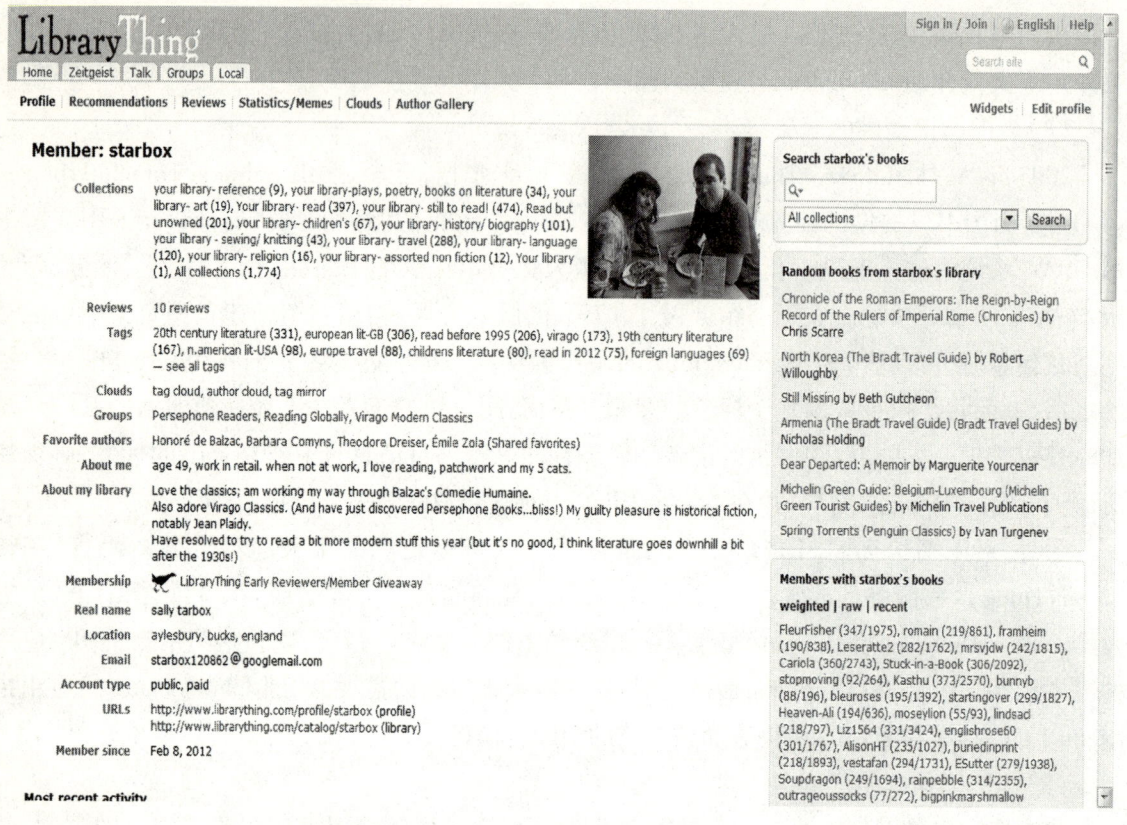

图 4 – 2 – 6　LibraryThing 的个人首页

协作问题是一个很好的启示。

2.2.4　Citeulike

（1）总体介绍

Citeulike（http://www.citeulike.org/）是由 Springer 科学与商业媒体集团提供的共享学术资源的标签网站,本质上它类似于共享书签的 Del. icio. us 和共享图片的 Flickr 网站（见图 4 – 2 – 7）。当你对网络上浏览的论文感兴趣时,就可以使用 CiteULike 提供的按钮把它添加到你的个人图书馆之中,并进行管理或与别人分享。Citeulike 诞生于 2004 年,在 2006 年进行改版,至 2010 年 5 月 12 日它已成为汇总 13 508 种在线期刊的学术资源管理、共享平台。

CiteULike 对能使用网络的所有用户都提供服务,其提供用户管理的资源类型也较为简单,都是学术论文。

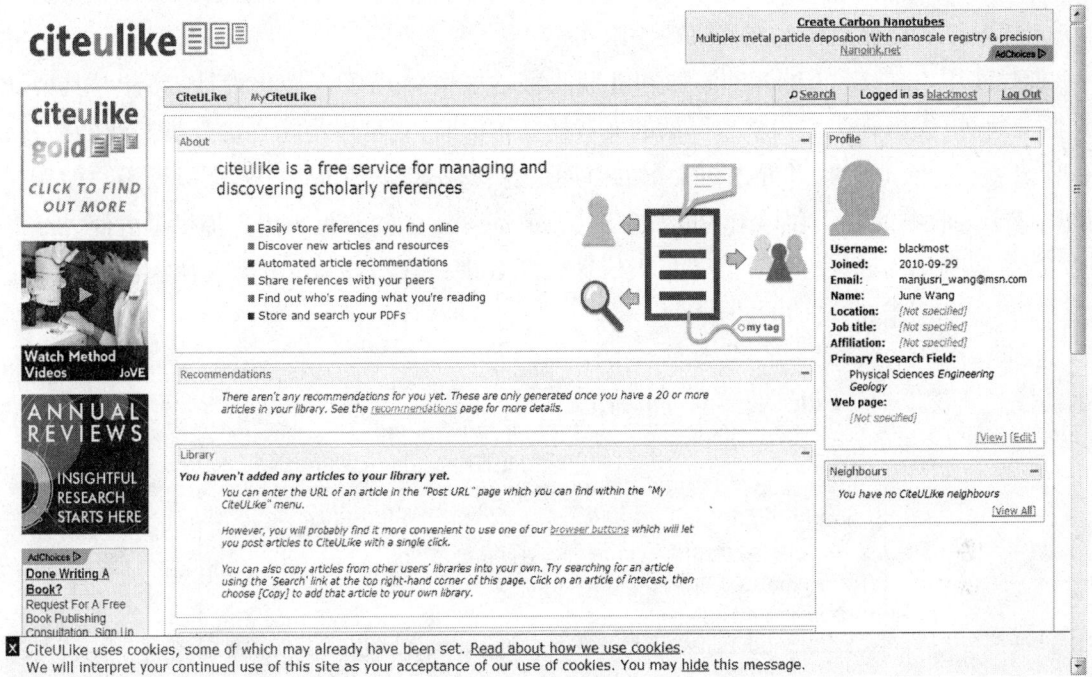

图 4 – 2 – 7　CiteULike 网站 Home 页

(2) 功能说明

1) 个人信息管理。CiteULike 的个人资源管理功能丰富,而且比较人性化。图 4 – 2 – 8 是 CiteULike 用户登录后的个性化首页。可以看到,页面上方的"MyCiteULike"工具栏为用户提供浏览个人收藏、添加和管理收藏、个性主页设定、查看好友与群组动态四大功能。

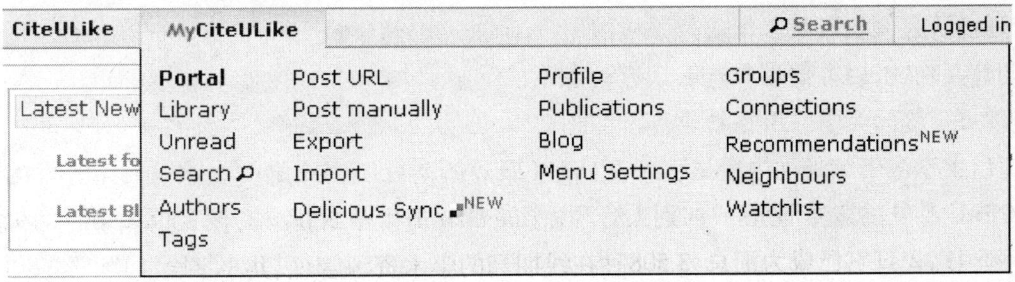

图 4 – 2 – 8　CiteULike 提供的个人信息管理功能

①浏览个人收藏。用户可以查看个人门户、个人图书馆、未读的论文、个人收藏的标签、个人关注的作者。

②添加和管理收藏。用户可以基于标签收藏和分享论文、导入和导出个人收藏,或与用户在 Del. icio. us 中的资源同步。

③设定个性化展示方式。用户可以设定个性主页、个人博客等。

④查看好友和群组动态。用户可以查看自己的邻居、关注列表里的用户、自己参加的小组以及推荐给自己的好友和兴趣小组。

通过使用发现，CiteULike 的添加和管理收藏功能既体现了人性化设计，又针对其资源特点，颇具特色：①当标引一些学术网站的文章摘要页面时，它可以为能自动分析文章的信息（题目，作者，卷号，页码等），并导入该文章的引用信息；②标引时，CiteULike 会提示用户使用过的标签；③个人收藏的导入和导出功能，以及与 Del. icio. us 的同步也为用户提供了方便。

2）资源利用和社区交流。除了个人信息资源管理外，CiteULike 还为用户提供多种渠道实现资源利用和社区交流。

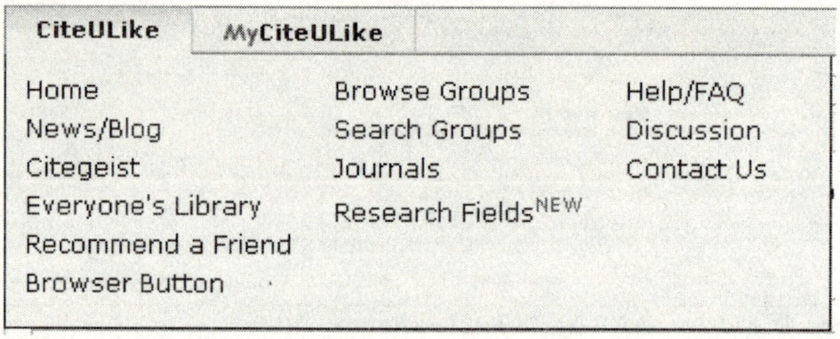

图 4 - 2 - 9　CiteULike 提供的资源利用和社区交流功能

如图 4 - 2 - 9 所示，CiteULike 为用户提供多种渠道的资源利用方式，从功能上可以概括为浏览、发现和检索。其中浏览和发现功能较具特色：CiteULike 提供热门收藏资源的浏览、基于标签云的资源浏览、基于期刊的资源浏览、基于研究领域的资源浏览；与传统的图书馆提供的学科导航浏览不同，CiteULike 提供的资源浏览注重资源发现，而非自上而下地按学科分类进行浏览。同时，CiteULike 为用户提供多种功能以促进用户之间的交流，如推荐好友、浏览和搜索群组、通过研究领域以及基于研究领域的用户浏览。此外，CiteULike 也提供资源、标签、用户和群组的订阅功能，以方便用户查看最近动态。

2.2.5　厦门大学 iLib 系统

厦门大学图书馆是国内最早引入 Web2.0 服务的高校图书馆之一。该馆自主开发的基于汇文 OPAC 系统的标签服务——厦门大学图书馆 iLib 书目检索系统实现了馆藏书目的标签功能，是国内高校图书馆中协同标签系统的较早尝试①。目前为止，iLib 仅对厦门大学的师生开放，允许用户标引的资源也仅限于馆藏书目和极少部分期刊，尚未像 PennTags 那样将图书馆的视音频等多种资源整合进来。

---

① http://210.34.4.28/opac/

218

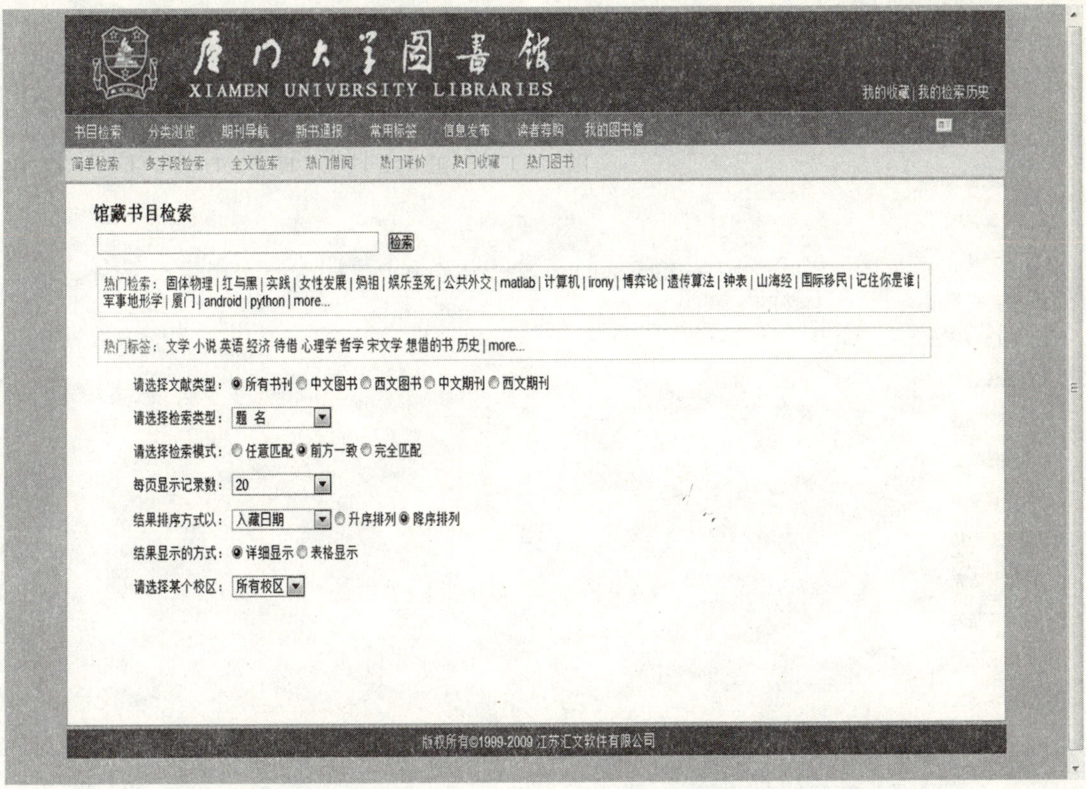

图 4-2-10 厦门大学图书馆 iLib 书目检索系统

iLib 是厦门大学图书馆在 OPAC 系统基础上开发的,它与图书馆原有系统在技术上是分离的。另外,二者在界面风格和用户操作上也不一致。然而,二者在向用户提供的服务上有很多重合,比如书目分类浏览、书目检索、期刊导航、新书通报等。这与 iLib 系统的定位有关。iLib 是厦门大学图书馆 L2 计划的一部分(RSS、Open Source、Wiki、Tag 和 Mashup),而 L2 试图升级或更换原有的图书馆自动化系统。因此,厦门大学图书馆基于汇文的 iLib 书目检索系统,其定位是升级或替代原有系统。

基于汇文 OPAC 开发的 iLib,主要为用户提供"书目检索"、"分类浏览"、"期刊导航"和"我的图书馆"四个模块的功能。其中,"分类浏览"和"期刊导航"是图书馆原有的功能。分类浏览采用中图法,期刊导航采用学科导航和字母排序两种方式。图 4-2-11 是 iLib"我的图书馆"模块的界面。除了为用户提供传统的书刊预约、借阅查询等基本功能外,iLib 还允许用户使用标签对其收藏的书目进行分类管理,允许用户查看自己以往的书评,并向用户推荐系统中的相关书刊。与 PennTags 等系统不同,iLib 里用户对一条书目标引后,仅是收藏了这个书目,并不能将之与他人分享。

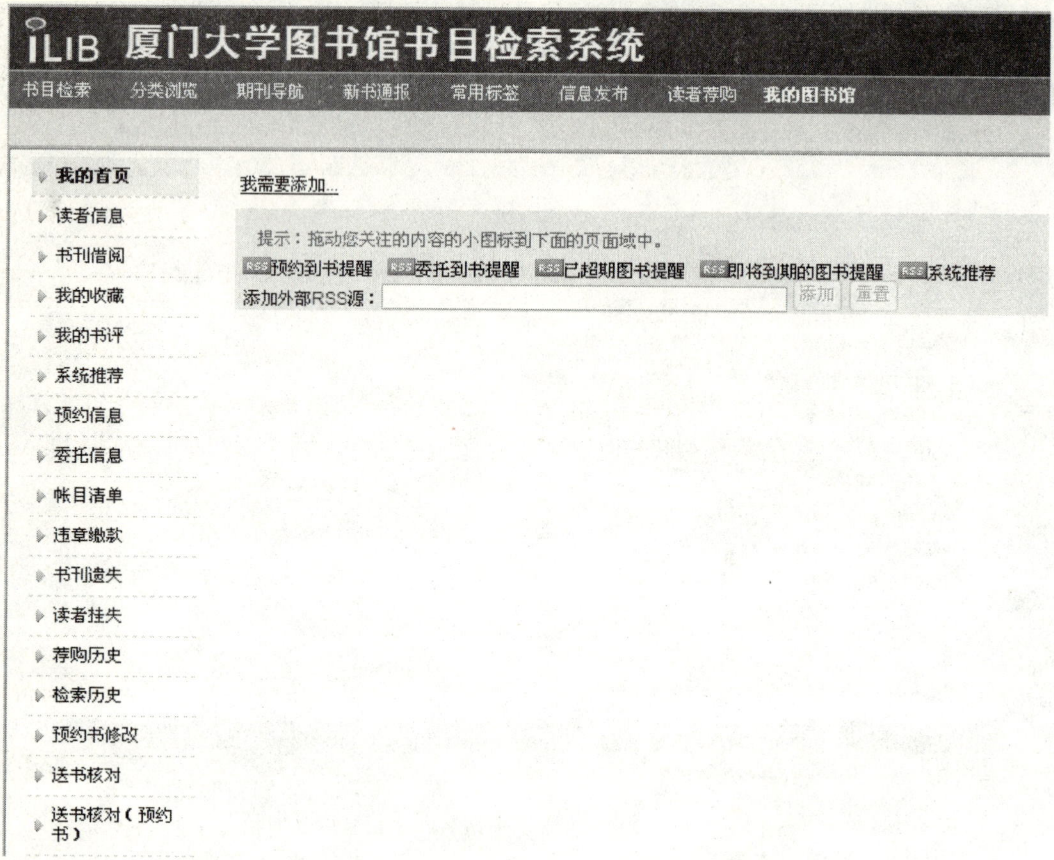

图 4 – 2 – 11 厦门大学图书馆 iLib 的"我的图书馆"模块

在"书目检索"模块里,用户可以通过简单检索、多字段检索以及全文检索等方式查找书目,也可以通过热门标签、热门借阅、热门评价、热门收藏、热门搜索等注重资源发现的方式浏览书目。另外,在展示书目信息时,iLib 与传统图书馆所采取的方式有所不同。如图 4 – 2 – 12 所示,它主要提供三方面的新功能:①它采用混搭(MashUp)技术,使用豆瓣的 API 接口,提供了书的封面、内容简介、作者简介等丰富的书目信息;②它允许用户通过评分、标引等方式与系统进行交互;③它还根据当前浏览的书目为用户提供一些推荐,如相关主题、相关借阅、相关资源、读者标签等,这有利于资源发现。

基于使用,作者认为厦门大学图书馆 iLib 系统作出了较好的尝试,但也发现 iLib 现有模块之间的衔接和沟通不足,而且交流功能很弱,不提供资源分享,不提供好友和群组等用户交流方式。可以认为,iLib 的整体设计理念依然注重资源展现,而在 Web2.0 的"用户为中心"以及 Folksonomy 社会化特征等方面较少关注。但值得称赞的是,iLib 使用混搭技术,借助豆瓣等外部资源来提升自己的服务,这种开放、合作的理念值得学习。

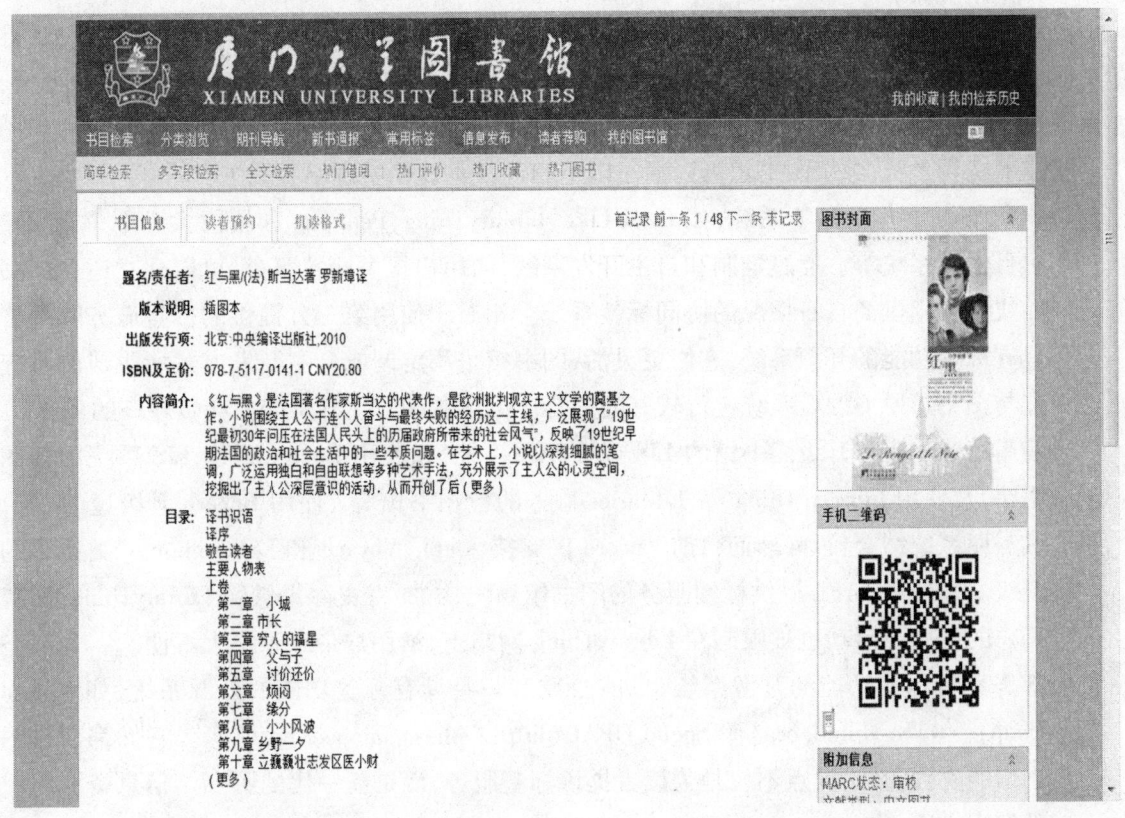

图 4 – 2 – 12　厦门大学图书馆 iLib 中书目资源的展示

2.3　分众分类法在数字图书馆应用现状分析

本篇第 2.2 节介绍的在数字图书馆中应用的五个分众分类法系统具有典型性和代表性。本节对这五个系统从应用模式、技术、功能等多个方面进行比较。

2.3.1　应用模式

从服务提供者来看,在数字图书馆领域,目前有两类机构向用户提供基于标签的信息资源管理服务:图书馆和信息提供商。提供标签服务的图书馆,如 PennTags、厦门大学图书馆 iLib 书目检索系统、使用 Encore 升级的图书馆系统等。而根据标签服务与图书馆原有业务结合程度的不同,又可将图书馆提供的协同标签系统分为三类:

1) 标签服务与图书馆原有业务在功能上分离,交叉很小。这类系统的定位是希望两个系统可以互相补充,如 PennTags。

2) 标签服务与图书馆原有业务相融合,标签功能作为图书馆原系统的有机组成部分。融合后的图书馆能够提供标签服务,如使用 Encore 升级后的图书馆 LIS 系统。

3) 标签系统与要替代图书馆原有系统。如厦门大学图书馆 iLib 书目检索系统。iLib 系统与图书馆原有系统在功能上交叉很多,而且随着 iLib 的发展,二者交叉的功能越来越多。

信息提供商提供的标签服务,如 CiteULike 和 LibraryThing。这类系统对全网用户开放,且在功能和界面设计上都能较多地考虑用户需求,很好地体现 Web2.0 以用户为中心、鼓励分享、注重参与、倡导开放的理念则,因此这类系统一般拥有大量用户,用户活动也十分频繁。

从技术途径来看,数字图书馆可以通过以下三种技术途径实现标签服务。

1)定制与自主开发标签系统,如 CiteULike、LibraryThing、PennTag 和厦门大学图书馆 iLib 书目检索系统等。通过定制和自主开发系统,向用户提供标签服务,可以建立适合图书馆或信息提供商自身情况的协同标签系统。相对于使用第三方提供的标签服务和部署具有标签功能的开源系统,它们更灵活,图书馆采用定制或自主开发方式所生成的系统能与图书馆原 OPAC 系统进行较好的整合。但定制和自主开发需要耗费较高的成本。

2)使用第三方服务升级图书馆的 LIS 或 OPAC 系统,如使用 Encore 升级 LIS 系统的各图书馆,及使用 Library Thing for Libraries 服务的各图书馆等。使用 Encore 升级过的 LIS,其与原系统结合较好,然而目前 Encore 仅支持 Aleph、Voyage 和 Millennium 三类系统的升级。而使用 LTFL 提供标签服务的图书馆系统,需要将资源提供给 LibraryThing,而且用户的标引等活动也被限制在 LibraryThing 网站上,给用户带来了很大不便。

3)部署具有标签功能的开源系统,目前已经有一些具有标签功能的开源系统,如 Vufind (http://www.vufind.org/)、Social OPAC(http://thesocialopac.net/)等。它们都出自图书馆的实践,其出发点不仅是为读者提供标签服务,而是新一代的图书馆信息资源组织的解决方案。

然而,部署开源系统在图书馆界还不十分流行:一方面,传统的图书馆往往不愿意冒风险去替换原有的 OPAC 系统;另一方面,部署开源系统需要图书馆的相关馆员具有较强的技术基础。此外,目前为止,这些系统都是包办模式,还没有形成独立于图书馆系统之外的、专业化/细化的通用 API 服务模式,在统一的标准之上可以加加减减,就像 SNS 社区的搭建一样。

上面介绍了目前为止三类较为常见的实现标签服务的技术途径,并对每种技术方式进行了简单的分析。图书馆提供标签服务,应根据其用户需求和自身的资金、技术情况来选择适当的技术方式。

2.3.2 功能与性能比较

根据样本系统的使用,本书将数字图书馆中的协同标签系统提供各种服务总结为四大功能:基于标签的个人信息资源管理、资源获取与发现、个性空间展示、好友互动与社区交流。上文介绍各系统时,已基本按照如上四个功能进行介绍。这里不再赘述。

作为 Web2.0 的典型应用,协同标签系统有很多特殊的性质。Cameron Marlow 等人提出协同标签系统有如下功能特性[8]。

(1)标引权限

在有些系统中,只有资源的创建者才有权对资源添加其他用户可见的标签;与之相反的是,在有些系统中,任何人都可以为任何资源添加标签,这些标签也是其他用户可见的。另外一种居中的模式是,部分权限较高的用户,或者是资源的创建者的好友,也可以为资源添加标签。这两种分众分类法有时也分别被称为"狭义"(Narrow)分众分类法和"广义"(Broad)分众分类法。

（2）标签支持

标签支持是指在用户为资源添加标签时,系统是否给出相关标签作为参考。有些系统完全不给用户任何提示;有些系统会列举该资源已有的热门标签;有些系统则会根据用户过去标引习惯、资源已有标签等给出推荐标签。

（3）集合模式

对于一个资源下所有标签的集合方式,不同系统有着不同的处理:有些系统允许重复标签的出现,而有些系统则对此进行限制,重复的标签被合并。

（4）资源类型

不同的 CTS 面向的资源类型也有所不同,如有的是面向文本资源,有的面向图片,有的面向视频等。

（5）资源来源

不同 CTS 中资源来源也不同,有些系统仅限于用户自行上传的资源,有些系统的资源由系统的管理者添加,有些系统则是上述两者的混合。

（6）资源的连通性

资源的连通性是指系统中的资源是否彼此之间有着直接的联系。有些系统中资源之间通过超链接联系起来,有些则是通过资源创建者的分组联系起来,有些系统中资源完全没有联系。

（7）用户的连通性

类似资源的连通性,用户的连通性是指系统中的用户是否彼此之间有着直接的联系。有些系统中用户与用户之间有着直接的好友关系,有些系统中用户通过处于同一个组群建立联系,有些系统则没有用户机制。

表4-2-2简要总结了上述五个样本系统在功能特性上的特点。

表4-2-2　样本系统的"协同标签系统"功能特性比较

	PennTags	Encore	CiteULike	LibraryThing	厦大 iLib
标引权限	图书馆用户,广义 Folksonomy	图书馆用户,广义 Folksonomy	注册用户,广义 Folksonomy	注册用户,广义 Folksonomy	图书馆用户,广义 Folksonomy
标签支持	不提供	不提供	已用标签	不提供	已用标签
集合模式	不允许重复 大小写不敏感	不允许重复 大小写不敏感	不允许重复 大小写不敏感	不允许重复 大小写不敏感	不允许重复 大小写不敏感

续表

	PennTags	Encore	CiteULike	LibraryThing	厦大 iLib
资源类型	URL,及图书馆的书目、视频及部分期刊及论文的URL	由使用 Encore 的图书馆的资源决定	学术论文	书目和少量音乐专辑	图书馆的书目、期刊目录
资源来源	用户上传 系统添加	系统添加	用户上传	系统添加（从各图书馆、网络商店汇集）用户上传	系统添加
资源连通性	显性:标签/项目/用户聚集 隐性:URL所指页面之间的链接关系	显性:标签/作者/用户聚集	直接:标题和摘要相似的论文 显性:标签/作者聚集 隐性:学术论文间的引文关系	直接:LT/读者推荐阅读(资源相似度) 显性:标签/用户聚集	直接:推荐阅读(资源相似度) 显性:分类/主题/作者聚集、弱的标签聚集 隐性:文献间的引用关系
用户连通性	显性:弱的标签聚集	资源和标签都无法聚集 无好友、兴趣小组和推荐好友	直接:"关注"(好友)、兴趣小组、研究兴趣相似度 显性:资源聚集和弱的标签聚集	直接:好友、论坛(兴趣小组)、藏书相似度 显性:资源/标签聚集	资源和标签都无法聚集 无好友、兴趣小组和推荐好友

2.3.3　不足分析

尽管目前 Library2.0 的理论和实践都不十分成熟,但它体现了图书馆界在新的信息环境下的思考和求变的态度。从上文 5 个典型系统的实践来看,在图书馆的数字资源管理中引入分众分类法,为用户提供信息资源管理工具的同时,也增加了图书馆的"人气",增多了资源的用户使用,有益于图书馆馆藏价值的实现。然而,目前在图书馆中的分众分类法系统的使用效果并不能令人满意。以 PennTags 为例,从 2005 年发展至今(2010 年 5 月 12 日),它仅有 2579 个注册用户和39 412条资源,用户量和资源量与 delicious、Digg 这样的流行社会书签系统不能相提并论。厦门大学图书馆的 iLib 系统的用户使用情况也类似[9]。

基于一段时间试用的经验,我们从资源管理、用户服务、系统的开放性等方面对上述 5 个系统进行比较,分析了它们的不足。

(1)资源管理

从目前应用情况来看,图书馆引入标签服务,收益主要在于便利了用户管理其个人信息资源,而在辅助图书馆的各类数字资源的组织方面却作为甚小。无论是在图书馆的数字资源组织上,还是在用户个人信息资源管理上,分众分类法系统都遇到了一些问题。

首先是图书馆的数字资源组织上的问题。目前,分众分类法提供标签云和基于标签的搜索两种方式,方便数字资源的组织和利用。然而,目前这两种服务都有不足:

1)标签云。分众分类法是一种平面化的分类。随着标签数量的增加,分众分类法的规模失去控制,因此才使用标签云的方式对标签进行可视化显示。可以说,它既是一种创新,也是一种缺乏等级控制的无奈选择。与传统的知识组织工具相比,标签云所擅长的是动态地显示最近一段时间的热门资源,它并不能像传统知识组织工具那样提供资源的全局浏览,无法满足用户浏览某一领域资源的需求。

2)基于标签的检索。由于用户添加标签具有很大的随意性,不同的用户为相同的内容很可能添加不同的标签,这造成了信息描述的不准确和不一致。由于缺乏词汇控制,标签的同义、多义、歧义问题给基于标签的检索带来了很多问题。

其次,标签在用户个人信息资源管理中也遇到了一些问题。在 CiteULike 和 LibraryThing 系统中,一部分用户拥有数百个标签。随着标签量的增多,用户难以有效地使用平面化的标签管理自己的资源。可以说,数字图书馆中引入的标签服务,既没有解决分众分类法原有的问题,也没有考虑到将分众分类法与原有的知识组织工具结合起来,以更好地进行数字资源的组织和管理。

(2)用户服务

就用户服务而言,数字图书馆中的协同标签系统,尤其是产生于图书馆的协同标签系统尚有许多不足。与 CiteULike 和 LibraryThing 相比,PennTags、Encore 和厦门大学图书馆 iLib 等产生于图书馆的协同标签系统在系统的易用性(如标签支持)、资源的可得性(如资源连通性)、社区化(如用户连通性)等方面都有差距。一个重要原因是这些系统都是在已有 OPAC 系统的基础上进行扩展和二次开发来实现标签的功能。受已有 OPAC 系统的制约,不易实现社会书签系统的全面功能。另一方面,像 CiteUlike、LibraryThing 这类基于 Web 的社会书签系统,虽然面向数字图书馆这个应用领域,但是未能充分满足数字图书馆这个领域的一些特定需求。例如,专业图书馆馆员的体系化组织的需求,与规范知识组织系统结合的需求等。

(3)系统的开放性

Bonaria Biancu 曾在他绘制的 Library2.0 社会生物基因图指出,开放标准是 Library2.0 的重要方向和应该坚持的原则[10]。开放不仅有利于图书馆之间以及图书馆与信息提供商之间达成资源共享,建立信息共享空间,还有利于为用户提供统一的信息获取渠道,提升用户体验。

数字图书馆中,注重开放性要求协同标签系统一方面使用公共接口等的形式将自己的资源等提供给其他机构;另一方面还要求协同标签系统能积极接入其他机构提供的公共接口,让用户根据自己的使用习惯,能够自由添加其他机构提供的服务模块(如 Google 模块、豆瓣模块等)。

就样本系统而言,厦门大学图书馆 iLib 书目检索系统使用混搭(MashUp)技术,将豆瓣的书评和标签等模块引入 iLib,是一个开放性的尝试。LibraryThing 虽然没有直接提供和使用公共开放接口,但却大量引入网络商店中的图书资源,并允许图书馆批量导入其馆藏资源,还向图书馆提供收费的标签服务接口,也算是开放性的尝试。其他系统则在开放性上有所不足。

3 在数字图书馆应用分众分类法的需求分析

本章分析了在数字图书馆中应用分众分类法的限制和要求。从三个方面进行:①数字图书馆内的数字资源大多是经过质量控制和筛选的、格式较为规范的、结构化较强的数字资源,这些资源对分众分类法的应用有哪些要求。②数字图书馆中的用户分为两类,图书馆的读者/数字图书馆的用户和图书馆馆员,他们对分众分类法分别有什么要求。③规范的知识组织系统,如分类法、词表等,是数字图书馆的基础构件。分众分类法如何与它们有效结合、优势互补? 除了已知的知识组织工具,分众分类法还应具备与未来可能在数字图书馆中实施的任何一种知识组织工具结合的能力。

3.1 数字图书馆数字化资源的要求

数字图书馆的资源主要有两个来源,一是采购来的数据库,如各种类型的文献数据库;一是自建的特色数据,如扫描的古籍和拓片、数字化的地方志文献、自建的学位论文数据库等。在数字图书馆内应用分众分类法的动机主要来自于自建资源。但是,一旦分众分类法得以在数字图书馆的平台上应用,也不应将采购来的规范数据库排斥在外(包括书目数据库)。也就是说,允许用户对数字图书馆平台上的任何信息对象添加标签。这就对用户的标注数据产生了三点要求:

1)用户为某数字对象所添加的标签不能干扰该数字对象原来携带的标引信息(如分类号、主题词等)。

2)所产生的标注数据需独立存储,不能添加到相应的数据库中。

3)不少采购来的数据库都做了规范标引,包含分类号或主题词。应在用户添加的标签和数据库原有的规范标引信息之间建立联系,作为新鲜词汇提取和映射的语料。

3.2 对用户的需求分析

3.2.1 普通用户的需求分析

分众分类法是伴随着社会协同标签系统出现的。协同标签系统已普遍应用于博客、论坛、社会书签、照片/视频分享等 Web2.0 类站点。用户已经熟悉了自由添加标签、大众参与分享的使用模式。在数字图书馆中应用分众分类法,不能与用户在 Web 环境下使用它的习惯相抵牾。对分众分类法所作的任何改造都不能损害分众分类法大众化、自由化、社会化的特色。

3.2.2 图书馆馆员的需求分析

与普通用户不同,专业的图书馆馆员熟悉传统的知识组织工具,掌握主题分析和规范标引的技巧,习惯于通过词汇控制和等级结构控制进行精确标引。用户的使用方式是影响一个信息组织工具质量的决定性因素。因此,在数字图书馆内设计和部署分众分类法,仅当它能顺应,甚至鼓励图书馆员继续保留这些规范标引的习惯时,才能使得植入的语义控制机制发挥作用,才能最终提升分众分类法的信息组织能力。

如上所述,一方面要保留分众分类法自由标注的特色;另一方面又要实施词汇控制,要同时满足这两方面自相矛盾的要求,就需要在分众分类法的系统构架和使用方式上有突破和创新。

3.3 与其他系统互操作的要求

首先是与传统知识组织系统的互操作。要在分众分类法中实施有效的词汇控制,就要求分众分类法与词表相结合。例如,在用户为添加标签时,从词表中查询相关的同义词、近义词、上下位词供用户选用。反过来,采用统计、挖掘等技术从用户的标签库中筛选新鲜的词汇添加到词表中去,实现词表自动/半自动的丰富。

其次,随着分众分类法中词汇的积累,它也可以一个用户词汇库的形态为数字图书馆内外的信息系统提供词汇服务。例如,当用户在书目数据库或搜索引擎中搜索时,可以从其中检索相关的词汇,辅助用户挑选合适的搜索关键字。

由于参与互操作系统的不可预见性,分众分类法系统应提供标准的、开放的接口和访问协议。所定义的接口和协议应与其他的知识组织系统(如语义化的分类表和词表)保持一致。

4 新型分众分类法系统的设计方案

根据以上的需求分析可见,需要对流行的分众分类法系统进行改造以应用于数字图书馆。改造的关键是将分众分类法和传统知识组织系统(Knowledge Organization System,KOS)结合在一起,在分众分类法中实施有效的语义控制(包括词汇控制和等级结构控制)。为了不损害分众分类法大众化、自由化、社会化的特色,这种结合应以词汇推荐服务的形式进行,即:在用户标注资源和管理本地标签时,基于传统知识组织系统主动向用户推荐相关的词汇和词间关系,引导用户采用规范的词汇、建立规范的语义关系,提高分众分类法的信息组织能力。反过来,用户创建的标签和标注数据又为 KOS 的更新和丰富提供了新鲜的语料。

由上述分析可见,对分众分类法进行改进以应用于数字图书馆的关键是基于 KOS 的推荐服务。实施词汇推荐服务需要合理的应用架构设计。本章首先介绍了集成分众分类法和 KOS 的应用架构设计方案和系统后台的功能,然后说明这一构架的各组成部分的设计方案,包括,客户端、网站以及通信协议。

4.1 集成分众分类法和 KOS 的应用架构

前文分析的各项需求,特别是跨平台、跨仓储的互操作能力,要求分众分类法具有灵活的、开放的应用构架。目前 Web 上流行的分众分类法绝大多数是基于 B/S 架构的 Web 应用,即:用户需要登录相关网站,在浏览器中提交个人感兴趣的资源并添加标签。这是社会书签站点典型的应用方式,Del. icio. us、Diigo、Stumbleupon、Faves 这些在维基百科社会书签(Social Bookmarking)的词条中提到的著名社会书签站点都是以 B/S 的应用模式起家的[11]。B/S 应用架构的问题是用户总需要登录网站完成所有操作,好处是用户操作所带来的变化能即时更新到服务器端的数据库中。但是随着用户数量的增加和访问频繁,这种应用模式会造成网站拥挤和访问延时。在 B/S 的架构下实现标签的等级结构控制,也会给服务器带来相当大的负担。

为了方便用户在本地操作,不少社会书签系统提供浏览器插件,这是一种 C/S 构架风格的应用。例如,Del. icio. us 的火狐浏览器插件可以像浏览本地收藏夹那样浏览用户的个人标签集合;QQ 书签开发的 IE 工具栏在弹出窗口中完成书签的添加工作。C/S 构架的优点是客户端独立于系统后台运行。C/S 构架有多种形态,如,浏览器插件、类似 iGoogle Gadget 的小程序、独立客户端程序等,可以跨平台、跨仓储地使用。

在数字图书馆内应用分众分类法系统,需要新的应用架构以实现分众分类法和 KOS 的无缝整合。采用 B/S 与 C/S 的混合应用架构可以有效地满足分众分类法在数字图书馆中应用的要求。也就是说,除了 B/S 的结构,另外提供独立的客户端程序,方便用户在本地对个人的标签集和标注的资源进行全面管理,通过客户端和服务器的通信通道来传输:①从后台 KOS 推荐来的词汇和语义关系;②从客户端收割来的分众分类法用户数据。如图 4 - 4 - 1 所示(为了便于理解,在图中将浏览器放在了最右端,以说明浏览器呈现的是网站的内容)。

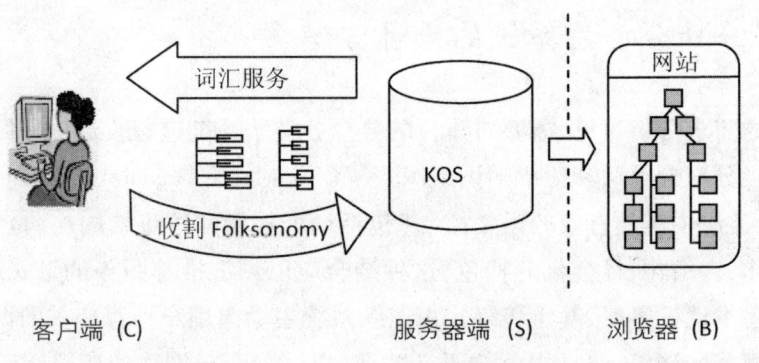

图 4 - 4 - 1   B/C/S 的集成应用架构

在客户端向用户提供一个标签管理工具,可以是独立的客户端程序也可以是浏览器插件。利用该工具,用户可以收集数字图书馆平台上的任何数字对象的链接,并添加个性化的标签。与 Web 上的社会书签系统不同,在这里用户所获得的推荐标签不是基于其他用户的标签,是来自后台 KOS 的受控词汇。用户还可进一步从 KOS 中获取该词的详细信息(如同义词、分类号、注释等),展开对应的等级结构以选择更合适的词。除了受控词汇外,系统还可以推荐其他用户添加的标签。当然,用户也可以创建自己的标签。基于 KOS 的词汇推荐机制,是一种隐性的语义控制机制,它对用户没有强制,没有损害用户使用社会书签系统时自由标注的体验。

客户端之所以能获取 KOS 词汇和词间关系,是因为有后台的 KOS 管理模块和统一服务接口。除了词表、分类法等常见知识组织工具,在 KOS 管理模块中还可以存入人名规范、地名规范、词典等其他知识组织系统。这样,图书馆多年来编制和维护的知识组织工具都可以直接为用户所用,并在使用的过程中得到来自用户大众的充实和丰富。丰富的机制是:在基于 KOS 的词汇推荐服务引导下,用户本地的标签集合中既包含用户自己创建的标签,也包含来自 KOS 的受控词汇,而受控词汇间的关系(主要是等级关系)可以通过 KOS 访问接口获取,这样就可以在用户的个人标签集中嵌入等级结构,形成用户的标签树。另外,客户端还提供类似浏览器收藏夹的管理功能,使得用户可以方便地创建和维护标签的等级结构。随后,用户的个人标签树和所标记的资源被收割到 KOS 后台,这些数据是从社会书签系统中挖掘新鲜语义来丰富 KOS 的原始语料。

网站则是展现分众分类法所汇集的资源和 KOS 知识结构的窗口。普通用户可以查看其他用户的标签树和所收集的资源,浏览增强后的 KOS 的概念和知识结构。图书馆馆员则可以在网站上对基于分众分类法自动丰富 KOS 的结果进行干预:审核从分众分类法中自动提取的新鲜词汇、修改语义关系、完善 KOS 的知识结构等。这是保障 KOS 自动增强效果的重要手段。

下面,对系统后台的功能做进一步的说明。客户端和网站的功能则在下章介绍。

4.1.1 后台功能设计

在 B/C/S 的软件构架支持下,系统后台从两个方面来实现分众分类法与 KOS 的双向融合(如图 4-4-2 所示)。

(1)从后台到前台

后台向客户端提供词汇推荐服务,有如下三种服务形式:

1)根据资源的 URL,推荐相关标签。当用户在客户端标注某一资源时,客户端将该资源的 URL 提供给系统后台。后台服务程序根据 URL 获取相关的标签或标引主题词,反馈给客户端程序。由客户端程序提供给用户选用。

2)根据标签,推荐该标签的上级结构。当用户在自己的标签等级树中添加某一标签时,该标签被客户端程序提供给系统后台。后台服务程序根据该标签获取该标签所在等级结构的所有上级概念,反馈给客户端程序。客户端程序在用户的等级树中递归搜索该标签的最近上位词,若存在,则据此确定该标签的添加位置。

3)根据标签,推荐该标签的下位词集合。当用户为某标签添加下位标签时,该标签被提供给系统后台。后台服务程序据此获取该标签的所有子节点标签,并提供给客户端程序。客户端程序将这些下位标签提供给用户选用。

(2)从前台到后台

用户在客户端形成的标签数据,包括所标注的资源、创建和应用的标签、标签间的关系,都实时地汇集到服务端。借助基于 KOS 的词汇推荐机制,为客户端的用户标签数据施加了有效的语义控制。这样,在后台汇集的分众分类法数据,不再是一堆没有任何关系的离散标签,而是来自众多用户收藏数据的主题树,这为从分众分类法中发现新鲜词汇、挖掘语义关系提供了高质量的原始语料。挖掘出的新鲜语义可以用来更新、丰富系统后台的 KOS。此外,在网站上提供了后台管理界面,图书馆的专业用户可以通过管理界面对后台的词汇库进行手工管理,审核自动收割的结果,或手工挑选新词、维护等级结构。

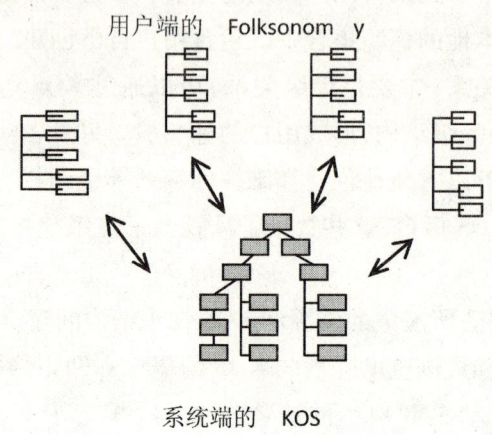

用户端的 Folksonomy

系统端的 KOS

图 4 - 4 - 2 系统后台和用户端的交互

4.2 客户端功能设计

4.2.1 收藏夹的界面形态

根据本篇第4.1节的应用框架设计,用户收集资源、添加标签、管理标签结构都在客户端进行。客户端可有多种实现形式:独立的应用程序(类似 QQ 外挂程序)、浏览器插件(如 Firefox 插件),或者类似 iGoogle Gadget 的小程序。

在界面风格上,可以采用类似浏览器收藏夹的形式。这样,用户为某资源添加标签的动作,就表现为向用户的个人收藏夹中添加一条资源,不产生多余的动作,也符合用户使用浏览器的习惯。收藏夹中所收藏的资源,可以按照添加资源的时间顺序或所添加资源的标题字母顺序来显示收藏夹中的资源,也可以用类似文件夹的形式按照标签的等级结构来显示。

4.2.2 概念化的标签

为了解决标签的词义混乱问题(主要由一词多义和一义多词所引起),可引入同义词管理机制,实现标签的概念化。其原理如下:

设某用户为某资源添加了标签 t_0,一方面用户可以随时为该标签添加同义词 t_i;另一方面,当用户的标注数据被收割到服务器端之后,系统试图搜寻 t_0 所应归属的同义词集合 T,以进一步明确 t_0 的词义。同义词机制带来的好处是:

1)解决一词多义所带来的标签语义混淆问题。若 t_0 是多义词,可以通过 t_i 来消歧。

2)在服务端可以进行更有效的资源汇集。一旦建立了 t_0 和 t_i 间的同义词关系,原本分散在 t_0 和 t_i 下的资源就可以汇集在一起。

3)提高了分析标签词义的有效性。若 t_i 的词义已知,则 t_0 和 t_i 之间的同义词联系有助于

230

t_0 词义的自动确定。

同义词的管理在程序内部实现,对用户是透明的,不给用户增加额外的负担。也就是说,在用户的收藏夹里用户感觉在使用自己的标签,其实在程序内部该标签已被置换为一个同义词集合。

4.2.3 词汇推荐机制

词汇推荐服务是实现收藏夹智能管理的关键,是对分众分类法实施隐性语义控制的核心手段,是 KOS 与分众分类法结合的技术途径。词汇推荐服务有三种类型:一是在用户收藏资源时提示候选标签,二是在用户创建标签时推荐标签在标签树中的位置,三是用户在管理标签树时推荐下级标签。第一种是对词汇的推荐,后两种是对词间关系的推荐。

(1)推荐标注标签

当用户添加资源 r 时,客户端向后台查询 r 的 URL 在服务器中是否存在。若存在,则从后台获取 r 的标引词集合 T 反馈给用户,用户可以选用,也可以创建自己的标签,如图 4－3－3 所示。T 可能来自于其他用户在收藏 r 时所添加的标签,也可能来自于 r 本身所携带的规范标引词(例如,当 r 是一条书目数据或者商业数据库中的记录时)。

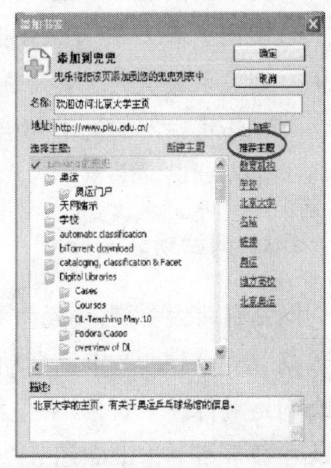

图 4－4－3　推荐标注标签

(2)推荐标签的位置

若用户为 r 选用或添加的标签 t 是已知的标签,并且能获得它的上位词信息,则客户端将根据 t 的上位词试图自动定位 t 在用户的个人标签树中的位置,例如,当 t 的上位词 s 在用户的标签树中也存在时,就将 t 显示在 s 的下一级,最终由用户来确定是否建立 t 与 s 的上下位关系。

(3)推荐下级标签

当用户为标签 t 创建下级标签时(类似于用户在浏览器的收藏夹中创建下级文件夹),客户端将试图从系统后台获取 t 的下位词集合。若存在,则返回,供用户选用。

(4)词汇推荐机制的意义

词汇推荐机制基于两个知识源:一是规范知识组织系统(如词表),二是经过系统审核被认可的用户标签。这二者都可以被认为是规范的词汇源,其中的词汇具有准确的语义和明确描述的词间关系。以此为基础的词汇推荐机制有以下作用:

1)引导用户使用规范的词汇、建立有意义的结构。根据信息科学的"最小省力原则"(the law of least effort),如果系统推荐来的词汇和词间关系符合用户标引和组织数据的需要,用户将倾向于采用推荐来的词汇,接受安排好的标签间关系,而不是再费脑筋构造自己的标签、确定它在标签树中的位置。

2)实现了隐性的语义控制:前文述及改善分众分类法缺陷的方法是在实施语义控制机制,但是,又不能以损害分众分类法自由标注的风格为代价。词汇推荐机制在分担用户构造标签的智力负担的同时,实施了有效的、隐性的词汇控制和等级结构控制。

3)实现了用户端标签管理的智能化。当用户标注数据时,系统能自动提供候选标签;当用户创建标签时,系统能自动定位它在主题树中的位置;当用户为标签创建下位标签时,系统能自动提示候选下位词。这使得用户端收藏数据和标签的管理呈现出智能性。

4)提高了系统后台分析和收割用户标签的质量。从用户的标签数据中发现新鲜词汇并挖掘语义关系,是学术界自社会书签系统出现以来致力于研究的课题,但是始终没有实用的、有效的解决方案。主要障碍在于用户的标签数据如一盘散沙,缺乏语义关联。词汇推荐机制引导用户采用规范的词汇,采纳明确描述的词间关系。在后台收割来的用户标签数据中,它们成为分析标签、挖掘关系的"种子数据",可实质性提高后台标签分析和挖掘工作的质量。另外,可以充分发挥图书馆规范组织与标引的良好传统,在词汇分析和收割过程中进行人工干预,进一步提高词汇收割的质量。

5)实现了 KOS 和分众分类法的成功结合。如上所述,词汇推荐机制将高质量的词汇和词间关系输送到了客户端,实现了从 KOS 到分众分类法的结合。而系统后台的标签分析工作将新鲜的词汇和语义关系收割到了 KOS 中,实现了从分众分类法到 KOS 的自动/半自动语义丰富。

4.3 网站功能设计

网站有两大功能:一是作为面向大众的资源展现和导航门户,二是作为系统管理员管理后台数据、维护词汇库、审核自动收割的新鲜语义的入口。另外,它也是用户交流和分享资源的社会网络平台。

在数字图书馆中应用分众分类法,资源的展现应体现多维度、高连通性和结构性。多维度是指从多个角度来展现所收录的资源,包括,时间(如收录资源的时间、最新访问的时间)、人气(访问量、收藏量等)、主题、来源、所有者等。高连通性是指在分众分类法的各类对象之间(资源、标签、用户)提供多向关联,包括社会网络关联,从任一对象出发都可以联系到和它相关的同类或异类对象。结构性是指应将数据组织到一定的结构中去,如,主题结构、相关社区等。

多维度和高连通性在现有的社会书签系统中都有体现,但是普遍欠缺结构性,这是由于现有系统缺乏等级控制所致。其实标签云是在缺乏结构控制的情况下的一种无奈选择。一旦凭借 KOS 对分众分类法实施了语义控制,就使得分众分类法数据的等级结构呈现成为可能。有了等级结构控制,就使得社会书签系统进化为数字图书馆的资源导航门户。

在网站上设置管理员管理界面的目的有二:①图书馆有管理和维护知识组织系统的传统。分众分类法作为一种知识组织工具,也应提供图书馆员对其进行手工控制的入口;②在目前的技术水平下,还不能完全依靠计算机自动从分众分类法中收割新鲜语义并自动丰富 KOS。可行的办法是由计算机经过统计分析后,将收割的新鲜词汇和语义关系提交给图书馆员来审核,以提高收割的质量。

下面,以"兜乐"系统的网站为例来说明网站功能设计的要点。

4.3.1 多渠道的资源获取与发现

网站功能的设计理念是注重资源发现,多维度、多渠道和高连通性。数字图书馆的最终目的是为了帮助用户更好地发现其所需的资源,因此,网站功能首先应该注重资源的发现。具体的,一方面应为用户提供多角度、多渠道的资源获取方式,另一方面在资源与资源之间建立丰富的关联。这样,用户与资源之间的"接触面积"就得到了扩展,用户发现其所需资源的概率也就得到了提升。

下面,从主页设计、资源导航系统设计、资源页面和主题页面设计、检索功能设计方面来说明网站的功能设计。

(1)注重资源发现的主页设计

主页是用户浏览到的第一个页面。在尚未了解用户需求的情况下,主页应该为用户展现尽可能丰富的资源全貌,并为用户提供多角度的资源查找入口。以"兜乐"系统为例,如图4-4-4所示。

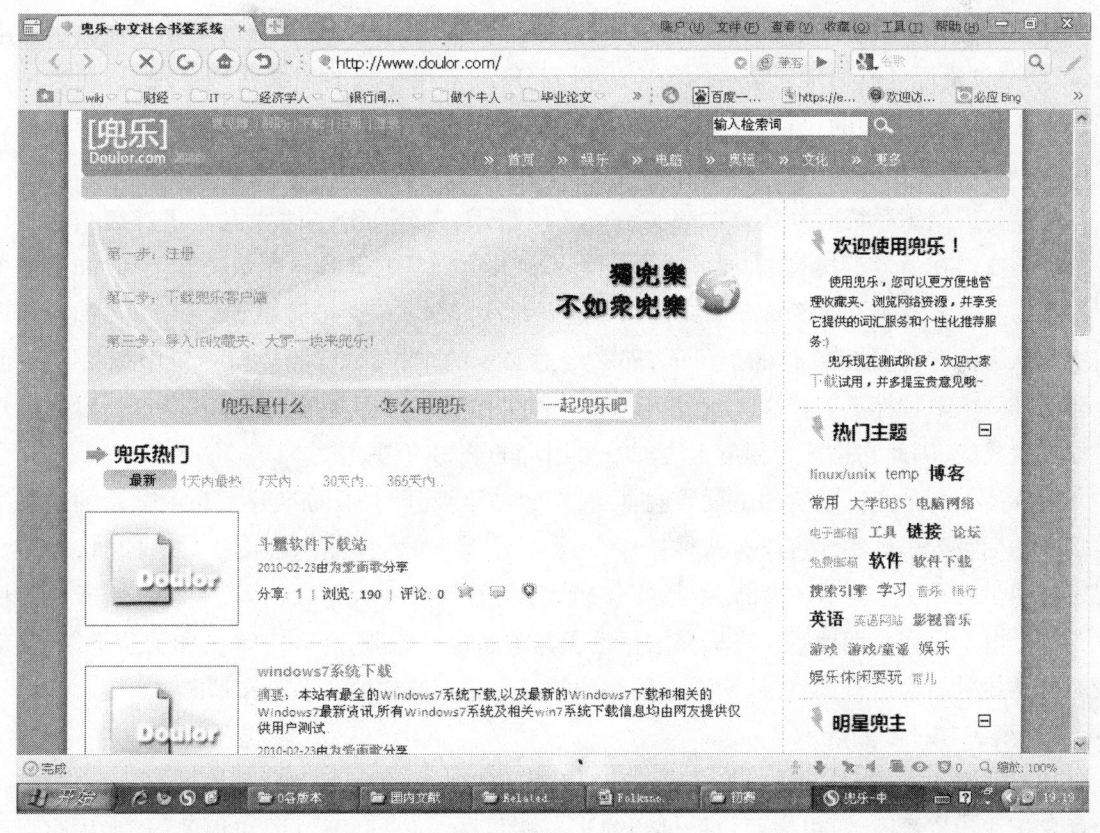

图4-4-4 主站页面设计

在主页的最主要位置为用户展示最新资源、最热资源等列表。最新资源列表使得用户能够了解到当前其他用户的关注兴趣,而最热资源列表可以帮助用户发现一些质量较高的资源,这两类列表为那些没有明确需求的用户提供了引导性的资源推荐。对于列表中的每一条资源,应显示资源的名称、主题、分享用户、分享时间、分享次数、浏览次数、评论条数等,并提供按钮便于用户直接收藏资源、添加关于该网页的评论。这些信息一方面揭示了资源的内容,使用户在获取资源之前首先对资源有一个大致的了解;另一方面,这些信息反映了其他用户的分享,促进了用户间的交流。在首页还应提供主题导航。其中,热门主题可以云图的方式来显示使用次数最多的主题,它为用户展示了系统收录资源的主题分布概况。可在首页上方提供导航条,列出资源的主要分类,同时对于每一类目,还可以显示出下级类目,这就为用户提供了一个简单的等级分类导航,用户可以快速定位到自己感兴趣的主题(图4-4-5)。

» 首页　» 娱乐　» 奥运　» 电脑　» 文化　» 更多　» 用户
+奥运百科　+奥运博客　+奥运图片　+奥运城市　+奥运运作　+奥运门户　+好运北京

图4-4-5　主站导航条

(2)协作式的资源导航系统

分类资源导航系统几乎在所有的门户网站和电子期刊数据库中都可以看到。在数字图书馆领域,分类资源导航通常从学科的角度进行划分,并采用树状的等级结构呈现,旨在为用户提供一个简洁的、方便的、与学科直接相关的检索途径。基于学科的分类导航一般由权威机构设计,它从人的知识体系出发组织各种资源,因此它与用户的认知习惯更加吻合。

借助知识组织系统对分众分类法实施语义控制,就在分众分类法中嵌入了等级结构。用户的标签数据在后台汇集起来,便形成了一个基于大众分享的资源导航系统。例如,如果很多用户都为资源 r 添加了标签 t,那么在资源导航系统中资源 r 就会被收录到标签 t 下;如果很多用户都认为标签 t_1 是标签 t_2 的上位词,那么经过必要的审核后,资源导航系统中标签 t_1 下面就会增加一个下位标签 t_2。这实际上实现了一种协作式的资源导航系统,由于它是根据用户的数据生成的,因此它在某种程度上更加符合用户的认知习惯。

图4-4-6是兜乐系统的主题导航页面,左侧是等级分类的树形结构,右侧显示的是某一类别下的标签云。标签云可以有两种排序方式:按名称排序、按热门程度排序。同时,标签云的字体颜色表示了该标签的资源数量,字体越大、颜色越深表示资源越多,从而方便资源的快速查找。由于后台定期地对用户提交的标签及其关系进行收割,在人工审核和干预下,半自动地对分类导航结构进行调整,从而动态反映一种基于用户协作的资源分布情况。

(3)资源和标签的展示

在数据资源的展示方面,应多维度地建立各类数据对象之间的关联。例如,当用户浏览某个标签标注的资源时,可以为用户提供当前浏览标签的上位词、下位词和相关词等,从而帮助用户更精确地定位资源。另外,当用户浏览某个具体资源时,可以为用户提供当前资源的相关资源,这样当用户发现了一个自己需要的资源后,就可以自然引出其他可能满足需求的资源。

同样的道理,当用户浏览一个标签时,应提供该标签的上位词、下位词和相关词信息,还应提供该标签下所有的资源以及采用了该标签的用户等,如图4-4-7所示。

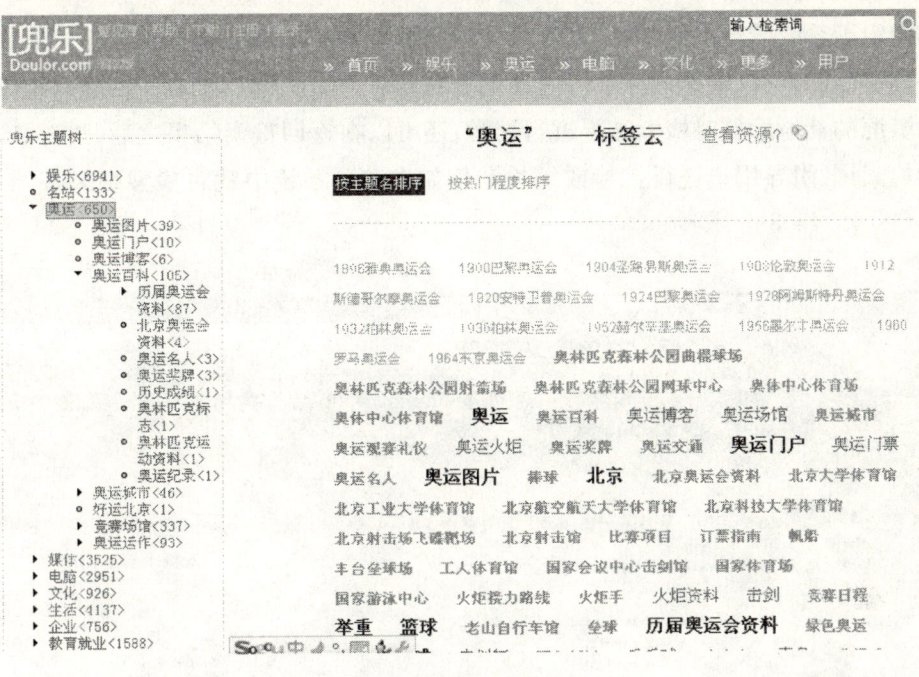

图 4 - 4 - 6　协作式的资源导航系统

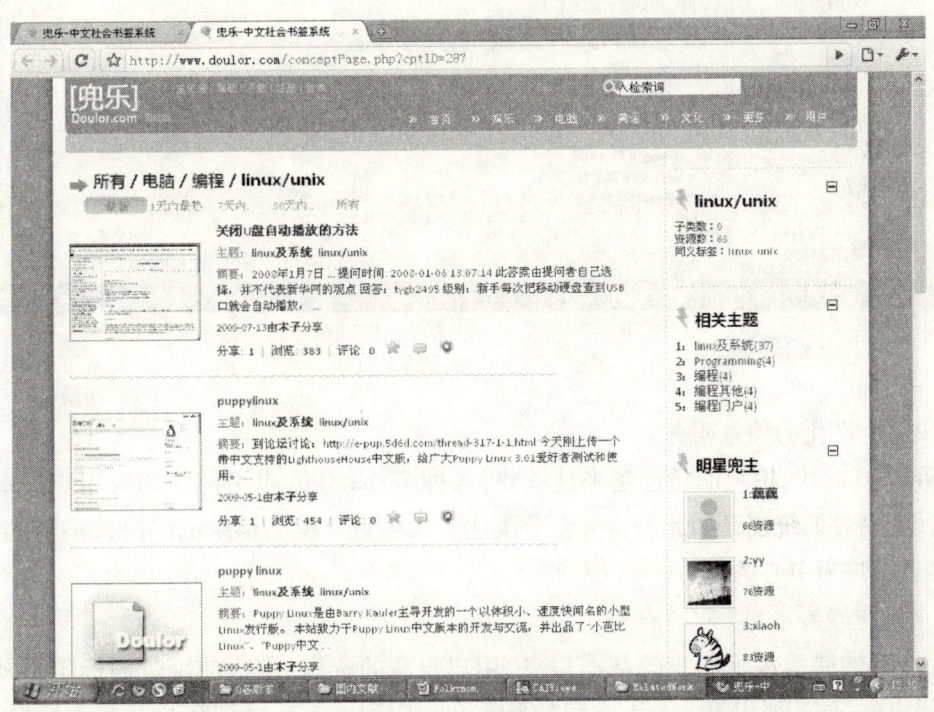

图 4 - 4 - 7　主题展示

(4)增强的检索功能

在知识组织系统的支持下,社会书签系统的资源检索功能也能够得到改进。例如,当查找某个标签的资源时,可以根据该标签的同义词表自动对检索式进行扩展。在呈现检索结果时,可以根据资源的其他标签对检索结果进行聚类;还可以在返回检索结果之后,进一步为用户提供相关的检索词,引导用户进行扩检或缩检。例如在兜乐系统中就对检索结果按照主题分布进行聚类(图4-4-8)。

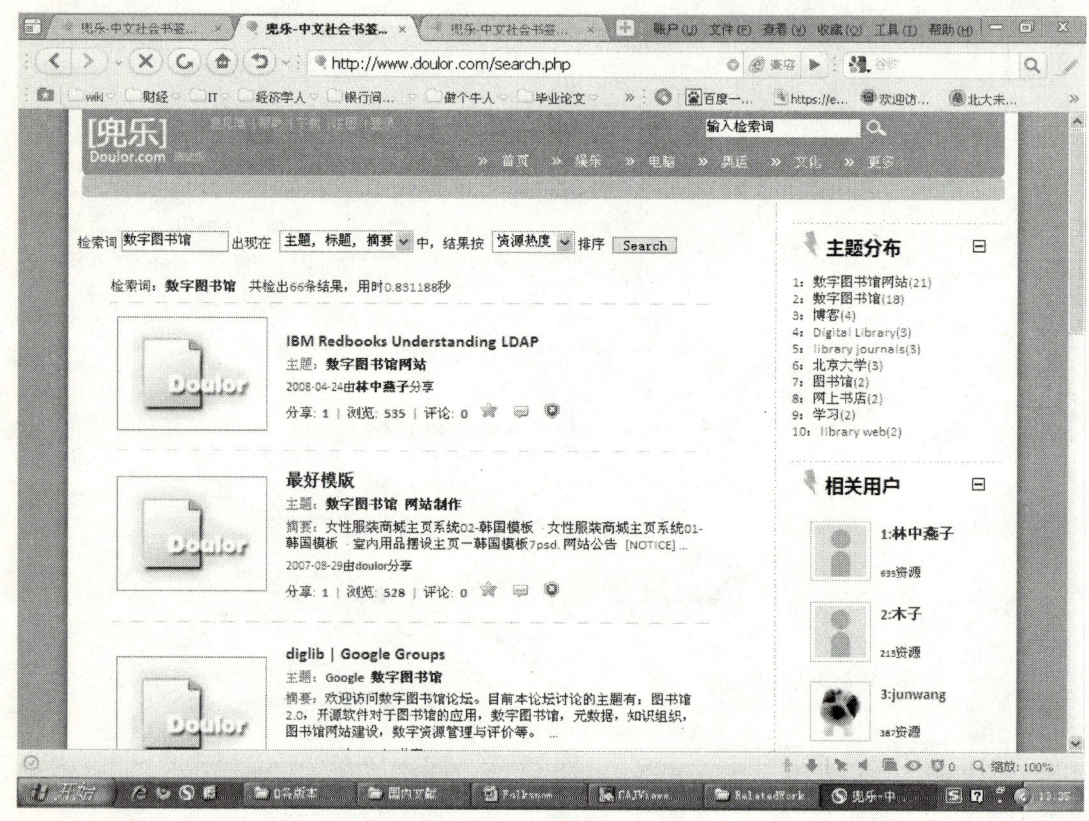

图4-4-8 检索结果页面

4.3.2 个性化的信息服务

在 Web2.0 时代,用户的角色越来越重要,各种 Web2.0 的应用都强调为用户提供个性化的服务,社会书签系统也是如此。将分众分类法引入到数字图书馆中的同时,也就在数字图书馆中落实了用户为中心的理念。

(1)个人空间展示

个人空间的展示包括用户的基本信息、用户收藏的资源、用户使用过的标签及其等级关系,还有用户的好友、群组等。个人空间的展示在一定程度上反映了用户的兴趣倾向,它可以看做是用户表现自己的平台。这种表现欲促进了用户的分享行为,同时,也促进了用户之间的相互了解和交流。图4-4-9是兜乐系统的个人空间展示。

图 4 - 4 - 9　用户个人信息页

（2）信息订阅与推荐

除了从网站上直接获取所需的资源,用户还可以通过订阅和相关推荐等方式,间接地获取感兴趣的资源。例如,用户指定某个主题为订阅状态,这样系统就会根据用户的收藏偏好,将其他用户关于该主题的资源推荐给用户,这样,用户就可以方便地关注其他用户在某一主题下收藏的最新资源了,这可以作为主动检索的一种补充。

用户也可以不指定特定的主题进行订阅,在这种情况下,系统会分析用户兴趣领域,将用户可能感兴趣的最新(或最热)资源推荐给用户。这种主动的推送技术,是针对个人的,它是一种个性化的资源推荐服务。

除此之外,我们还可以实现相关推荐功能,即在用户浏览网页时,及时推荐相关的网页给用户。由于用户正在浏览的网页反映了用户当前感兴趣的话题,因此这种推荐极有可能给用户带来更多的收获。从另一个角度看,这实际上是一种 URL 搜索,即以 URL 为检索词,检索出与之相关的其他 URL。

4.3.3　社区式的学术交流服务

Web2.0 类应用的一个重要特征是社区化,它强调用户的参与和交互,社会书签系统也不例外。通过大众分类法,可以构建基于资源汇聚的社区和兴趣小组两种形式的社区,方便用户沟通,实现一种社区式的学术交流。

（1）基于资源汇聚的社区

分众分类法具有社会化的特征。它可以通过标签和资源汇聚具有相同兴趣的用户，从而形成一个个小小的社区。在每个资源展示页面上，可以呈现 分享该资源的用户，这样就以资源为中心实现了一个小型的用户社区。在该社区中，可对资源进行评论。

（2）社区化的信息资源管理

在构建社会网络关系的同时，也可以在用户之间构建基于兴趣主题的群组。相对于社会网络关系，兴趣群组是一种主题领域局部化的分众分类法，群组中的成员可以通过协作的形式，共同组织和维护一个相对熟悉的领域内资源。

无论是基于社会关系的社区，还是基于兴趣的社区，都可以应用于数字图书馆中。学者们可以按照项目团队或者研究兴趣聚集成群组，并在群组内以分众分类法的形式共享和交流学术资源。这样一方面丰富了学者之间的交流形式，另一方面也促进了数字图书馆中的资源揭示和利用。

4.3.4　管理员界面

在平面化的分众分类法中嵌入等级结构是本文所设计的社会书签系统的一大特色。在后台汇集起来的松散的用户标签数据中建构等级结构，并不断更新、丰富，这是一项长期的、有挑战性的工作。完全依靠数据挖掘技术来实现是非常困难的。可行的途径是人机结合的半自动化方式，让机器的统计和分析工作在人工的干预下进行，最终结果也需经过人工的审核。

另外，在社会书签系统中，用户对资源的收藏、标注和分享活动都是自由和不受限制的。这有可能使得系统中的数据和有关的信息政策和管理要求相冲突。这也需要系统对这些"问题"数据进行及时的监控和处理。

上述的干预、审核、控制和管理工作均通过网站的管理员界面进行。用户、资源、标签是社会书签系统的三类基本元素。这些都是可管理的对象。另外，标签间的关系是等级结构维护的关键。为了完成这些审核和控制工作，需要在网站上提供相应的管理页面，方便专业人员操作。

就操作方式而言，后台对各类数据对象和关系的管理，有三种方式：①管理员逐条操作；②用户举报、管理员审查，如审查用户举报的"问题"资源；③机器建议、管理员审核，基于数据统计和自动分析，系统为管理员提供操作建议，如管理员浏览到某个规范词汇时，系统根据数据分析结果提示管理员和该词汇相关的一些标签，管理员可据此采取下一步的动作。随着系统的演化和完善，第三种方式应成为主要的操作方式。

（1）词汇管理

查看/修改正式词汇。所谓正式词汇，就是已经经过人工审核的、被收录到规范词汇库中的词汇。应提供页面显示任意正式词汇的相关信息，包括：同义词、所在等级结构（上下位词）、应用该词标注的资源等。应允许专业人员对这些信息进行调整和修改。

审核发现的新鲜词汇。经过简单的统计，系统就可以筛选出新出现的高频词汇。这些词汇是否能被收录到正式词汇库中，需要经过管理员的判断。应提供管理员查看该词汇的相关信息,包括:采用该词汇标注的资源、应用该词的用户数、首次出现的时间等。

审核/管理同义词关系。以两个标签各自标注的资源集合的重合度为依据,可以计算二者的相似度。是否可以作为同义词对待,还需人工审核。

管理等级结构。依靠计算机自动分析词汇的等级关系是比较困难的,特别是分析一个新词在 KOS 等级中的位置。这是一个需要深入探索的研究课题,所设计的方法需要在实践中反复测试。可以预见,在系统建设初期这一部分工作还是需要依赖专业人员的判断。

(2)资源管理

对资源的审核有两种操作,一是对"问题"资源的清除,二是对不准确的标注关系的修改。但是,这种清除和修改操作仅影响到系统数据库,用户个人空间中的数据并不受影响。换句话说,管理员的操作只影响到这些资源及其标注关系在网站上的显示。对用户个人空间中的内容没有影响。

(3)用户管理

对用户的管理和操作类型与对资源的管理和操作类似,不再赘述。

4.4 协议和接口设计

社会书签系统中的接口和协议是指后台服务端和客户端程序,以及第三方程序之间通信的标准接口和开放协议。第三方程序包括图书馆的 OPAC 系统、Web 搜索引擎、其他社会书签系统等任何需要词汇服务的应用。

在社会书签系统中设计开放协议并提供标准接口的目的如下:

1)以标准的操作原语来实现客户端和服务端之间的通信,是系统可扩展性和灵活性的保障。如,可实现多种形态的客户端,包括独立的客户端程序、浏览器插件、类似 iGoogle Gadget 的浏览器内嵌小程序等。无论客户端是何种形态,它们都以标准的操作原语与后台服务通信。

2)保障社会书签系统可以跨平台、跨仓储地部署。无论社会书签系统采用何种技术、软件平台、数据仓储来开发,都采用标准的接口和后台服务通信,实现了平台无关性和仓储无关性。

3)保障了社会书签系统的开放性。不仅社会书签系统的客户端和服务端之间采用标准的协议来通信,第三方程序和后台服务也采用相同的协议。也就是,数字图书馆内部或者 Web 上的任何应用只要采用标准的协议与社会书签系统通信,都可以获得公开的词汇服务。

社会书签系统的开放通信协议有四种基本类型,更复杂的通信要求可以通过对这四类基本原语加以组合来实现。下面给出它们的抽象描述:

名　　称:GetUserData

功能描述:系统后台收割客户端的用户标注数据,包括用户标注的资源、所使用的标签,以及标签间的关系。

输入参数:用户的唯一标识。

返　　回:用户在客户端所保存的所有数据。

名　　称:GetTags

功能描述:系统后台根据客户端提供的被标注资源的 URL,向客户端返回可参考的标签列表。

输入参数:被标注资源的 URL。

返　　回:和该资源相关的标签列表。

名　　称:GetNarrowerTags

功能描述:系统后台根据提供的标签,向客户端返回该标签的下位标签列表。

输入参数:标签。

返　　回:该标签的下位标签列表。

名　　称:GetBroaderTags

功能描述:系统后台根据提供的标签,向客户端返回该标签的上位标签等级序列。

输入参数:标签。

返　　回:该标签的下位标签等级序列。

5　应用场景示例

本章简要说明了本项目所设计的大众分类法系统可能的典型应用场景。包括:应用分众分类法组织数字图书馆的特藏资源、在分众分类法系统中展现个人收藏和组织结构、向第三方应用提供词汇服务。

5.1　数字化特藏资源的大众化组织

数字化特藏资源是图书馆数字馆藏建设的重要途径。但是,大量的数字化资源由于不能得到及时的标引和组织,使得普通用户难以利用这些资源。可以考虑应用社会书签系统来更好地发现和利用这类资源。

首先,应为所有的数字化提供基本的描述性元数据(如题名、责任者、来源、年代等)。基于这些简单的元数据描述,就可以为用户提供浏览和检索的途径。在使用这些资源的过程中,鼓励用户应用社会书签系统标注他们浏览的资源。经过一段时间的使用,当标注数据积累到一定程度,可以应用自动筛选机制选取部分质量较高的标签填入元数据的主题字段。主题内容渐渐丰富,就可以基于此提供类似标签云浏览的机制。除了主题标签,元数据题名字段的关键词、责任者名称、朝代都可以自动转为标签进入标签云的组织。进一步地,还可以在标签集合

240

中形成相应的等级结构,提供更有效的组织框架和浏览结构。

5.2 虚拟个人数字图书馆

在网站上可开辟用户的个人空间,展现用户收录的所有资源、采用的所有标签,以及和他联系紧密的用户。资源可展现的内容包括,URL、标题、标签、访问的次数等。标签可展现的内容包括,相关的标签、相关的本地资源列表、采用了该标签的用户等。用户信息可展现的内容包括,收藏的资源数、汇集的标签数、生命力、好友数,以及所参加的群组和社区。

这样的一个个人空间相当于用户的个人数字图书馆,为用户访问自己所感兴趣的资源和标签提供了快捷入口。对其他用户而言,这是浏览该用户资源的个人导航页面。

5.3 搜索引擎词汇辅助

提供词汇辅助已成为搜索引擎的普遍技巧。Google、百度所提供的词汇辅助有两种方式,一是当用户键入搜索词时提示词型或词音相近的词汇,以及包含搜索词的词组;二是在搜索结果页面底端显示相关搜索词。这类搜索提示的词汇列表或是相关搜索词汇列表都是从用户提交的搜索词中整理出来的,是通过相关关系串联起来的词汇列表。

本项目所设计的社会书签系统的词汇服务,不仅向客户端提供词汇服务,还可以通过开放的协议接口向任何第三方程序提供词汇服务,包括搜索引擎。通过明确定义的协议接口,搜索引擎可以获得某个词的同义词、上位词和下位词,进一步加强搜索引擎的词汇辅助功能。例如,利用获得同义词可以执行概念检索,提高检全率;将获得上位词和下位词显示给用户,由用户来进行扩检或者缩检,获得更好的检索体验。

参考文献

[1]Folksonomy. [2010 – 10 – 10]. http://en. wikipedia. org/wiki/Folksonomy

[2]Schwartz Candy. Thesauri and Facets and Tags, Oh My! A Look at Three Decades in Subject Analysis. Library Trends,2008,56(4):830 – 842

[3]Quintarelli Emanuele. Folksonomies: power to the people. [2010 – 10 – 10]. http://www. iskoi. org/doc/folksonomies. htm

[4]Mathes Adam. Folksonomies – Cooperative Classification and Communication Through Shared Metadata, December 2004. [2010 – 10 – 10]. http://www. adammathes. com/academic/ computer – mediated – communication/folksonomies. html

[5]Joshua Schacher. [2010 – 10 – 10]. http://en. wikipedia. org/wiki/Joshua_Schachter

[6]Thomas Vander Wal. Folksonomy. [2007 – 02 – 02]. http://vanderwal. net/folksonomy. html

[7]Laurie Allen, Michael Winkler. PennTags: Pedagogical and Academic Uses of Tagging. [2010 – 10 – 10]. http://www. jstor. org/templates/jsp/_ jstor/templates/info/publisher – portal/pub _ mtg _ 2007/ ny _ meeting _ presentations/PennTags. ppt

[8]Cameron Marlow, et al. Position Paper, Tagging, Taxonomy, Flickr, Article, Toread. Proceeding of Collaborative Web Tagging Workshop, at 15th International World Wide Web Conference(WWW2006). Edinburgh UK,2006

[9]江湍. 基于汇文 LIS 的 Tag 尝试,2008

[10]Bonaria Biancu. Library 2. 0 Meme Map. [2010 – 10 – 10]. http://you. xmlib. org/%2803%29422. ppt.

[11]Social Book marking. [2010 – 10 – 10]. http://en. wikipedia. org/wiki/Social_bookmarking

后　记

　　2010 年 1 月 13 日,国家图书馆与北京大学签订项目合同,开始了国家图书馆知识组织规范项目的研制。北京大学信息管理系联合深圳大学图书馆和南京大学信息管理学院两家单位,共同组成研制团队,构成和分工如下:北京大学信息管理系王军教授主持项目设计和规划,负责起草面向数字图书馆环境的分众分类法需求分析和功能设计书(其中第 2—3 章由彭红彬撰写);南京大学信息管理学院欧石燕教授负责起草 NKOS 注册与术语服务规范及应用指南、基于元数据的本体构建规范及应用指南;深圳大学图书馆曾新红研究馆员负责起草受控表语义描述规范及其在中国分类主题词表上的应用指南。

　　在项目研制过程中,研制团队与国家图书馆项目组针对需求书的策划方案进行了多次深入细致的沟通和交流,以明确项目的需求和目标。2010 年 6 月,研制团队提交了项目成果初稿。项目于 2010 年 12 月 30 日通过国家图书馆项目组的验收,于 2011 年 3 月 24 日通过馆内专家验收,于 2011 年 5 月 9 日至 5 月 22 日进行了网上公开质询,于 2011 年 7 月 7 日通过业界专家验收。在此过程中,国家图书馆项目组和验收质询专家先后多次提出修改意见,研制团队对项目成果进行多次调整修改,先后发布了第一版、第二版、第三版和最终版(第四版)。项目于 2011 年 11 月正式结项。

　　在项目的研制过程中,得到了国家图书馆项目组主持人卜书庆老师的悉心指导和审改意见,在此致以衷心的感谢。项目组成员喻菲、刘华梅、郝嘉树、廖永霞等老师认真地审阅了项目文稿并多次交流修改意见;在项目验收和质询过程中国家图书馆的汪东波、顾犇、申晓娟、高红、索传军,上海图书馆的刘炜等多位老师都提出了宝贵的修改意见,国家图书馆业务管理处的王文玲老师在项目管理过程中付出了很多辛劳,在此一并致以诚挚的谢意。

王军

2011 年 12 月

国家图书馆出版社已出相关书目

书名	编著者	出版时间	定价
国家数字图书馆工程标准规范成果			
国家图书馆文本数据加工标准和操作指南	龙伟,罗云川主编	2012 – 08	35.00
网络环境下的知识组织规范和应用指南	王军,卜书庆主编	2012 – 09	58.00
国家图书馆视频数据加工标准和操作指南	朱强,张春红,龙伟主编	2011 – 12	35.00
国家图书馆音频数据加工标准和操作指南	朱强,张春红,龙伟主编	2011 – 12	35.00
国家图书馆图像数据加工标准和操作指南	朱强,张春红,龙伟主编	2011 – 12	58.00
国家图书馆元数据应用总则规范汇编	肖珑,申晓娟主编	2011 – 06	58.00
古籍用字(包括生僻字、避讳字)属性字典规范和应用指南	张力伟,翟喜奎主编	2010 – 10	35.00
汉字属性字典规范和应用指南	张力伟,翟喜奎主编	2010 – 10	35.00
国家图书馆数字资源唯一标识符规范和应用指南	孙坦,宋文,贺燕主编	2010 – 10	35.00
国家图书馆管理元数据规范和应用指南	郑巧英,王绍平,汪东波主编	2010 – 10	58.00
中文文献全文版式还原与全文输入 XML 规范和应用指南	蒋贤春,翟喜奎主编	2010 – 10	58.00
图书馆数字资源统计标准和应用指南	吕淑萍,罗云川主编	2010 – 08	58.00
国家图书馆重大科研项目研究成果			
社会公共服务体系中图书馆的发展趋势、定位与服务研究	柯平等著	2011 – 05	70.00
国家图书馆数字战略研究	《国家图书馆数字战略研究》课题组著	2011 – 03	60.00
基层图书馆实务丛书			
基层图书馆参考服务概论	卓连营编著	2012 – 07	36.00
基层图书馆公益讲座	王惠君主编	2011 – 04	35.00
基层图书馆信息资源建设与服务	屈义华主编	2011 – 04	35.00
基层图书馆自动化网络化建设	甘琳编著	2010 – 11	35.00
基层图书馆的农村服务工作	王效良著	2010 – 11	35.00
公共图书馆概论	汪东波主编	2012 – 05	96.00
数字图书馆理论与实务	魏大威主编	2012 – 03	96.00
图书馆战略规划流程研究	赵益民著	2011 – 05	49.00
公共图书馆的未成年人服务研究	潘兵,张丽,李燕博著	2011 – 04	35.00
中国图书馆年鉴 2011	中国图书馆学会,国家图书馆编	2011 – 12	320.00